财政部规划教材
全国财政职业教育教学指导委员会推荐教材
全国高职高专院校财经类教材

税费计算与缴纳

（第五版）

SHUIFEI JISUAN YU JIAONA

熊　瑛　徐双泉　主　编

中国财经出版传媒集团
经济科学出版社
Economic Science Press

图书在版编目（CIP）数据

税费计算与缴纳/熊瑛，徐双泉主编．—5 版．—北京：经济科学出版社，2021.8

财政部规划教材　全国财政职业教育教学指导委员会推荐教材　全国高职高专院校财经类教材

ISBN 978－7－5218－2646－3

Ⅰ.①税…　Ⅱ.①熊…　②徐…　Ⅲ.①税收管理－中国－高等职业教育－教材　Ⅳ.①F812.423

中国版本图书馆 CIP 数据核字（2021）第 118193 号

责任编辑：刘殿和
责任校对：隗立娜
责任印制：范　艳

税费计算与缴纳
（第五版）
熊　瑛　徐双泉　主　编
经济科学出版社出版、发行　新华书店经销
社址：北京市海淀区阜成路甲 28 号　邮编：100142
总编部电话：010－88191217　发行部电话：010－88191522
网址：www.esp.com.cn
电子邮箱：esp@esp.com.cn
天猫网店：经济科学出版社旗舰店
网址：http://jjkxcbs.tmall.com
北京密兴印刷有限公司印装
787×1092　16 开　17.25 印张　420000 字
2021 年 8 月第 5 版　2021 年 8 月第 1 次印刷
ISBN 978－7－5218－2646－3　定价：55.00 元
（图书出现印装问题，本社负责调换。电话：010－88191510）

前言

近年来，我国高等职业教育实现了跨越式发展，人才培养目标逐步向技能型岗位人才培养方向转变，教学模式和教学内容也随之向理实一体化教学模式和岗位工作技能教学方向转变。为了适应这一转变，我们采用校企合作的方式，由本专业具有丰富教学经验的资深教师与长期在企业、税务机关工作，具有丰富实践经验的行业专家合作，共同编写完成了本教材。

《税费计算与缴纳》教材是财政部规划的高职高专财经类财税、会计专业专用教材。本教材包含了财经类高职高专院校财税、会计专业学生应掌握的基本税法知识和技能。通过对本教材的学习可以使学生具备税务机关管理人员和企事业单位办税人员最基本的计税和办税知识。

最近几年我国税收政策法规发生了很大变化，为了适应税收政策变化的需要，我们及时对教材内容及形式进行了充实和完善。教材体现了以下特点：

1. 编写体例更科学。按照项目任务体例模式，在每个项目前设计了导航栏，从项目认知、知识目标、能力目标对项目进行总体性描述，每个项目安排若干个学习任务。在每一任务中都充实了一些必要的小模块，具体包括："应用提示""知识链接""知识拓展""延伸阅读"等。

2. 教学内容更新颖、教学案例更丰富。在编写教材过程中，以最新的税收法律、法规和规章为依据（税收政策、法规规定截至2021年6月末），与现行税收政策和法规保持一致，做到与时俱进，保持本教材在一定时期内的相对稳定性。为了使教材与税收政策变动相衔接，我们对原教材中的案例进行了更新；并且充实了案例数量，以更好地适应高职院校实用性和应用性人才培养的需要。

3. 强化实务技能训练。本着"精讲理论，强化实务"的原则，我们在教材中充实了案例数量，并且在每个项目中增加了计税报税实务和技能训练任务，对纳税申报能力所需的知识点和技能进行演练，学生在掌握税法技能的基础上，同步进行纳税申报仿真实务训练。全书实务操作内容占60%以上。

4. 教材编写运用信息化手段。教材中涉及了大量的税收政策法规，经济实务原始凭证、纳税申报表等大信息量的内容，我们都制作成了二维码，学生通过手机扫描即可，方便阅读储存，减少学习负担。

本教材由江西财经职业学院的熊瑛教授、江西财经职业学院的徐双泉教授共同担任主编，其中导言部分以及项目一、项目二、项目三由江西财经职业学院的熊瑛教授和九江市国税局的卢荣涛共同编写，项目四、项目五由江西财经职业学院的徐双泉教授和李姊韩老师以及九江市国税局的侯勇共同编写，项目六由四川财经职业学院的祝刚教授和江西财经职业学院的汤敏老师共同编写。

由于我们的水平有限，加上我国的税法还处于不断的完善之中，因此，教材中的缺点和错误在所难免，敬请读者批评指正。

编者

2021 年 6 月

目录

导言

认识税收

知识目标

1. 了解税收和税法的相关知识；
2. 掌握税法构成要素；
3. 熟悉我国现行税法体系。

能力目标

1. 能区分税收与税法；
2. 能联系实际分析税法构成要素；
3. 能联系实际分清楚国税和地税的征管范围。

一、税收与税法

（一）税收的概念与特征

税收是国家为了满足社会公共需要，凭借政治权力，按照法律所规定的标准和程序，强制、无偿地参与国民收入的分配，以取得国家财政收入的一种形式。

税收具有无偿性、强制性和固定性的形式特征。它是区别税收与其他财政收入的主要标志，也是古今中外税收的共性。

1. 税收的无偿性：是指国家征税后，税款即成为财政收入，既不需要偿还，也不需要对纳税人付出任何代价。

2. 税收的强制性：是指国家税收以法律形式规定征纳双方的权利与义务，具有法律的权威性。在税收法律法规规定的范围内，任何单位和个人都必须依法纳税，否则，就要受到法律的制裁。

3. 税收的固定性：是指国家通过法律形式预先规定了征税对象、纳税人、征税额度和征税方法等；征纳双方都要共同遵守，不能随意变动。

税收“三性”相辅相成、缺一不可。其中，无偿性是核心，强制性是保障，固定性是对强制性和无偿性的一种规范和约束。

（二）税法的概念与特点

税法是指国家制定的用以调整国家与纳税人之间在征纳税方面的权利与义务关系的法律规范的总称。税法具有以下特点：从立法过程看，税法属于制定法；从法律性质看，税法属于义务性法规；从内容看，税法具有综合性。

【案例·分析题】

分析确定下列各项中，属于税收的形式特征表现的有哪些？

A. 强制性　　B. 无偿性　　C. 稳定性　　D. 固定性

应税分析：税收具有无偿性、强制性和固定性的形式特征，ABD 属于税收的形式特征。

（三）税收法律关系

1. 税收法律关系的概念与特点。税收法律关系是指税法所确认和调整的国家与纳税人之间在税收分配过程中形成的权利义务关系。税收法律关系有以下特点：税收法律关系主体的一方只能是国家；税收法律关系体现国家单方面的意志；税收法律关系的主体权利义务关系具有不对等性；税收法律关系具有财产所有权或支配权单向转移的性质。

2. 税收法律关系的构成。税收法律关系由主体、客体、内容三部分构成。

（1）主体，即税收法律关系中享有权利和承担义务的当事人。在我国，税收法律关系的主体包括征税主体与纳税主体。

（2）客体，即税收法律关系主体的权利、义务所共同指向的对象，也就是征税对象。征税对象主要包括收入、财产、所得、资源、行为等。

（3）内容，即主体双方所享有的权利和所应承担的义务。它规定权利主体可以有什么行为，不可以有什么行为，若违反了这些规定，须承担相应的法律责任。

［知识链接］征税主体、纳税主体的权利与义务，请扫描二维码。

二、税法构成要素

（一）征税对象

征税对象又称“课税对象”，是指对什么征税。征税对象是税法最基本的要素，它体现着不同税种的界限，决定着不同的税种名称。如增值税的征税对象为增值额，企业所得税的征收对象为企业所得额等。与征税对象相关的概念有税目、计税依据等。

1. 税目，是指税法规定应当征税的具体物品、行业或项目。它是征税对象的具体化，反映了具体的征税范围，体现了征税的广度。我国现行税法体系中的消费税、资源税等税种都有具体的税目税率表。

2. 计税依据，是指计算应纳税额的依据。它是征税对象在量上的具体化。计税依据有两种形式：一是从价计征，即以征税对象的价值量（如销售额、所得额）为依据计算应纳税额；二是从量计征，即以征税对象的实物量（如数量、重量、容量、面积）为依据计算应纳税额。

（二）纳税人

纳税人又称“纳税义务人”或“纳税主体”，是指税法中规定的直接负有纳税义务的单位和个人。纳税人可以是法人，也可以是自然人。法人是指依法成立并能独立行使法定权利和承担法律义务的社会组织，自然人是指依法享有民事权利并承担民事义务的个人。与纳税人相关的概念有扣缴义务人、负税人等。

1. 扣缴义务人，是指税法规定负有代扣代缴、代收代缴税款义务的单位和个人。扣缴义务人并不是纳税义务人，为了加强税收的源泉控制，防止税款的流失，简化征税手续，有的税种需要规定扣缴义务人。如个人所得税以支付所得的单位或者个人为扣缴义务人。

2. 负税人，是指税收的实际负担者。纳税人是由国家税法规定的，而负税人则是在社会经济活动中所形成的。纳税人和负税人的不一致是由税负转嫁引起的。在税负不能转嫁的条件下，负税人也就是纳税人；在税负能够转嫁的条件下，负税人不等于纳税人。

【案例·分析题】

分析确定下列各项中，符合税法规定的纳税人的单位和个人有哪些？

A. 直接负有纳税义务的单位和个人　　B. 最终负担税款的单位和个人

C. 代收代缴税款的单位和个人　　D. 承担纳税担保的单位和个人

应税分析：纳税人是指税法中规定的直接负有纳税义务的单位和个人，A 符合税法规定。

（三）税率

税率是指应纳税额与征税对象之间的比例，是计算应纳税额的尺度，体现了征税的深度。税率是税法的核心要素，直接反映着国家的有关经济政策，关系着国家财政收入的多少和纳税人税收负担的高低。我国现行税率有以下几种形式：

1. 比例税率，是指同一征税对象，不论数额大小，只规定一个比例的税率。在具体运用上，比例税率又可以采取单一比例税率、差别比例税率、幅度比例税率等多种形式。

比例税率的优点是计算简便，便于征管；其不足之处在于不能体现量能负担的原则，调节收入的适应性不强。一般适用于对流转额的征税。

2. 累进税率，是指按征税对象数额的大小，划分若干等级，不同等级规定高低不同的税率，征税对象数额越大税率越高。与比例税率相比，累进税率更符合税收公平的要求，它对调节纳税人的利润和收入有明显的作用，因此更适宜于对所得额的征税。

我国现行税法中采用的累进税率有超额累进税率和超率累进税率两种具体形式。

（1）超额累进税率，是指把征税对象按数额的大小分成若干个等级，每个等级规定一个税率，税率依次提高，每一纳税人的征税对象则依所属等级同时适用几个等级的税率分别计算，将计算结果相加后得出应纳税额（见表 0－1）。我国目前采用这种税率的税种有个人所得税。

表 0－1　　超额累进税率表（综合所得年税率表）

级数	全年应纳税所得额	税率（%）	速算扣除数（元）
1	不超过 36 000 元的部分	3	0
2	超过 36 000 元至 144 000 元的部分	10	2 520
3	超过 144 000 元至 300 000 元的部分	20	16 920

【案例·计算题】

甲为我国个人所得税的纳税人。2021 年甲纳税人全年综合所得 120 000 元，按超额累进税率的方法计算甲全年综合所得应纳个人所得税额。

应税计算：甲纳税人应纳税额为：①36 000 ×3% =1 080（元）；②（120 000 －36 000）×10% =8 400（元）。

全年应纳税额合计：1 080 +8 400 =9 480（元）。

超额累进税率具有税收负担合理的优点，但明显的缺点是计算复杂。在实际工作中，超额累进税率计税采用"速算扣除数"的简便计算方法，计算公式如下：

超额累进的应纳税额＝征税对象的全部数额×所达到级距税率－本级距速算扣除数

依上例，甲纳税人可用"速算扣除数"的办法计算应纳税额：

应税计算：甲纳税人应纳税额＝120 000×10% －2 520＝9 480（元）。

（2）超率累进税率。超率累进税率与超额累进税率原理相同，只是累进的依据不是征税对象的数额，而是征税对象的某种比率。目前我国采用超率累进税率的只有土地增值税。

3. 定额税率又称固定税额，是指按征收对象的计量单位直接规定一个固定的税额，而不是规定征收比例。一般适用于从量计征的税种。

定额税率的优点是计算简便，税额不因征税对象价值量的增加而增加；缺点是由于定额税率的应纳税额与征税对象的价值无关，不能使国家财政收入随国民收入增长而同步增长。

【案例·分析题】

分析确定我国个人所得税的工资薪金所得采用的税率形式。

A. 全额累进税率　　B. 超额累进税率　　C. 超率累进税率　　D. 比例税率

应税分析：我国个人所得税的工资薪金所得采用的税率形式是超额累进税率。

（四）纳税环节

纳税环节，是指税法中规定的征税对象从生产到消费流转过程中应当缴纳税款的环节。合理地确定税款缴纳环节，不仅关系到税制结构和整个税制的布局问题，而且对于控制税源，保证国家财政收入，平衡地区间的收入，便利纳税人缴纳税款等方面都有十分重要的意义。

流转税纳税环节的确定，从征收角度看，分单环节课征和多环节课征两种类型。单环节课征，就是只选定一个具体环节课税，这种类型称为“一次课征制”，如现行消费税和资源税都是选择在商品流转整个过程中的某一个环节课征。多环节课征就是选定两个以上环节课税。这种类型称为“多次课征制”，如现行增值税。

（五）纳税期限

纳税期限是指税法规定的纳税人向国家缴纳税款的期限。各个税种都需要明确规定纳税期限，这是税收的固定性和强制性在时间上的体现。我国现行税法中规定的纳税期限主要有以下几种形式：

1. 按期纳税，即以1个月或一个季度为纳税期限，如现行增值税、消费税等。

2. 按次纳税，即以纳税人发生纳税行为的次数确定纳税期限，如现行契税、印花税和个人所得税中偶然所得的纳税等。

3. 按年纳税，即以一个年度为纳税期限，如现行企业所得税。

应用提示

纳税期限包含两层含义：一是纳税义务发生时间，指纳税人取得应税收入或发生纳税行为应当承担纳税义务的起始时间；二是纳税申报期，指纳税期满后纳税人办理纳税手续、解缴税款的时间。

（六）减税、免税

减税、免税，是指在税法中对某些纳税人和征税对象采取减少征税或者免予征税的特殊规定。减税是对应纳税额少征一部分税款，免税则是对应纳税额全部免征。我国现行税法中规定的减税免税有以下三种形式：

1. 税基式减免，是指通过直接缩小计税依据方式实现的减免税，包括起征点、免征额、项目扣除和跨期结转等。

［知识链接］起征点与免征额的区别，请扫描二维码。

【案例·计算题】

某纳税人某月取得应税收入 3 000 元，税率为 10%，假定起征点和免征额均为 2 000 元，则按起征点和免征额办法计算的应纳税额分别是多少？

应税计算：按起征点计算的应纳税额 =3 000 ×10% =300（元）；
按免征额计算的应纳税额 =(3 000 −2 000) ×10% =100（元）。

2. 税率式减免，是指通过直接降低税率的方式实现的减免税，包括重新确定税率、选用其他税率和规定零税率等。如现行企业所得税中对小型微利企业实行低税率优惠。

3. 税额式减免，是指通过直接减少应纳税额的方式实现的减免税，包括全部免征、减半征收、核定减征率以及核定减征税额等。如个人所得税中对稿酬所得可按应纳税额减征 30%。

三、我国现行税法体系

（一）税收实体法体系

我国现行税收实体法包括 18 个税种及附加，具体为：增值税、消费税、关税、企业所得税、个人所得税、资源税、城镇土地使用税、房产税、契税、车船税、印花税、土地增值税、车辆购置税、耕地占用税、烟叶税、环保税、城市维护建设税、教育费附加（包括地方教育费附加）。将上述税种按照一定标准进行分类有助于对各个税种的把握、判断和区分。

1. 按照征税对象的不同，税法可分为流转税税法、所得税税法、财产税税法、行为税税法以及资源税税法五大类。流转税税法，是指以商品流转额和非商品流转额为征税对象征收的一类税法，包括增值税、消费税等；所得税税法，是指以纳税人的所得额为征税对象征收的一类税法，包括企业所得税、个人所得税税法；财产税税法，是指以纳税人所有或属其支配的财产为征税对象征收的一类税法，包括房产税、契税、车船税等；行为税税法，是指以纳税人的某些特定行为为征税对象征收的一类税法，包括印花税、车辆购置税等；资源税税法，是指以各种自然资源为征税对象征收的一类税法，包括资源税、城镇土地使用税等。

2. 按照税收收入归属的不同，税法可分为中央税税法、地方税税法、中央与地方共享税税法。中央税属于中央政府的财政收入，如消费税、关税等；地方税属于各级地方政府的财政收入，如城市维护建设税、城镇土地使用税等；中央与地方共享税属于中央政府和地方政府的共同收入，如增值税。

3. 按照税收与价格关系的不同，税法可分为价内税税法与价外税税法。价内税是指税金是价格的组成部分，必须按含税价计税，如消费税、营业税资源税等；价外税是指税金是价格的一个附加额或附加比例，必须按不含税价计税，如增值税。

【案例·分析题】

分析确定下列各税种，属于流转税的有哪些?

A. 关税　　B. 房产税　　C. 消费税　　D. 增值税

应税分析：流转税税法包括增值税、消费税、关税等税法，ACD 属于流转税，房产税属于财产税。

（二）税收程序法体系

除税收实体法外，我国对税收征收管理适用的法律制度，是按照税收管理机关的不同而分别规定的，具体情况见表 0－2。

表 0－2　不同税收管理机关的法律适用

税收管理机关	适用的税收程序法	税收程序法还包括：行政复议法；行政处罚法；行政诉讼法；国家赔偿法等
税务机关	税收征收管理法	
海关	海关法、进出口关税条例	

项目一 增值税计算与缴纳

项目认知

增值税是以商品（含应税劳务、服务）在流转过程中产生的增值额作为计税依据而征收的一种流转税。1954 年，法国最早推行增值税。现在，世界上已有 100 多个国家实行了增值税。

增值税具有以下特点：

1. 税不重征；
2. 普遍征收；
3. 凭票扣税；
4. 实行价外税；
5. 税负具有转嫁性。

知识目标

1. 掌握增值税的征税范围、纳税人及适用税率规定；
2. 掌握增值税应纳税额的计算方法；
3. 掌握进口及出口货物的增值税处理；
4. 熟悉增值税申报缴纳。

能力目标

1. 能判断哪些业务应当征收增值税；
2. 能根据资料正确计算增值税一般纳税人及小规模纳税人应纳的增值税；
3. 能正确计算生产企业和外贸企业的增值税出口退税；
4. 能结合具体案例，办理企业增值税的申报缴纳工作；
5. 能根据需要查阅相关资料。

任务一 增值税基本要素

一、征税范围

（一）征税范围的一般规定

我国现行增值税的征税范围包括五大类：在我国境内销售或进口货物、销售劳务、销售服务、销售无形资产以及销售不动产。

1. 销售或进口货物。

（1）销售货物，是指有偿转让货物的所有权。货物是指除土地、房屋等不动产以外的有形动产，包括电力、热力和气体。有偿是指从购买方取得货币、货物或者其他经济利益（下同）。

（2）进口货物，是指申报进入我国海关境内的货物。只要是报关进口的应税货物，均属于增值税征税范围，在进口环节缴纳增值税（享受免税政策的货物除外），进口货物的增值税由海关代征。

【案例・分析题】

分析确定下列项目中，哪些属于增值税销售货物征税范围？

A. 天然气管道安装　　B. 销售天然气

C. 销售自来水　　D. 销售电力

应税分析：BCD 属于销售货物，增值税货物是指除土地、房屋等不动产以外的有形动产，包括电力、热力和气体。A 天然气管道安装属于提供建筑安装服务。

2. 销售劳务，是指有偿提供加工、修理修配劳务。加工是指受托加工货物，即委托方提供原料及主要材料，受托方按照委托方的要求制造货物并收取加工费的业务；修理修配是指受托对损伤和丧失功能的货物进行修复，使其恢复原状和功能的业务。

单位或个体户聘用的员工为本单位或雇主提供加工、修理修配劳务不包括在内。

【案例・分析题】

分析确定纳税人下列行为中，哪些属于增值税销售劳务？

A. 汽车修配劳务　　B. 有形动产租赁服务

C. 服装加工劳务　　D. 邮政服务

应税分析：销售劳务包括提供加工和修理修配劳务，AC 属于增值税销售劳务，B 有形动产租赁服务和 D 邮政服务属于增值税现代服务业范畴。

3. 销售服务，是指有偿提供服务。包括交通运输服务、邮政服务、电信服务、建筑服务、金融服务、现代服务和生活服务。

【案例·分析题】

分析确定下列项目中，哪些属于增值税销售服务征税范围？

A. 商标和著作权转让服务　　B. 代理记账服务

C. 不动产租赁服务　　D. 无运输工具承运业务

应税分析：BCD属于销售服务，其中代理记账属于商务辅助服务，不动产租赁属于租赁服务，无运输工具承运业务属于交通运输服务。A商标和著作权转让服务属于销售无形资产。

4. 销售无形资产，是指有偿转让无形资产所有权或者使用权的业务活动。无形资产包括专利技术和非专利技术、商标、著作权、商誉、自然资源使用权和其他权益性无形资产。

【案例·分析题】

分析确定下列无形资产中，哪些属于销售无形资产——自然资源使用权的征税范围？

A. 土地使用权　　B. 海域使用权　　C. 代理权　　D. 采矿权

应税分析：ABD属于自然资源使用权。C代理权属于其他权益性无形资产。

5. 销售不动产，是指有偿转让不动产所有权的业务活动。包括建筑物、构筑物等。

【案例·分析题】

分析确定下列项目中，哪些属于增值税销售不动产行为？

A. 建筑物广告位出租　　B. 销售建筑物底层商铺

C. 转让高速公路经营权　　D. 转让国有土地使用权

应税分析：B属于销售不动产，A项属于不动产经营租赁，CD属于销售无形资产。

销售服务、无形资产、不动产具体征税范围见表1－1。

表1－1　　销售服务、无形资产、不动产具体征税范围

销售服务	交通运输服务	陆路运输、水路运输、航空运输、管道运输。以下业务属交通运输服务：①水路运输的程租、期租业务，航空运输的湿租业务以及航天运输服务；②出租车公司向使用本公司出租车的司机收取的管理费用；③无运输工具承运业务
	邮政服务	邮政普遍服务、邮政特殊服务、其他邮政服务。包括函件、包裹等邮件寄递，邮票发行、报刊发行和邮政汇兑等业务活动；机要通信、盲人读物和革命烈士遗物的寄递等业务活动；邮册等邮品销售、邮政代理等业务活动
	电信服务	①基础电信服务：提供语音通话服务的业务活动，以及出租或者出售带宽、波长等网络元素的业务活动； ②增值电信服务：提供短信和彩信服务、电子数据和信息的传输及应用服务、互联网接入服务等业务活动；卫星电视信号落地转接服务，属于增值电信服务

续表

销售服务	建筑服务	①工程服务：新建、改建各种建筑物、构筑物的工程作业。 ②安装服务：生产设备、动力设备、起重设备、运输设备、传动设备、医疗实验设备以及其他各种设备、设施的装配、安置的工程作业。固定电话、有线电视、宽带、水、电、气等经营者向用户收取的安装费、初装费、开户费、扩容费以及类似收费，属于安装服务。 ③修缮服务：对建筑物、构筑物进行修补、加固、养护、改善的工程作业。 ④装饰服务：对建筑物、构筑物进行修饰装修的工程作业。 ⑤其他建筑服务：上列工程作业之外的各种工程作业服务。如钻井（打井）、拆除建筑物或者构筑物、平整土地、园林绿化、疏浚（不包括航道疏浚）、搭脚手架、爆破、矿山穿孔、表面附着物剥离和清理等工程作业
	金融服务	①贷款服务：将资金贷与他人使用而取得利息收入的业务活动。融资性售后回租、罚息、贴现等业务取得的利息收入；以货币资金投资收取的固定利润或者保底利润，属于贷款服务。 ②直接收费金融服务：为货币资金融通及其他金融业务提供相关服务并且收取费用的业务活动。包括提供货币兑换、账户管理、信用卡、信用证、财务担保、资产、信托、基金管理、资金结算、金融支付等服务。 ③保险服务：包括人身保险服务和财产保险服务。 ④金融商品转让：转让外汇、有价证券、非货物期货和其他金融商品所有权
	现代服务	①研发和技术服务：包括研发服务、合同能源管理服务、工程勘察勘探服务、专业技术服务。 ②信息技术服务；包括软件服务、电路设计及测试服务、信息系统服务、业务流程管理服务和信息系统增值服务。 ③文化创意服务：包括设计服务、知识产权服务、广告服务和会议展览服务。 ④物流辅助服务：包括航空服务、港口码头服务、货运客运场站服务、打捞救助服务、装卸搬运服务、仓储服务和收派服务。 ⑤租赁服务：包括融资租赁服务（不含融资性售后回租）和经营租赁服务。 不动产或有形动产的广告位出租属于经营租赁服务；车辆停放、道路通行服务（包括过路费、过桥费、过闸费等）等按照不动产经营租赁服务缴纳增值税。 ⑥鉴证咨询服务：包括认证服务、鉴证服务和咨询服务。翻译服务和市场调查服务属于咨询服务。 ⑦广播影视服务：包括广播影视节目（作品）的制作服务、发行服务和播映（含放映）服务。 ⑧商务辅助服务：企业管理服务、经纪代理服务、人力资源服务、安保服务。 ⑨其他现代服务：除上述服务以外的现代服务
	生活服务	文化体育服务、教育医疗服务、旅游娱乐服务、餐饮住宿服务、居民日常服务、其他生活服务。 居民日常服务：市容市政管理、家政、婚庆、养老、殡葬、照料护理、救助救济、美容美发、按摩、桑拿、氧吧、足疗、沐浴、洗染、摄影扩印等服务

续表

销售无形资产	转让无形资产所有权或者使用权的业务活动。无形资产，包括技术、商标、著作权、商誉、自然资源使用权和其他权益性无形资产。 自然资源使用权：包括土地使用权、海域使用权、探矿、采矿权、取水权和其他自然资源使用权。 其他权益性无形资产：包括基础设施资产经营权、公共事业特许权、配额、经营权（包括特许经营权、连锁经营权、其他经营权）、经销权、分销权、代理权、会员权、席位权、网络游戏虚拟道具、域名、名称权、肖像权、冠名权、转会费等
销售不动产	转让不动产所有权的业务活动，不动产包括建筑物、构筑物等。 转让建筑物有限产权或者永久使用权的，转让在建的建筑物或者构筑物所有权的，以及在转让建筑物或者构筑物时一并转让其所占土地的使用权的，属于销售不动产

【案例・分析题】

分析确定纳税人下列行为中，哪些属于增值税的征收范围？

A. 甲公司将房屋与乙公司土地交换

B. 银行将房屋出租给饭店，不收租金，由银行在饭店就餐抵账

C. 房地产开发企业委托建筑公司建造房屋，以房屋冲抵工程款

D. 运输公司免费为汽车修理公司提供运输服务，汽车修理公司为其免费提供汽车维修作为回报

应税分析：ABCD都属于增值税的征收范围。增值税有偿是指取得货币、货物或者其他经济利益。A中房屋所有权与土地使用权互换属于其他经济利益，B中以房屋出租的租金冲抵饮食服务就餐费，C中以房屋所有权冲抵工程款，D中以运输服务收入冲抵汽车维修服务收入都属于其他经济利益，属于增值税征税范围。

6. 不属于增值税征税范围的非经营活动。

（1）行政单位收取的同时满足以下条件的政府性基金或者行政事业性收费。

①由国务院或者财政部批准设立的政府性基金，由国务院或者省级人民政府及其财政、价格主管部门批准设立的行政事业性收费；

②收取时开具省级以上（含省级）财政部门监（印）制的财政票据；

③所收款项全额上缴财政。

（2）单位或者个体工商户聘用的员工为本单位或者雇主提供取得工资的服务。

（3）单位或者个体工商户为聘用的员工提供服务。

（4）财政部和国家税务总局规定的其他情形。

【案例・分析题】

分析确定纳税人下列行为中，哪些不属于增值税征税范围？

A. 共青团收取的团员费

B. 职工张某在本单位建筑工地提供建筑服务

C. 企业为聘用的员工提供免费接送上下班服务

D. 甲运输公司向乙企业提供交通运输服务

应税分析：ABC是不属于增值税征收范围的非经营活动。D甲运输公司向乙企业提供交通运输服务，属于增值税征税范围的销售运输服务。

7. 在境内销售。在境内销售货物、销售服务、无形资产或者不动产，是指：

（1）销售货物的起运地或所在地在境内；

（2）服务（租赁不动产除外）或者无形资产（自然资源使用权除外）的销售方或者购买方在境内；

（3）所销售或者租赁的不动产在境内；

（4）所销售自然资源使用权的自然资源在境内。

应用提示

境外单位或个人向境内单位或个人提供下列行为，不属于境内应税行为：

（1）销售完全在境外发生的应税服务；

（2）销售完全在境外使用的无形资产；

（3）出租完全在境外使用的有形动产；

（4）财政部和国家税务总局规定的其他情形。

【案例·计算题】【案例·分析题】

分析确定境外单位的下列行为中，哪些不属于境内销售行为？

A. 境外工程公司到境内给境内单位提供工程勘探服务

B. 境外咨询公司给境内企业开拓境内、境外市场进行实地调研并提出合理化建议

C. 日本汽车租赁公司向赴日旅游的中国居民出租小汽车供其在日本期间的自驾游

D. 英国公司将其在中国境内的办公楼出租给韩国某公司

应税分析：C属于境外单位的完全境外行为，不属于境内应税行为。AB购买方在境内，D所销售的不动产在境内，都属于境内应税行为。

（二）征税范围的特殊规定

1. 视同销售行为。视同销售行为是一种特殊的销售行为，是指不论会计核算如何处理，从税收的角度为了计税的需要作为销售、确认收入计算缴纳税款的商品、劳务或服务的转移行为。

（1）视同销售货物行为。单位或个体经营者的下列行为，视同销售货物，征收增值税。

①将货物交付其他单位或者个人代销；

②销售代销货物；

③设有两个以上机构并实行统一核算的纳税人，将货物从一个机构移送其他机构用于销售，但相关机构设在同一县（市）的除外；

④将自产、委托加工的货物用于集体福利或者个人消费；

⑤将自产、委托加工或者购进的货物作为投资，提供给其他单位或者个体工商户；

⑥将自产、委托加工或者购进的货物分配给股东或者投资者；

⑦将自产、委托加工或者购进的货物无偿赠送其他单位或者个人。

（2）视同销售服务、无形资产或者不动产。单位或者个人的下列情形视同销售服务、无形资产或者不动产，征收增值税。

①单位或者个体工商户向其他单位或者个人无偿提供服务，但用于公益事业或者以社会公众为对象的除外；

②单位或者个人向其他单位或者个人无偿转让无形资产或者不动产，但用于公益事业或者以社会公众为对象的除外；

③财政部和国家税务总局规定的其他情形。

上述视同销售行为，可以归纳为以下四类：

第一类：代销货物，包括委托代销和受托代销业务，均视同销售缴纳增值税；其中受托方销售代销货物行为按视同销售缴纳增值税，其收取的代理手续费收入按现代服务缴纳增值税。

第二类：内部移送货物同时具备三个条件的，应视同销售缴纳增值税。一是相关机构统一核算；二是相关机构不在同一县市；三是移送的目的用于销售。用于销售，是指受货机构发生以下情形之一的经营行为：①向购货方开具发票；②向购货方收取货款。

第三类：自用货物根据不同来源确定视同销售。企业内部自用包括集体福利或者个人消费，外部自用包括用于投资、分配或者无偿赠送（下同）。

对于自产、委托加工的货物，改变其生产用途，无论是用于企业内部还是用于企业外部，均视同销售缴纳增值税；对于外购的货物，改变生产用途，用于企业内部，不能抵扣进项税额，做进项税额转出；用于企业外部，则视同销售缴纳增值税。

第四类：属于无偿提供服务、无偿转让无形资产或者销售不动产，用于公益事业或者以社会公众为对象的除外。

【案例·分析题】

分析确定下列各项中，哪些属于增值税视同销售行为。

A. 将外购货物分配给投资者　　B. 将外购货物用于集体福利

C. 将加工收回的货物赠送给其他单位　　D. 将自产货物用于对外投资

应税分析：ACD属于增值税视同销售行为，自产、委托加工的货物，改变其生产用途，一律视同销售，外购货物改变其生产用途，用于对外投资、分红、赠送等方面应视同销售，而B选项按税法规定外购货物用于集体福利或者个人消费，不属于增值税视同销售行为，应作为不能抵扣的进项税处理。

2. 混合销售行为。一项销售行为如果既涉及服务又涉及货物，为混合销售。

根据税法规定，从事货物的生产、批发或者零售的单位和个体工商户的混合销售行为，按照销售货物缴纳增值税；其他单位和个体工商户混合销售行为，按照销售服务缴纳增值税。

3. 兼营行为。纳税人的经营范围包括销售货物、加工修理修配劳务、服务、无形资产或者不动产等适用不同税率或者征收率的，为兼营行为。兼营行为应当分别核算适用不同税率或者征收率的销售额，兼有不同税率和征收率的销售货物、加工修理修配劳务、服务、无形资产或者不动产，未分别核算销售额的，从高适用税率。

混合销售强调的是在同一项销售行为中存在着两类经营项目的混合，销售货款及劳务（或服务）价款是同时从一个购买方取得；兼营行为强调的是在同一纳税人的经营活动中存在着两类经营项目。

【案例·分析题】

分析确定下列各项中，哪些属于增值税混合销售行为，哪些属于兼营增值税非应税行为？

A. 空调厂销售空调并提供安装服务　　B. 饭店提供餐饮服务并销售酒水

C. 商场既销售货物又提供快餐服务　　D. 计算机公司销售计算机并负责培训

应税分析：ABD 属于混合销售行为，其中 AD 两项主行为是销售货物，按照销售货物缴纳增值税，B 项主行为是提供餐饮服务，按照销售服务缴纳增值税；而 C 项属于兼营行为，应当分别核算适用不同税率或者征收率的销售额。

（三）不征收增值税项目

1. 根据国家指令无偿提供的铁路运输服务、航空运输服务等用于公益事业的服务。

2. 存款利息。

3. 被保险人获得的保险赔付。

4. 房地产主管部门或者其指定机构、公积金管理中心、开发企业以及物业管理单位代收的住宅专项维修资金。

5. 在资产重组过程中，通过合并、分立、出售、置换等方式，将全部或者部分实物资产以及与其相关联的债权、负债和劳动力一并转让给其他单位和个人，其中涉及的不动产、土地使用权转让行为以及货物转让，不征收增值税。

【案例·分析题】

下列各项中，属于不征增值税的项目有哪些？

A. 存款利息　　B. 贷款利息　　C. 保险赔款　　D. 土地使用权转让

应税分析：A 存款利息，C 保险赔款属于不征增值税项目，不征增值税；B 贷款利息应征增值税；企业资产重组中整体资产转让涉及的土地使用权不征增值税，D 土地使用权转让应按无形资产转让征收增值税。

（四）增值税的税收优惠

1. 增值税的免税项目。

（1）内销货物免税项目：①农业生产者销售的自产农产品；②避孕药品和用具；③古旧图书；④个体工商户以外的其他个人销售自己使用过的物品。

（2）进口货物免税项目：①直接用于科学研究、科学试验和教学的进口仪器、设备；

②外国政府、国际组织无偿援助的进口物资和设备；③由残疾人的组织直接进口供残疾人专用的物品。

（3）生活服务业免税项目：①托儿所、幼儿园、养老机构、残疾人福利机构提供的保育和教育服务、养老服务、育养服务以及婚姻介绍服务和殡葬服务。②残疾人员本人为社会提供的服务；学生勤工俭学提供的服务；个人转让著作权。③医疗机构提供的医疗服务。④从事学历教育的学校提供的教育服务；举办进修班、培训班取得的全部归该学校所有的收入；政府举办的职业学校设立的为在校学生提供实习场所的企业，从事“现代服务”（不含融资租赁服务、广告服务和其他现代服务）、“生活服务”（不含文化体育服务、其他生活服务和桑拿、氧吧）业务活动取得的收入。⑤纪念馆、博物馆、文化馆、文物保护单位管理机构、美术馆、展览馆、书画院、图书馆在自己的场所提供文化体育服务取得的第一道门票收入。⑥寺院、宫观、清真寺和教堂举办文化、宗教活动的门票收入。⑦福利彩票、体育彩票的发行收入。⑧家政服务企业由员工制家政服务员提供家政服务取得的收入。⑨提供社区养老、抚育、家政等服务取得的收入。

（4）现代服务业免税项目：①农业机耕、排灌、病虫害防治、植物保护、农牧保险以及相关技术培训业务，家禽、牲畜、水生动物的配种和疾病防治。②纳税人提供技术转让、技术开发和与之相关的技术咨询、技术服务。

（5）金融业免税项目：①部分利息收入免税。金融机构农户小额贷款（2016 年 12 月 31 日前）；国家助学贷款；国债、地方政府债；人民银行对金融机构的贷款；住房公积金管理中心住房公积金贷款等。②被撤销金融机构以货物、不动产、无形资产、有价证券、票据等财产清偿债务。③金融同业往来利息收入；部分金融商品转让收入；金融企业发放贷款后，自结息日起 90 天后发生的应收未收利息暂不缴纳增值税，待实际收到利息时按规定缴纳增值税。④经批准从事融资租赁业务的一般纳税人，提供有形动产融资租赁服务和有形动产融资性售后回租服务，对其增值税实际税负超过 3% 的部分实行增值税即征即退政策。⑤下列保险项目免征增值税：保险公司开办的一年期以上人身保险产品取得的保费收入；为出口货物提供的保险服务，包括出口货物保险和出口信用保险；农牧保险及相关技术培训业务。

（6）房地产业免税项目：①个人销售自建自用住房。②公共租赁住房经营管理单位出租公共租赁住房（2018 年 12 月 31 日前）；军队空余房产租赁收入。③企业、行政事业单位按房改成本价、标准价出售住房取得的收入。④涉及家庭财产分割的个人无偿转让不动产、土地使用权。⑤将土地使用权转让给农业生产者用于农业生产；土地所有者出让土地使用权和土地使用者将土地使用权归还给土地所有者。⑥北京、上海、广州、深圳市之外地区，个人将购买不足 2 年的住房对外销售的，按照 5% 的征收率全额缴纳增值税；个人将购买 2 年以上（含 2 年）的住房对外销售的，免征增值税。北京、上海、广州、深圳市，个人将购买不足 2 年的住房对外销售的，按照 5% 的征收率全额缴纳增值税；个人将购买 2 年以上（含 2 年）的非普通住房对外销售的，以销售收入减去购买住房价款后的差额按照 5% 的征收率缴纳增值税；个人将购买 2 年以上（含 2 年）的普通住房对外销售的，免征增值税。

（7）建筑业免税项目：工程项目在境外的建筑服务、工程监理服务、工程勘察勘探服务。

（8）无形资产转让（不含土地使用权）免税项目：县级以上地方人民政府或自然资源

行政主管部门出让、转让或收回自然资源使用权（不含土地使用权）。

【案例·分析题】

下列各项中，属于免征增值税的项目有哪些?

A. 提供社区养老服务　　B. 医疗机构提供医疗服务

C. 销售避孕药品和用具　　D. 电信公司提供语音通话服务

应税分析：ABC 符合税法免税规定，免征增值税；D 电信公司提供语音通话服务属于电信服务的基础电信服务，应征增值税。

2. 跨境行为免征增值税的政策规定。境内的单位和个人销售的下列服务和无形资产免征增值税，但财政部和国家税务总局规定适用增值税零税率的除外：

（1）境外服务：①工程项目在境外的建筑服务。②工程项目在境外的工程监理服务。③工程、矿产资源在境外的工程勘察勘探服务。④会议展览地点在境外的会议展览服务。⑤存储地点在境外的仓储服务。⑥标的物在境外使用的有形动产租赁服务。⑦在境外提供的广播影视节目（作品）的播映服务。⑧在境外提供的文化体育服务、教育医疗服务、旅游服务。

（2）为出口货物提供的邮政服务、收派服务、保险服务。为出口货物提供的保险服务，包括出口货物保险和出口信用保险。

（3）向境外单位提供的完全在境外消费的下列服务和无形资产：①电信服务；②知识产权服务；③物流辅助服务（仓储服务、收派服务除外）；④鉴证咨询服务；⑤专业技术服务；⑥商务辅助服务；⑦广告投放地在境外的广告服务；⑧无形资产。

（4）以无运输工具承运方式提供的国际运输服务。

（5）为境外单位之间的货币资金融通及其他金融业务提供的直接收费金融服务，且该服务与境内的货物、无形资产和不动产无关。

（6）财政部和国家税务总局规定的其他服务。

3. 增值税的起征点。为了照顾低收入纳税人生产经营和生活方面的困难，我国现行增值税设置了起征点的规定。个人发生应税行为的销售额未达到增值税起征点的，免征增值税；达到起征点的，全额计算缴纳增值税。

增值税起征点的幅度规定如下：

（1）按期纳税的：为月销售额 5 000～20 000 元（含本数）；

（2）按次纳税的：为每次（日）销售额 300～500 元（含本数）。

省、自治区、直辖市财政厅（局）和国家税务局应在规定的幅度内，根据实际情况确定本地区适用的起征点，并报财政部、国家税务总局备案。

应用提示

适用增值税起征点应注意的问题

（1）增值税起征点不适用于登记为一般纳税人的个体工商户。

（2）为支持小微企业发展，自 2021 年 4 月 1 日至 2022 年 12 月 31 日，增值税小规模纳税人月销售额不超过 15 万元（按季纳税 45 万元）的，免征增值税；其他个人采取一次性收取租金形式出租不动产，取得的租金收入，可在租金对应的租赁期内平均分摊，分摊后的月租金收入不超过 15 万元的，可享受小微企业免征增值税的优惠政策。

（3）适用增值税差额征收政策的，以差额后的销售额确定是否可以享受15万元以下免征增值税政策。

（4）财政部和国家税务总局规定的其他情形。

4. 增值税纳税人购置税控装置的特殊规定。2011年12月1日以后，增值税纳税人初次购买增值税税控系统专用设备（包括金税卡、IC卡、读卡器或金税盘和报税盘）支付的费用（含缴纳的技术维护费），可凭增值税专用发票，在增值税应纳税额中全额抵减（抵减额为价税合计额），本期减征额不足抵减部分结转下期继续抵减。

二、纳税人

（一）纳税人的基本规定

根据《增值税暂行条例》的规定，凡在中华人民共和国境内销售或者进口货物、提供应税加工、修理修配劳务、销售服务、无形资产或者不动产的单位和个人都是增值税纳税义务人。单位，是指企业、行政单位、事业单位、军事单位、社会团体及其他单位。个人，是指个体工商户和其他个人。

单位租赁或承包给其他单位或个人经营的，以承租人或承包人为纳税人。承包人以发包人名义对外经营并由发包人承担相关法律责任的，以该发包人为纳税人。

资管产品运营过程中发生的增值税应税行为，以资管产品管理人为增值税纳税人。

（二）一般纳税人与小规模纳税人的划分

划分一般纳税人和小规模纳税人的基本依据是纳税人的会计核算是否健全，以及年应税销售额的大小。

1. 小规模纳税人的认定及管理。

（1）小规模纳税人的认定标准。小规模纳税人是指年应税销售额在规定标准以下，且会计核算不健全的增值税纳税人。

按照现行规定，从事货物生产、批发或零售、提供应税劳务、销售服务、无形资产或者不动产的纳税人，年应税销售额在500万元（含）以下的，为增值税小规模纳税人。

应用提示

小规模纳税人认定标准注意事项：

（1）会计核算不健全是指不能按照国家统一的会计制度规定设置账簿，根据合法、有效凭证核算。

（2）年应税销售额，是指纳税人在连续不超过12个月的经营期内累计应征增值税销售额（不含税），包括纳税申报销售额、稽查查补销售额、纳税评估调整销售额、税务机关代开发票销售额和免税销售额以及规定允许从销售额中差额扣除的部分，不包括小规模纳税人偶然发生的转让不动产的销售额。

（2）小规模纳税人的管理。小规模纳税人实行简易办法征收增值税，一般不使用增值税专用发票。但可向税务机关申请代开增值税专用发票。

自2020年2月1日起小规模纳税人（其他个人除外）可以选择使用增值税发票管理系

统自行开具增值税专用发票。选择自行开票的，税务机关不再为其开专票。

【案例·分析题】

下列各项中，只能被认定为增值税小规模纳税人的有哪些？

A. 年应税销售额510万元且会计核算健全的个体经营者

B. 年应税销售额30万元且会计核算不健全的工业企业

C. 年应税服务额300万元且会计核算不健全的交通运输企业

D. 年应税销售额400万元且会计核算不健全的商业企业

应税分析：BCD只能认定为小规模纳税人，自2018年5月1日起，工业企业、商业企业以及营改增行业纳税人年应税销售额的认定标准统一为500万元。

2. 一般纳税人的认定及管理。

（1）一般纳税人的认定标准：①年应税销售额超过小规模纳税人标准的企业和企业性单位为一般纳税人，应当向税务机关申请一般纳税人资格认定。②小规模纳税人会计核算健全，能够提供准确税务资料的，可以向主管税务机关申请一般纳税人资格认定，成为一般纳税人。

一般纳税人实行登记制，除另有规定外，应当向税务机关办理登记手续。

应用提示

纳税人资格认定的特殊规定：

（1）年应税销售额超过规定标准的其他个人，不属于一般纳税人；

（2）不经常发生应税行为的单位和个体工商户可选择按小规模纳税人纳税；

（3）兼有销售货物、提供加工修理劳务和应税行为，且不经常发生销售货物、提供加工修理劳务和应税行为的单位和个体工商户可选择按小规模纳税人纳税。

【案例·分析题】

某商业批发企业兼营应税服务项目，假设分别下列四种情形，判断是否需要办理一般纳税人认定？

A. 批发零售业务年销售额520万元，应税服务年销售额400万元

B. 批发零售业务年销售额100万元，应税服务年销售额505万元

C. 批发零售业务年销售额100万元，应税服务年销售额450万元

D. 批发零售业务年销售额400万元，一次性转让办公楼销售额800万元

应税分析：AB需要办理一般纳税人认定，CD不需要。企业兼营行为中，不论是销售货物还是销售服务，只要有一项经营行为超过标准，就应当向税务机关申请一般纳税人资格认定。另小规模纳税人偶然发生的转让不动产的销售额，不计入应税行为年销售额。

【案例·分析题】

年应税销售额包含下列哪些内容？

A. 进行纳税申报的销售额　　　　　　B. 稽查查补的销售额
C. 纳税评估调整增加的销售额　　　　D. 免税销售额

应税分析：ABCD 都包括。按照税法规定，年应税销售额包括纳税申报销售额、稽查查补销售额、纳税评估调整销售额、税务机关代开发票销售额和免税销售额。

（2）一般纳税人的管理：①纳税人自一般纳税人生效之日起，按照增值税一般计税方法计算应纳税额，并可以按照规定领用增值税专用发票，财政部、国家税务总局另有规定的除外。②纳税人登记为一般纳税人后，不得转为小规模纳税人。国家税务总局另有规定的除外。③对符合一般纳税人条件而不申请办理一般纳税人认定手续的纳税人，应按销售额依照增值税税率计算应纳税额，不得抵扣进项税额，也不得使用专用发票（含税控机动车销售统一发票）。

【案例・分析题】

某家电修理厂会计核算健全，2019 年营业额 520 万元，接到税务机关告知后一直未向主管税务机关申请增值税一般纳税人认定。2020 年 1 月，该厂提供修理劳务并收取修理费价税合计 22.6 万元；购进的修理零配件等均取得增值税专用发票，对应的增值税税款合计 2 万元。该厂 2020 年 1 月应如何计算缴纳增值税？

应税分析：该厂 2019 年应税营业额 520 万元，符合一般纳税人认定条件而不申请办理一般纳税人认定手续，应按销售额依照增值税税率计算应纳税额，不得抵扣进项税额。

应税计算：该厂 2020 年 1 月应纳增值税 $=22.6\div(1+13\%)\times13\%=2.6$（万元）。

（三）扣缴义务人

境外单位或个人在境内发生应税行为，在境内未设有经营机构的，以其境内代理人为扣缴义务人；在境内没有代理人的，以购买方为扣缴义务人。

三、税率

（一）增值税适用税率

1. 基本税率 13%：销售或进口货物（列举货物除外）、提供加工、修理修配劳务、提供有形动产租赁服务。

2. 低税率 9% 货物：

（1）农业产品、食用植物油、食用盐、鲜奶、二甲醚；

（2）自来水、暖气、冷气、热水、煤气、液化气、天然气、沼气、居民用煤炭制品；

（3）图书、报纸、杂志、电子出版物、音像制品；

（4）饲料、化肥、农药、农机、农膜；

（5）国务院规定的其他货物。

3. 低税率 9% 服务、无形资产、不动产：交通运输服务、邮政服务、基础电信服务、建筑服务、不动产租赁服务，销售不动产，转让土地使用权。

4. 低税率6%服务、无形资产：金融服务、现代服务、生活服务、增值电信服务、销售无形资产（土地使用权除外）。

5. 零税率：纳税人出口货物或跨境应税行为。具体规定见教材本项目任务三增值税出口退（免）税。

【案例·分析题】

下列货物销售中，适用9%增值税税率的有哪些？

A. 生产销售渔业的捕捞机械　　B. 食品店加工方便面销售

C. 粮食加工厂加工玉米面销售　　D. 食品加工厂生产的蔬菜罐头销售

应税分析：A渔业的捕捞机械属于农机，C玉米面属于初级农产品，其增值税税率是9%；B方便面、D蔬菜罐头，其增值税税率是13%。

【案例·分析题】

下列销售服务中，适用6%增值税税率的有哪些？

A. 提供交通运输服务　　B. 提供有形动产租赁服务

C. 提供餐饮住宿服务　　D. 提供建筑安装服务

应税分析：C提供餐饮服务，其增值税税率是6%；A提供交通运输，D建筑安装服务，其增值税税率是9%；B提供有形动产租赁，其增值税税率是13%。

（二）增值税征收率

1. 小规模纳税人销售货物、提供劳务、销售服务、转让无形资产行为，征收率为3%。

2. 小规模纳税人销售不动产、提供不动产经营租赁服务（除试点前开工的高速公路车辆通行费）、转让土地使用权、选择差额纳税劳务派遣和安保服务，征收率为5%。

3. 小规模纳税人销售自己使用过的固定资产和旧货在3%基础上减按2%征收率计税。应税销售额＝含税销售额÷(1+3%)；应纳税额＝销售额×2%。

4. 小规模纳税人销售自己使用过的除固定资产以外的其他物品，征收率为3%。

应用提示

一般纳税人适用简易计税方法的征收率：

（1）一般纳税人适用简易计税方法计税的销售货物、提供劳务、销售服务、转让无形资产行为，征收率为3%；销售不动产、不动产经营租赁服务（除试点前开工的高速公路车辆通行费），转让土地使用权、选择差额纳税劳务派遣和安保服务，征收率为5%。

（2）一般纳税人销售旧货以及销售自用过的未抵扣进项税的固定资产按简易办法在3%的基础上减按2%征收增值税。

任务二　增值税应纳税额的计算

增值税的计税方法，包括一般计税方法、简易计税方法和扣缴计税方法。

1. 一般纳税人发生应税行为适用一般计税方法计税。

应纳税额 = 当期销项税额 - 当期进项税额

2. 小规模纳税人发生应税行为适用简易计税方法计税；一般纳税人发生规定的特定应税行为，可以选择适用简易计税方法计税。

应纳税额 = 销售额 × 征收率(不能抵扣进项税额)

3. 境外单位或者个人在境内发生应税行为，在境内未设有经营机构的，扣缴义务人按照下列公式计算应扣缴税额：

应扣缴税额 = 购买方支付的价款 ÷(1 + 税率) × 税率

计算应扣缴税额时，无论购买方或扣缴义务人是一般纳税人还是小规模纳税人，一律按照境外单位或个人发生应税行为的适用税率予以计算。

一、一般计税方法应纳税额的计算

增值税一般纳税人销售货物、提供应税劳务和应税行为适用一般计税方法，当期应纳增值税额的大小，取决于当期销项税额和当期进项税额两个因素。应纳税额的计算公式为：

当期应纳增值税 = 当期销项税额 - 当期进项税额

当期销项税额小于当期进项税额不足抵扣时，其不足部分可以结转下期继续抵扣。

（一）销项税额的计算

1. 销项税额的概念及计算公式。销项税额是指纳税人销售货物或者提供应税劳务、应税行为，按照销售额和税法规定的税率计算并向购买方收取的增值税税额。销项税额的计算公式为：

销项税额 = 销售额 × 适用税率

2. 应税销售额的确定。

（1）一般销售方式下的应税销售额。应税销售额是指纳税人销售货物或者提供应税劳务、应税行为向购买方收取的全部价款和价外费用。应税销售额计算公式为：

应税销售额 = 全部价款 + 价外费用

理解应税销售额应注意两点：

①应税销售额不包括向买方收取的销项税额（简称不含税销售额）。如果销售额含增值税，则换算成不含税销售额。换算公式为：

不含税销售额 = 含税销售额 ÷(1 + 增值税税率)

②价外费用的理解。价外费用，是指价外向购买方收取的手续费、补贴、基金、集资费、返还利润、奖励费、违约金（延期付款利息）、包装费、包装物租金、储备费、优质

费、运输装卸费、代收款项、代垫款项及其他各种性质的价外收费。凡价外费用，无论会计制度如何核算，均应并入销售额计算应纳税额。

价外费用不包括：一是代扣代缴的消费税；二是代为收取并符合条件的政府性基金或者行政事业性收费；三是销售货物的同时代办保险等而向购买方收取的保险费，以及向购买方收取的代购买方缴纳的车辆购置税、车辆牌照费；四是以委托方名义开具发票代委托方收取的款项。

【案例·计算题】

某机械厂（一般纳税人），2021 年 2 月销售机电产品一批，开具增值税专用发票取得销售收入 600 000 元，同时从购买方取得价外补贴 22 600 元，计算该厂应计提的销项税额。

应税计算：销项税额 =［600 000 + 22 600 ÷（1 + 13%）］×13% = 80 600（元）。

（2）特殊销售方式下的应税销售额。

①采取折扣折让方式销售。纳税人销售过程中的折扣折让分为三种：折扣销售、销售折扣和销售折让（见表 1－2）。

表 1－2　折扣、折让销售

折扣方式	折扣内容	税务处理
折扣销售	因购买方多买而给予的折扣	同一发票“金额栏”分别注明销售额和折扣额的，可从销售额中扣除折扣额；另开发票的或未在同一发票“金额栏”分别注明的，不得从销售额中扣除折扣额
销售折扣	因购买方提前付款而给予的折扣	销售折扣不得从销售额中扣除，由企业的“财务费用”负担
销售折让	因货物品种、质量等原因给予的价格折让	销售折让可以从销售额中扣除，但必须提供合法凭证

【案例·计算题】

某服装厂将 10 000 件衬衣销售给 B 商场，每件售价 80 元（不含税），由于 B 商场购买数量较多，该厂决定给予七折优惠，开票时该厂将销售额与折扣额未开在同一张专用发票上。计算该服装厂应计提的销项税额。

应税分析：折扣销售，同一发票“金额栏”分别注明销售额和折扣额的，可从销售额中扣除折扣额；该厂开票时将销售额与折扣额未开在同一张专用发票上，不得从销售额中扣除折扣额。

应税计算：销项税额 = 10 000 × 80 × 13% = 104 000（元）。

②以旧换新方式销售。纳税人采取以旧换新方式销售货物的，应按新货物的同期销售价

格确定销售额，不得扣减旧货物的收购价格。

但是对金银首饰以旧换新业务，可以按销售方实际收取的不含增值税的全部价款征收增值税。

【案例·计算题】

某银行下属金店为增值税一般纳税人，2021 年 3 月通过以旧换新方式，以足金新项链 100 克（含税价每克 150 元），从消费者手中换回足金旧项链 100 克（含税价每克 138.7 元），找回价款 1 130 元，计算该金店应计提的销项税额。

应税分析：金银首饰以旧换新，允许按实际收取的不含税价款计税。

应税计算：销项税额 =1 130 ÷(1 +13%) ×13% =130（元）。

③还本销售方式销售。这种方式实际上是一种筹资，是以货物换取资金的使用价值，到期还本不付息的方法。纳税人采取还本销售方式销售货物，其销售额就是货物的销售价格，不得从销售额中减除还本支出。

④以物易物方式销售。以物易物是指购销双方不是以货币结算，而是以同等价款的货物相互结算，实现货物购销的一种方式。

以物易物双方都应作购销处理，以各自发出的货物核算销售额并计算销项税额，以各自收到的货物按规定核算购货额并计算进项税额。在以物易物活动中，应分别开具合法的票据，如收到的货物不能取得相应的增值税专用发票或其他合法票据的，不能抵扣进项税额。

⑤包装物押金。纳税人为销售货物而出租、出借包装物收取的押金，单独记账核算的，且时间在 1 年以内，又未过期的，不并入销售额征税；但对因逾期未收回包装物不再退还的押金，应按所包装货物的适用税率计算增值税款。

但是对销售除啤酒、黄酒外的其他酒类产品而收取的包装物押金，无论是否返还以及会计上如何核算，均应并入当期销售额征收增值税。

注意：“逾期”是指按合同约定实际逾期或以 1 年为期限，对收取 1 年以上的押金，无论是否退还均并入销售额征税。另外包装物押金是含税收入，在并入销售额征税时，需要将该押金换算为不含税收入。

【案例·计算题】

某粮食批发企业（一般纳税人）本月向某粮店销售大米、面粉等，收取大米、面粉袋押金 1 000 元，另没收一批已过期限、尚未收回的大米、面粉袋押金 763 元，计算该企业押金应计算的销项税额。

应税分析：一般货物的押金在收取时不计税，逾期未收回的押金，应并入销售额计征增值税。

应税计算：销项税额 =763 ÷(1 +9%) ×9% =63（元）。

（3）视同销售行为应税销售额的确定。税法规定，纳税人发生应税行为价格明显偏低或者偏高且不具有合理商业目的的，或者发生视同销售行为而无销售额的，主管税务机关有权按照下列顺序确定销售额：

①按照纳税人最近时期销售同类货物、销售同类服务、无形资产或者不动产的平均价格确定。

②按照其他纳税人最近时期销售同类货物、销售同类服务、无形资产或者不动产的平均价格确定。

③按照组成计税价格确定。组成计税价格的公式为：

$$组成计税价格 = 成本 \times (1 + 成本利润率)$$

销售货物，成本利润率为10%；提供应税行为，成本利润率由国家税务总局确定。

属于应征消费税的货物，其组成计税价格应加计消费税税额。计算公式为：

$$组成计税价格 = 成本 \times (1 + 成本利润率) + 消费税税额$$

成本利润率由国家税务总局确定。

不具有合理商业目的，是指以谋取税收利益为主要目的，通过人为安排，减少、免除、推迟缴纳增值税税款，或者增加退还增值税税款。

【案例·计算题】

某衬衣厂2020年2月对外销售自产衬衣800件，每件不含税售价80元，成本价60元；当月该厂还将200件衬衣无偿赠送给福利院，计算该厂应计提的销项税额。

应税分析：将自产货物用于无偿赠送，视同销售征收增值税，计税时有同类产品售价，按同类产品售价计税。

应税计算：销项税额 =1 000 ×80 ×13% =10 400（元）。

【案例·计算题】

某食品厂2020年9月特制中秋月饼3 000盒全部发给本厂职工，已知每盒月饼的单位成本为70元，无同类产品售价，计算该厂的销项税额。

应税分析：将自产货物用于职工福利，视同销售征收增值税，计税时没有同类产品售价，按组成计税价格计税。

应税计算：

（1）组成计税价格 =3 000 ×70 ×(1 +10%) =231 000（元）；

（2）销项税额 =231 000 ×13% =30 030（元）。

（4）差额征税应税销售额的确定。

①金融商品转让：按照卖出价扣除买入价后的余额为销售额。转让金融商品出现的正负差，按盈亏相抵后的余额为销售额。若相抵后出现负差，可结转下一纳税期与下期转让金融商品销售额相抵，但年末时仍出现负差的，不得转入下一个会计年度。

②经纪代理服务：扣除向委托方收取并代为支付的政府性基金。

③签证代理服务：扣除向服务接受方收取并代为支付给外交部和外国驻华使（领）馆的签证费、认证费。

④航空运输服务：不包括代收的机建费和代收航空客票而代收转付的价款。

⑤客运场站服务：扣除支付给承运方的运费。

⑥旅游服务，选择差额计税的：扣除住宿、餐饮、交通、签证、门票和接团费。

⑦经批准的融资租赁：扣除支付的借款利息、发行债券利息和车辆购置税；融资性售后回租：全部价款和价外费用（不含本金）扣除支付的借款利息、发行债券利息。

⑧房地产企业销售其开发的房地产（不包括选择简易计税项目）：扣除向政府部门支付的土地价款。

⑨电信企业通过手机短信公益特服号为公益性机构接受捐款：扣除支付给公益性机构捐款后的余额为销售额。

⑩提供建筑服务简易计税的，以取得全部价款和价外费用扣除支付的分包款后的余额，按照3%的征收率计算缴纳增值税。

⑪提供劳务派遣服务、安全保护服务，选择差额纳税：扣除代用工单位支付给劳务派遣员工的工资、福利和为其办理社会保险及住房公积金后的余额为销售额，按照简易计税方法依5%的征收率计算缴纳增值税。

⑫提供物业管理服务：向服务接收方收取的自来水水费，以扣除其对外支付的自来水水费后的余额为销售额，按照简易计税办法依3%的征收率计算缴纳增值税。

差额计税允许扣除的项目不得开具增值税专用发票。

（二）进项税额的抵扣

纳税人购进货物、接受应税劳务（或服务）支付或者负担的增值税额，为进项税额。不是纳税人所支付的所有进项税额都可以从销项税额中抵扣，税法对准予抵扣进项税额和不能抵扣进项税额的范围作了严格规定。

按照税法规定，准予抵扣的进项税额必须取得合法凭证，否则不能抵扣进项税额。

1. 准予从销项税额中抵扣的进项税额。

（1）纳税人国内购进货物、劳务、服务、无形资产、不动产，按照从销售方取得的增值税专用发票（含税控机动车销售统一发票）上注明的增值税额抵扣。

自2019年4月1日起，纳税人取得不动产或者不动产在建工程的进项税额允许一次性从当期销项税额中抵扣，不再分期抵扣。

【案例·分析题】

增值税纳税人发生下列情形，允许从当期销项税额中抵扣进项税的有哪些？

A. 购进货物取得增值税专用发票　　　　B. 支付加工费取得增值税普通发票

C. 购进货物支付运费取得增值税专用发票　　D. 购进不动产取得增值税专用发票

应税分析：ACD允许抵扣进项税额，增值税法律规定纳税人国内购进货物、劳务、服务、无形资产、不动产，按照从销售方取得的增值税专用发票（含税控机动车销售统一发票）上注明的增值税额抵扣；选项B支付加工费取得增值税普通发票，不得抵扣进项税。

（2）纳税人进口货物，按照从海关取得的海关进口增值税专用缴款书上注明的增值税额抵扣。

（3）纳税人从境外单位或者个人购进服务、无形资产或者不动产，按照自税务机关或者扣缴义务人取得的解缴税款的完税凭证上注明的增值税额抵扣。

（4）纳税人支付的道路、桥闸通行费，按以下方式分别抵扣：

①支付道路通行费，按照收费公路通行费增值税电子普通发票上注明的增值税税额抵扣；

②支付桥闸通行费，按通行费发票（不含财政票据）计算进项税额。

$$可抵扣进项税额 = 桥闸通行费发票注明的金额 \div (1+5\%) \times 5\%$$

桥闸通行费，是指有关单位依法或者依规设立并收取的过路、过桥和过闸费用。

（5）纳税人购进国内旅客运输服务，按以下方式分别抵扣：

①取得增值税专用发票的，进项税额为发票上注明的增值税税额；

②取得增值税电子普通发票的，进项税额为发票上注明的增值税税额；

③取得注明旅客身份信息的航空运输电子客票行程单的：

$$进项税额 = (票价 + 燃油附加费) \div (1+9\%) \times 9\%$$

④取得注明旅客身份信息的铁路车票的：

$$进项税额 = 票面金额 \div (1+9\%) \times 9\%$$

⑤取得注明旅客身份信息的公路、水路等其他客票的：

$$进项税额 = 票面金额 \div (1+3\%) \times 3\%$$

【案例·实务题】

某增值税一般纳税人2021年4月所属期发生以下业务：

（1）购进旅客运输服务，取得增值税专用发票1份，票面金额10万元，税额0.9万元；

（2）购进旅客运输服务，取得增值税电子普通发票1份，票面注明税额900元；

（3）购进旅客运输服务，取得注明旅客身份信息的航空运输电子客票行程单1份，票价800元，燃油附加费50元；

（4）购进旅客运输服务，取得注明旅客身份信息的铁路车票1份，票面金额240元；

（5）购进旅客运输服务，取得注明旅客身份信息的公路客票1份，票面金额103元；

假设上述抵扣凭证均合法有效，符合法定形式，填写2021年4月税款所属期《增值税纳税申报表附列资料（二）》（本期进项税额明细）。

应税分析：业务（1）增值税专用发票，进项税额9 000元；

业务（2）～业务（5）对应其他抵扣凭证：

进项税额 $=900+(800+50)\div(1+9\%)\times 9\%+240\div(1+9\%)\times 9\%+103\div(1+3\%)\times 3\%=993$（元）；

合计：$9\,000+993=9\,993$（元）。

填写方法（见表1-3）：

①增值税专用发票对应进项税额，填入第1栏；

②其他扣税凭证对应进项税额，填入第4栏；

③第10栏，作为统计栏，包括第1栏的增值税专用发票和第4栏中其他扣税凭证。

表1-3 增值税纳税申报表附列资料（二）

（本期进项税额明细）

税款所属时间：　年　月　日至　年　月　日

纳税人名称：（公章）　　　　金额单位：元至角分

一、申报抵扣的进项税额				
项目	栏次	份数	金额	税额
（一）认证相符的增值税专用发票	1=2+3			
其中：本期认证相符且本期申报抵扣	2			
前期认证相符且本期申报抵扣	3			
（二）其他扣税凭证	4=5+6+7+8a+8b			
其中：海关进口增值税专用缴款书	5			
农产品收购发票或者销售发票	6			
代扣代缴税收缴款凭证	7		—	
加计扣除农产品进项税额	8a	—	—	
其他	8b			
（三）本期用于购建不动产的扣税凭证	9			
（四）本期用于抵扣的旅客运输服务扣税凭证	10			
（五）外贸企业进项税额抵扣证明	11	—	—	
当期申报抵扣进项税额合计	12=1+4+11			

（6）纳税人购进农产品，按以下方式分别抵扣：

①取得增值税专用发票的，进项税额为发票上注明的增值税税额。

②取得海关进口增值税专用缴款书的，进项税额为缴款书上注明的增值税税额。

③取得税务所代开3%专用发票的，计算抵扣进项税，填入《增值税一般纳税人纳税申报表》附表二第6栏“农产品收购发票或者销售发票”中。

进项税额=专用发票的不含税金额×9%扣除率

④取得农产品收购（销售）发票的，计算抵扣进项税。

进项税额=发票上注明的买价×9%扣除率

⑤购进农产品生产销售或委托加工13%税率货物，按照10%的扣除率计算抵扣进项税额。

进项税额=发票上注明的买价×10%扣除率

【案例·计算题】

某水果批发超市，2021年7月发生以下原料采购行为：

（1）从一般纳税人经销商处购进农产品取得专用发票，注明金额为1万元，税额为900

元，价税合计 10 900 元。

（2）从小规模纳税人经销商处购进农产品取得代开专用发票，注明金额为 2 万元，税额为 600 元，价税合计 20 600 元。

（3）向农民收购农产品 10 000 元，自行开具收购发票金额为 10 000 元。

（4）从农民专业合作社购入农产品 30 000 元，取得销售发票金额为 30 000 元。

计算该水果批发超市当月允许抵扣的进项税额。

应税分析：购进农产品，取得专用发票的，进项税额为发票上注明的增值税税额；取得代开专票和农产品收购（销售）发票的，按规定的公式计算抵扣进项税额。

应税计算：

（1）专票凭票直接抵扣进项税 =900（元）；

（2）抵扣进项税额 =20 000 ×9% +10 000 ×9% +30 000 ×9% =5 400（万元）；

（3）本月允许抵扣的进项税额 =900 +5 400 =6 300（元）。

【案例·计算题】

将上例的水果批发超市改为家具生产企业，且购进的农产品全部用于生产家具销售，家具生产企业为深加工企业，扣除率 10%。

专票凭票抵扣进项税 =900（元）；

抵扣进项税 =(20 000 +10 000 +30 000) ×10% =6 000（元）；

本月允许抵扣的进项税额 =900 +6 000 =6 900（元）。

[**知识拓展**] 部分行业试行农产品增值税进项税额核定扣除办法的规定，请扫描二维码。

2. 不得从销项税额中抵扣的进项税额。下列情形的进项税额不得从销项税额中抵扣：

（1）用于四个项目的购进货物、加工修理修配劳务、服务、无形资产和不动产。

四个项目：简易计税方法计税项目、免征增值税项目、集体福利或者个人消费。其中涉及的固定资产、无形资产、不动产，仅指专用于上述项目的固定资产、无形资产（不包括其他权益性无形资产）、不动产。自 2018 年 1 月 1 日起，纳税人租入的固定资产和不动产兼用于不能抵扣进项税的项目，其进项税额允许全额抵扣。

纳税人的交际应酬消费属于个人消费。

【案例·分析题】

某生产企业（增值税一般纳税人）的下列进项税额，不得抵扣进项税额的有哪几项。

A. 购买涂料装修职工浴室　　B. 支付应税产品仓库电费

C. 购买一项专利权兼用于免税项目　　D. 购买原材料用于免税产品生产

应税分析：AD 不能抵扣，购进货物用于集体福利和免税项目，按税法规定不能抵扣进项税；B 生产应税产品购进，可以抵扣；C 购买一项专利权兼用于免税项目，可以抵扣，按税法规定固定资产、无形资产、不动产，专用于简易计税、免税等项目的，不得抵扣进项税，兼用可以抵扣。

（2）发生的四种情形的非正常损失，具体包括：①非正常损失的购进货物，以及相关的加工修理修配劳务和交通运输服务；②非正常损失的在产品、产成品所耗用的购进货物（不包括固定资产）、加工修理修配劳务和交通运输服务；③非正常损失的不动产，以及该不动产所耗用的购进货物、设计服务和建筑服务；④非正常损失的不动产在建工程所耗用的购进货物、设计服务和建筑服务。

应用提示

非正常损失，是指因管理不善造成货物被盗、丢失、霉烂变质，以及因违反法律法规造成货物或者不动产被依法没收、销毁、拆除的情形。

货物，是指构成不动产实体的材料和设备，包括建筑装饰材料和给排水、采暖、卫生、通风、照明、通信、煤气、消防、中央空调、电梯、电气、智能化楼宇设备及配套设施。

纳税人新建、改建、扩建、修缮、装饰不动产，均属于不动产在建工程。

（3）购进的四项服务，即贷款服务、餐饮服务、居民日常服务和娱乐服务。

纳税人接受贷款服务向贷款方支付的与该笔贷款直接相关的投融资顾问费、手续费、咨询费等费用，其进项税额均不得从销项税额中抵扣。

（4）财政部和国家税务总局规定的其他情形。

【案例·计算题】

某生产企业 2021 年 7 月购进业务如下：外购一批原材料用于生产，取得专用发票，价款 200 000 元，增值税 26 000 元；外购一批床单用于职工福利，取得专用发票，价款 10 000 元，增值税 1300 元；外购一批食品用于交际应酬，取得专用发票，价款 3 000 元，增值税 390 元；外购一批办公用品用于管理部门使用，取得专用发票，价款 4 000 元，增值税 520 元；购进修缮办公楼用的基建材料，取得专用发票，价款 32 000 元，增值税 4 160 元；职工报销差旅费，取得航空运输电子客票行程单，注明票价 1 000 元，机场建设费 120 元，燃油费附加 80 元，其他税费 300 元，合计 1 500 元。要求计算该企业当月允许抵扣的进项税额。

应税分析：按税法规定，企业职工福利和交际应酬的购进货物，其进项税额均不得从销项税额中抵扣；另外自 2019 年 4 月 1 日起，购进不动产及不动产在建工程允许一次性扣除，购进国内旅客运输服务的进项税额允许按规定计算抵扣。

应税计算：该企业当月可抵扣的进项税额 $=26\ 000+520+4\ 160+(1\ 000+80)\div(1+9\%)\times 9\%=30\ 769.17$（元）。

3. 进项税额的抵扣时限。一般纳税人取得 2020 年 1 月 1 日及以后开具的增值税专用发票、海关进口增值税专用缴款书、机动车销售统一发票、收费公路通行费增值税电子普通发票，取消认证确认、稽核比对、申报抵扣的期限。

4. 进项税额转出的处理。增值税一般纳税人将已抵扣进项税额的购进货物或应税劳务、应税服务和无形资产、不动产，改变用途用于不得抵扣进项税额的项目，或者外购货物劳务等发生非正常损失等情形时，应当将该项购进货物或者应税劳务、应税服务和无形资产、不动产的进项税额从当期进项税额中转出。

进项税额转出应根据不同的情形采用以下计算方法：

（1）实际成本法。实际成本法适用于外购货物或应税劳务、应税服务和无形资产、不动产，改变用途以及外购货物劳务等发生非正常损失的情形，具体计算公式为：

应转出的进项税 = 实际成本 × 外购货物的增值税税率

如果是计算抵扣农产品，进项税转出适用还原计算法，计算公式为：

应转出的进项税 = 账面成本 ÷ (1 − 扣除率) × 扣除率

【案例・计算题】

某企业将库存材料用于选择按简易计税方法计税项目，实际成本为 51 000 元（其中含运费 1 000 元），计算转出的进项税额。

应税分析： 企业将库存材料，用于选择按简易计税方法计税项目，属于不能抵扣的进项税，已经抵扣进项税的，应作进项税额转出处理，计入成本的运费适用税率为 9%，应分开计算转出。

应税计算：

（1）应转出的进项税额 = 50 000 × 13% + 1 000 × 9% = 6 500 + 90 = 6 590（元）。

将上例中的库存材料改为库存的免税农产品，其他条件不变，则，

（2）应转出的进项税额 = 50 000 ÷ (1 − 10%) × 10% + 1 000 × 9% = 5 645.56（元）。

（2）进项税额转出的其他计算方法（见表 1－4）。

表 1－4　进项税额转出的其他计算方法

计算方法	适用范围	计算公式
成本比例法	适用于非正常损失的在产品、产成品所耗用的购进货物或应税劳务的情形	应转出的进项税额 = 损失产品的实际成本 × 外购货物占产品成本的比例 × 外购货物的增值税税率
收入比例法	适用于纳税人兼营免税项目或非增值税应税劳务而无法划分不得抵扣的进项税额的情形	应转出的进项税 = 当月无法划分的全部进项税额 ×（当月免税项目销售额、非增值税应税劳务营业额合计 ÷ 当月全部销售额、营业额合计）
净值计算法	已抵扣进项税额的固定资产、无形资产，发生不得抵扣进项税规定情形的	应转出的进项税额 = 无形资产或者不动产净值 × 适用税率
净值率计算法	已抵扣进项税额的不动产，发生不得抵扣进项税规定情形的	应转出的进项税额 = 已抵扣进项税额 × 不动产净值率

【案例·计算题】

2020 年 8 月某服装厂因管理不善造成产品仓库被盗，共损失产品账面价值 80 000 元，当月总的生产成本为 420 000 元，其中耗用外购原材料的价值为 300 000 元，计算应转出的进项税额。

应税分析：企业发生的非正常损失不能抵扣进项税额，应作进项税转出处理，按成本比例法计算非正常损失的在产品、产成品所耗用的购进货物应转出的进项税。

应税计算：

（1）损失产品成本中所耗外购货物的购进额 = 80 000 ×（300 000 ÷ 420 000）= 57 142.86（元）；

（2）应转出进项税额 = 57 142.86 × 13% = 7 428.57（元）。

5. 加计抵减的规定。自 2019 年 4 月 1 日起，符合条件的从事生产、生活性服务业一般纳税人按照当期可抵扣进项税额加计 10%，抵减当期应纳税额，当期未抵减完的，可结转下期继续抵减。

符合条件，是指提供邮政服务、电信、现代服务、生活服务取得的销售额占全部销售额的比重超过 50% 的一般纳税人。

2019 年 10 月 1 日起，允许生活性服务业纳税人适用加计抵减 15% 政策。

生活性服务业纳税人，是指提供生活服务取得的销售额占全部销售额的比重超过 50% 的纳税人。

【案例·计算题】

某生活服务业增值税一般纳税人 2017 年 1 月设立，当月登记为增值税一般纳税人。2021 年 4 月税款所属期增值税数据如下：

一般计税方法销项税额 10 万元，进项税额 5 万元，上期留抵税额 4.6 万元；简易计税方法销售额 100 万元，假设该增值税一般纳税人当期符合加计抵减政策，不考虑其他因素，计算 2021 年 4 月应纳税额（假定以上数字均不含税）。

应税计算：

当期计提加计抵减额 = 当期可抵扣进项税额 × 15% = 50 000 × 15% = 7 500（元）；

纳税人一般计税方法下的应纳税额 = 100 000 − 50 000 − 46 000 = 4 000（元）；

当期可抵减加计抵减额 = 4 000（元）；

结转下期继续抵减额 = 7 500 − 4 000 = 3 500（元）；

纳税人当期简易计税办法计算的应纳税额 = 1 000 000 × 3% = 30 000（元）；

当期应纳税额合计：0 + 30 000 = 30 000（元）。

6. 增值税期末留抵税额退税的规定。自 2019 年 4 月 1 日起，试行增值税期末留抵税额退税制度。同时符合以下条件的纳税人，可以向主管税务机关申请退还增量留抵税额：

（1）自 2019 年 4 月税款所属期起，连续 6 个月（按季纳税的，连续两个季度）增量留抵税额均大于零，且第 6 个月增量留抵税额不低于 50 万元；

（2）纳税信用等级为 A 级或者 B 级；

（3）申请退税前36个月未发生骗取留抵退税、出口退税或虚开专用发票情形的；

（4）申请退税前36个月未因偷税被税务机关处罚两次及以上的；

（5）自2019年4月1日起未享受即征即退、先征后返（退）政策的。

增量留抵税额，是指与2019年3月底相比新增加的期末留抵税额，计算公式如下：

允许退还的增量留抵税额 = 增量留抵税额 × 进项构成比例 ×60%

进项构成比例，为2019年4月至申请退税前一税款所属期内已抵扣的增值税专用发票（含税控机动车销售统一发票）、海关进口增值税专用缴款书、解缴税款完税凭证注明的增值税额占同期全部已抵扣进项税额的比重。

注意；自2019年6月1日起，对部分先进制造业纳税人的留抵退税进行了政策调整，将第1条件简化为“增量留抵税额大于零”，取消了连续6个月和50万元的退税门槛；在计算退税额的公式中，取消了60%的系数比例，对先进制造业企业按月全额退还增值税增量留抵税额。其他条件不变。

部分先进制造业纳税人，是指按照《国民经济行业分类》，生产并销售非金属矿物制品、通用设备、专用设备及计算机、通信和其他电子设备销售额占全部销售额的比重超过50%的纳税人。计算公式如下：

允许退还的增量留抵税额 = 增量留抵税额 × 进项构成比例

[知识链接] 增值税的会计处理，请扫描二维码。

（三）一般计税方法应纳税额计算应用举例

一般纳税人销售货物或者提供应税劳务和应税服务适用一般计税方法。其计算公式为：

当期应纳增值税税额 = 当期销项税额 − 当期进项税额

【案例·综合计算题】

某生产企业为增值税一般纳税人，适用增值税税率：销售货物13%，交通运输业9% 。8月的有关生产经营业务如下：

（1）销售甲产品给某大商场，开具增值税专用发票，取得不含税销售额80万元。

（2）销售乙产品，开具普通发票，取得含税销售额29万元。

（3）将试制的一批应税新产品用于赠送客户，成本价为20万元，成本利润率为10%，该新产品无同类产品市场销售价格。

（4）销售2008年购进的机器设备一台，开具普通发票。取得含税销售额10.3万元；该机器设备的账面原值为12万元。

（5）购进货物取得增值税专用发票，注明支付的货款60万元、进项税额7.8万元；另外支付购货运费6万元，取得运输公司开具的增值税专用发票。

（6）向农业生产者购进免税农产品一批用于生产13%产品销售，支付收购价30万元，支付给运输单位的运费5万元，取得增值税专用发票。本月下旬将购进农产品的20%用于职工福利。

（7）职工报销差旅费，取得航空运输电子客票行程单1张，注明票价800元，机场建设费80元，燃油费附加50元，其他税费320元，合计1 250元；取得注明旅客身份信息的火车票1张，票价560元。

以上购进货物相关票据均符合税法的规定，当月已通过税务机关认证。增值税税率：销售货物13%，交通运输9%，购进农产品深加工扣除率10%。计算该企业8月应纳增值税。

应税分析：一般纳税人销售货物或者应税劳务（服务），适用一般计税法。

应税计算：

（1）销售甲产品销项税 = 80 × 13% = 10.4（万元）；

（2）销售乙产品销项税 = 29 ÷ (1 + 13%) × 13% = 3.34（万元）；

（3）自用新产品销项税 = 20 × (1 + 10%) × 13% = 2.86（万元）；

（4）销售自用机器设备简易计税应纳税额 = 10.3 ÷ (1 + 3%) × 2% = 0.2（万元）；

（5）外购货物抵扣进项税 = 7.8 + 6 × 9% = 8.34（万元）；

（6）外购免税农产品抵扣进项税 = (30 × 10% + 5 × 9%) × (1 − 20%) = 2.76（万元）；

（7）报销差旅费的进项税 = (800 + 50) ÷ (1 + 9%) × 9% + 560 ÷ (1 + 9%) × 9% ÷ 10 000 = 0.012（万元）；

（8）当期销项税额合计 = 10.4 + 3.34 + 2.86 = 16.6（万元）；

（9）当期进项税额合计 = 8.34 + 2.76 + 0.012 = 11.112（万元）；

（10）当期应纳增值税合计 = 16.6 − 11.112 + 0.2 = 5.688（万元）。

【案例·综合计算题】

某商业企业为增值税一般纳税人，适用增值税税率：销售货物13%，交通运输业9%。3月留抵税额2 000元，4月发生下列业务：

（1）购入A商品一批，取得增值税专用发票，价款10 000元，税款1 300元；

（2）3个月前从农民手中收购的一批粮食霉烂变质，账面成本5 400元；

（3）从农民手中收购小麦1吨，收购凭证上注明收购款1 500元；

（4）从小规模纳税人处购买B商品一批，取得税务机关代开的专用发票，价款30 000元，税款900元，款已付，货物未入库，发票已认证；

（5）购买建材用于修缮仓库，取得增值税专用发票，价款20 000元，税款2 600元；

（6）零售日用商品，取得含税收入150 000元；

（7）将2个月前购入的一批布料捐赠受灾地区，账面成本20 000元，同类产品不含税销售价格30 000元。

以上购进货物相关票据均符合税法的规定，当月已通过税务机关认证，购进农产品直接销售扣除率9%。要求计算该企业4月应纳增值税税额。

应税计算：

（1） A 商品进项税 =1 300（元）；

（2） 粮食霉烂变质转出进项税 =5 400 ÷（1 −9%）×9% =534.07（元）；

（3） 小麦进项税 =1 500 ×9% =135（元）；

（4） B 商品进项税 =900（元）；

（5） 购买建材用于修缮仓库抵扣进项税 =2 600（元）；

（6） 零售商品销项税 =150 000 ÷（1 +13%）×13% =17 256.64（元）；

（7） 捐赠布料销项税 =30 000 ×13% =3 900（元）；

（8） 当期进项税合计：2 000 +1 300 −534.07 +135 +900 +2 600 =6 400.93（元）；

（9） 当期销项税合计：17 256.64 +3 900 =21 156.64（元）；

（10） 当期应纳增值税 =21 156.64 −6 400.93 =14 755.71（元）。

【案例·综合计算题】

某金融机构为增值税一般纳税人，增值税税率：金融服务 6%，销售货物 13%，销售不动产 9%。2020 年 6 月该金融机构发生如下业务：

（1） 出售股票收入 4 000 万元，结转股票成本 4 500 万元；

（2） 利率互换业务，现金净流出 35 万元；

（3） 融资融券利息收入 7 000 万元；

（4） 金融经纪业务收入 16 000 万元；

（5） 贷款利息收入 5 000 万元；

（6） 收到贴现利息收入 8 000 万元；

（7） 购入办公设备，支付价款 200 万元；

（8） 购入办公楼一栋，支付价款 7 000 万元，该大楼用于公司办公经营；

（9） 支付非贷款服务的综合咨询费 400 万元；

上述业务，都按适用税率取得或者开具了增值税专用发票，计算该金融机构 6 月应纳增值税。

应税计算：

（1） 金融商品转让销售额 =（4 000 −4 500 −35）= −535（万元），可结转到下期，与下期金融商品转让销售额相抵；

（2） 贷款服务销售额 =7 000 +5 000 +8 000 =20 000（万元）；

（3） 经纪业务收入 =16 000（万元）；

（4） 购入办公设备的进项税 =200 ÷（1 +13%）×13% =23.01（万元）；

（5） 购入办公楼：允许抵扣的进项税 =7 000 ÷（1 +9%）×9% =577.98（万元）；

（6） 支付咨询费的进项税 =400 ÷（1 +6%）×6% =22.64（万元）；

（7） 当期销项税额 =（20 000 +16 000）÷（1 +6%）×6% =2 038（万元）；

（8） 当期进项税额 =23.01 +577.98 +22.64 =623.63（万元）；

（9） 应纳增值税 =2 038 −623.63 =1 414.37（万元）。

[知识链接] 一般纳税人简易计税办法的税收政策，请扫描二维码。

【案例·计算题】

甲建筑公司为增值税一般纳税人，2019年6月1日以清包工方式承接A工程项目（或为甲供工程提供建筑服务），6月30日发包方按工程进度支付工程价款206万元，该项目当月发生工程成本为100万元，其中购买材料、动力、机械等取得增值税专用发票上注明的金额为50万元。对A工程项目甲建筑公司选用简易计税方法计算应纳税额，计算该公司6月应纳增值税。

应税分析：企业以清包工方式提供建筑服务或为甲供工程提供建筑服务可以选用简易计税方式，其进项税额不能抵扣。应纳税额=销售额×征收率。

应税计算：

（1）应税销售额=206÷(1+3%)=200（万元）；

（2）应纳增值税=200×3%=6（万元）。

二、小规模纳税人应纳税额的计算

（一）应纳税额的计算公式

小规模纳税人销售货物或者应税劳务（服务），实行按照销售额和征收率计算应纳税额的简易办法，不得抵扣进项税额。其应纳税额的计算公式为：

应纳税额=销售额×征收率

销售额是销售货物或提供应税劳务向购买方收取的全部价款和价外费用，但是不包括收取的增值税税额。

（二）含税销售额的换算

由于小规模纳税人在销售货物或应税劳务时，一般只能开具普通发票，取得的销售收入均为含税销售额。因此在计税时，需要将其换算为不含税的销售额。换算公式为：

不含税销售额=含税销售额÷(1+征收率)

应用提示

小规模纳税人应纳税额计算应注意的问题：

（1）小规模纳税人购置税控收款机所支付的税款准予从增值税应纳税额中抵扣。

（2）小规模纳税人销售自己使用过的固定资产和旧货减按2%征收率计税。

应税销售额 = 含税销售额 ÷（1 + 3%）；应纳税额 = 销售额 × 2%

（三）小规模纳税人应纳税额计算实例

【案例·计算题】

某汽车修理厂为增值税小规模纳税人，主要从事汽车修理和装潢业务。2020 年 3 月提供汽车修理业务取得收入 21 000 元，销售汽车装饰用品取得收入 15 000 元；本月经主管税务机关核准购进税控收款机一台取得专用发票，注明价款 5 000 元，增值税 650 元；购进修理用配件，取得普通发票，注明价款 16 000 元。计算该厂 3 月应纳增值税。

应税分析：小规模纳税人销售货物或者应税劳务，实行简易计税，不得抵扣进项税额。

应税计算：

（1）应税销售额 =（21 000 + 15 000）÷（1 + 3%）= 34 951. 46（元）；

（2）税控收款机可抵扣的税额 = 650（元）；

（2）应纳增值税 = 34 951. 46 × 3% − 650 = 398. 54. 54（元）。

【案例·计算题】

馨月宾馆为增值税小规模纳税人，2020 年 6 月取得住宿服务收入 51. 5 万元，该项目当月发生经营成本为 35 万元，其中购买宾馆日用品、清洗布草、添置电器等取得增值税专用发票上注明的税额合计 2 万元；本月还将自己使用过的一辆货车销售给某个体户，开具普通发票，票面金额为 2. 06 万元。计算该宾馆 6 月应纳增值税。

应税分析：小规模纳税人适用简易计税方法按照 3% 的征收率计税，进项税额不能抵扣；小规模纳税人销售自己使用过的固定资产在 3% 基础上减按 2% 征收率计税。

（1）住宿收入应税销售额 = 51. 5 ÷（1 + 3%）= 50（万元）；

（2）自用固定资产应税销售额 = 2. 06 ÷（1 + 3%）= 2（万元）；

（3）应纳增值税 = 50 × 3% + 2 × 2% = 1. 54（万元）。

任务三　增值税进出口货物劳务、跨境应税行为征税及退（免）税

一、进口货物征税

（一）进口货物的征税范围

根据《增值税暂行条例》的规定，申报进入中华人民共和国海关境内的货物，均应缴纳增值税。

确定一项货物是否属于进口货物，必须首先看其是否有报关进口手续。只要是报关进境

的应税货物，不论是自行采购还是国外捐赠，不论是用于贸易，还是自用或其他用途，均应按照规定缴纳进口环节的增值税（免税进口的货物除外）。

［知识链接］进口货物免征增值税的规定，请扫描二维码。

（二）进口货物的纳税人

进口货物增值税的纳税义务人为进口货物的收货人或办理报关手续的单位和个人，包括国内一切从事进口业务的企业事业单位、机关团体和个人。

代理进口货物以海关开具的完税凭证上的纳税人为增值税纳税人。

（三）进口货物的适用税率

进口货物增值税税率与增值税一般纳税人在国内销售同类货物的税率相同。

（四）进口货物应纳税额的计算

纳税人进口货物，无论是一般纳税人还是小规模纳税人，均应按照组成计税价格和适用的税率计算应纳税额，不得抵扣发生在境外的各种税金。其计算公式为：

应纳进口增值税税额 = 组成计税价格 × 增值税税率

组成计税价格的构成分两种情况：

1. 如果进口货物不征消费税，组成计税价格的计算公式为：

组成计税价格 = 关税完税价格 + 关税

2. 如果进口货物征消费税，组成计税价格的计算公式为：

组成计税价格 = 关税完税价格 + 关税 + 消费税

关税完税价格（到岸价格）= 境外货价 + 货物运抵我国关境输入地点起卸前的包装费、运费、保险费和其他劳务费等费用。其中，运费和保险费必不可少。

【案例・计算题】

某进出口公司1月从国外进口货物一批，海关审定的关税完税价为500万元，关税税率为20%，增值税税率为13%，计算该公司进口货物应纳增值税。

应税计算：

（1）组成计税价格 = 500 ×（1 + 20%）= 600（万元）；

（2）应纳增值税 = 600 × 13% = 78（万元）。

二、出口货物劳务、跨境应税行为退（免）税

根据《增值税暂行条例》的规定，出口货物、劳务、服务适用零税率，以鼓励出口。即在国际贸易业务中，对出口货物劳务出口环节应征的增值税予以免税，对其在国内各生产环节和流转环节按税法规定已缴纳的增值税予以退税。

（一）出口货物劳务、跨境应税行为退（免）税政策

1. 又免又退。出口免税是指货物劳务在出口销售环节免征增值税和消费税；出口退税是指对出口货物在出口前实际负担的税款予以退还。

又免又退适用下列企业或货物：一般纳税人的生产企业自营出口或委托外贸企业代理出口的自产货物；有出口经营权的外贸企业收购后直接出口或委托其他外贸企业代理出口的货物；特定项目、方式出口货物。

2. 只免不退。出口免税与第1项含义相同。出口不退税是指出口货物劳务在出口的前一道环节是免税的，出口时无须退税。

只免不退适用下列企业或货物：小规模纳税人的生产企业自营出口或委托外贸企业代理出口的自产货物；外贸企业从小规模纳税人购进并持普通发票的货物出口；外贸企业直接购进国家规定的免税货物（包括免税农产品）出口、计划内出口的卷烟、来料加工复出口货物等。

3. 不免不退。出口不免税是指对国家限制或禁止出口的某些货物劳务在出口时视同内销征税，出口不退税是指对出口货物劳务不退还出口前所负担的税款。

不免不退适用下列出口货物：国家计划外出口的原油；援外出口货物以及国家禁止出口的货物（包括天然牛黄、麝香、铜及铜基合金等）、提供虚假备案单证的货物、增值税退税凭证有伪造或内容不实的货物等。

境内单位和个人销售的下列服务和无形资产，适用增值税零税率：

（1）国际运输服务以及航天运输服务。国际运输服务，是指：①在境内载运旅客或者货物出境；②在境外载运旅客或者货物入境；③在境外载运旅客或者货物。

（2）向境外单位提供的完全在境外消费的服务。包括：研发服务；合同能源管理服务；设计服务；广播影视节目的制作和发行服务；软件服务；电路设计及测试服务；信息系统服务；业务流程管理服务；离岸服务外包业务。

[知识拓展] 跨境应税行为适用增值税零税率和免征增值税的具体规定，请扫描二维码。

（二）出口货物劳务、跨境应税行为退（免）税的必备条件

1. 必须是属于增值税或消费税征税范围的货物劳务；

2. 必须是报关离境的货物劳务；

3. 必须是在财务上作销售处理的货物劳务；

4. 必须是出口收汇并已核销的货物劳务。

（三）出口货物劳务、跨境应税行为退税率

1. 退税率的一般规定。现行出口货物劳务的增值税退税率由国家规定，除规定的退税率外，出口货物的退税率为其适用税率。国家税务总局根据上述规定将退税率通过出口货物劳务退税率文库予以发布，供征纳双方执行。

2. 跨境应税行为的退税率。跨境应税行为的退税率为销售服务、销售无形资产适用的增值税税率。

3. 退税率的特殊规定：

（1）外贸企业购进按简易办法征税以及从小规模纳税人购进的出口货物，其退税率分别为简易办法实际执行的征收率、小规模纳税人征收率。上述货物取得增值税专用发票的，退税率按照从低的原则确定。

（2）出口企业委托加工修理修配劳务，其加工修理修配费用的退税率，为出口货物的退税率。

适用不同退税率的货物、劳务以及应税服务，应分开报关、核算并申报退免税，未分开报关、核算或划分不清的，从低适用退税率。

（四）出口货物劳务退（免）税的计算方法

出口退（免）增值税的计算方法，包括生产企业“免、抵、退税”计算方法和外贸企业“免、退税”计算方法，以及“不免不退”应纳税额计算方法等。

境内单位和个人提供适用增值税零税率的服务或者无形资产，如果属于适用简易计税方法的，实行免征增值税办法。如果属于适用一般计税方法的，生产企业实行免抵退税办法，外贸企业外购服务或者无形资产出口实行免退税办法，外贸企业直接将服务或自行研发的无形资产出口，视同生产企业连同其出口货物统一实行免抵退税办法。

1. 一般纳税人的生产企业出口货物劳务、跨境应税行为“免、抵、退”税的计算。

一般纳税人的生产企业自营或委托外贸企业代理出口自产货物劳务，除另有规定外，增值税一律实行免、抵、退税管理办法。

（1）“免、抵、退”税的含义。“免”税，是指对生产企业出口的自产货物劳务，在出口时免征本企业生产销售环节增值税；“抵”税，是指生产企业出口自产货物劳务所耗用的原材料、零部件、燃料、动力等所含应予退还的进项税额，抵顶内销货物的应纳税额；“退”税是指生产企业出口的自产货物劳务在当月内应抵顶的进项税额大于应纳税额时，对未抵顶完的部分予以退税。

（2）“免、抵、退”税的计算步骤。

第一步：当期不得免抵税额（剔税）= 出口货物离岸价格 ×（征税率 − 退税率）

根据“当期不得免抵税额”，相关会计处理为：

借：主营业务成本

　　贷：应交税费——应交增值税（进项税额转出）

第二步：当期应纳税额（抵税）= 内销货物的销项税额 −（当期进项税额 − 不得免抵税

额）- 上期留抵税额

如果应纳税额为正数，说明企业出口应退税额已在内销货物应纳税额中全部抵扣，内销货物应纳税额抵顶出口应退税额后，还有余额，企业需要缴纳增值税，相关会计处理为：

借：应交税费——应交增值税（出口抵减内销产品应纳税额）

　　贷：应交税费——应交增值税（出口退税）

如果应纳税额为负数，说明企业内销货物应纳税额不足抵顶出口应退税额，对未抵完部分，企业可申请出口退税。

第三步：当期免抵退税额（限额尺度）= 出口货物离岸价格 × 退税率

第四步：比较当期期末留抵税额和当期免抵退税额，两者相比，从低退税。

当期应退税额 = 当期期末留抵税额和当期免抵退税额中较小的数额

当期免抵税额 = 当期免抵退税额 - 当期应退税额

期末留抵税额 = 当期期末留抵税额 - 当期应退税额

此处期末留抵税额为未抵完的进项税，结转下期，也是当期增值税纳税申报表中"期末留抵税额"。

根据"当期免抵税额"：

借：应交税费——应交增值税（出口抵减内销产品应纳税额）

　　贷：应交税费——应交增值税（出口退税）

根据"当期应退税额"：

借：其他应收款——应收补贴款

　　贷：应交税费——应交增值税（出口退税）

这笔分录，才是真正的退税。根据"当期应退税额"的计算过程可知，退的是期末未抵扣完的留抵进项税额。由此可见"出口退税"贷方专栏核算的是"当期应退税额"和"当期免抵税额"之和，即税法中规定的当期免抵退税额（出口货物离岸价格 × 退税率）。

应用提示

若出口企业生产出口货物的原料中含有免税进口材料，该材料的价格不得免抵和退税。故上述公式中的出口销售额应减除免税进口料件的金额。生产企业采用"实耗法"计算进料加工免税进口料件金额。

当期进料加工出口货物好用的免税进口料件金额 = 出口货物离岸价 × 计划分配率

计划分配率 = 计划进口总值 ÷ 计划出口总值 × 100%

【案例 · 计算题】

某自营出口的生产企业为增值税一般纳税人，出口货物征税率为 13%，退税率为 12%，2 月发生下列业务：当月购进原材料增值税专用发票上注明价款 100 万元，当月验收入库。内销货物不含税收入 50 万元，出口货物离岸价格 180 万元。上期留抵税额 6 万元。计算 2 月出口货物应退税额及免抵税额。

应税计算：

（1）当期不得免抵税额 =180 ×（13% −12%）=1.8（万元）；

（2）当期应纳税额 =50 ×13% −（100 ×13% −1.8）−6 = −10.7（万元）；

（3）当期免抵退税额 =180 ×12% =21.6（万元）；

（4）当期应退税额 =10.7（万元）；

（5）当期免抵税额 =21.6 −10.7 =10.9（万元）。

依上例，假设内销货物不含税收入为 200 万元，其他条件不变，则该企业 2 月出口货物应退税额及免抵税额计算如下：

（1）当期免抵退税不得免抵的税额 =180 ×（13% −12%）=1.8（万元）；

（2）当期应纳税额 =200 ×13% −（100 ×13% −1.8）−6 =8.8（万元）>0，不需退税；

（3）当期免抵退税额 =180 ×12% =21.6（万元）；

（4）当期应退税额 =0；

（5）当期免抵税额 =21.6 −0 =21.6（万元）。

【案例 · 计算题】

某自营出口的生产企业为增值税一般纳税人，出口货物的征税率为 13%，退税率为 12%。3 月发生下列业务：国内采购原材料取得专用发票上注明的价款 200 万元，增值税 26 万元，货已入库。当月进料加工免税进口料件的组成计税价格为 20 万元，该企业采用“实耗法”计算进料加工出口货物耗用的免税进口料件金额，计划分配率为 20%。内销货物不含税收入 80 万元，出口货物离岸价 120 万元。计算 3 月出口货物应退税额及免抵税额。

应税计算：

（1）当期进料加工出口货物耗用的免税进口料件金额 =120 ×20% =24（万元）；

（2）当期免抵退税不得免抵的税额 =（120 −24）×（13% −12%）=0.96（万元）；

（3）当期应纳税额 =80 ×13% −（26 −0.96）= −14.64（万元）；

（4）当期免抵退税额 =（120 −24）×12% =11.52（万元）；

（5）当期应退税额 =11.52（万元）；

（6）期末留抵税额 =14.64 −11.52 = −3.12（万元）。

2. 外贸企业出口货物劳务“免、退税”的计算。外贸企业出口货物销售环节的增值税免征；出口退税的计税依据与生产企业出口退税的计税依据有所不同。

（1）外贸企业出口一般货物。出口应退增值税的计算，依据购进出口货物增值税专用发票上所注明的购进金额和退税率计算。

应退税额 = 购进货物专用发票上注明的不含税购进金额 × 退税率

（2）外贸企业出口委托加工修理修配货物。出口应退增值税的计税依据，为加工修理修配费用增值税专用发票注明的金额。

应退税额 = 购进加工劳务专用发票注明的原材料及加工修理费金额 × 退税率

应用提示

外贸企业委托加工提供原材料，应将原材料作价销售给受托方，受托方收取加工修理费用开具专用发票时，应将委托方提供的原材料与加工修理修配费用一起开具。

【案例·计算题】

某外贸公司3月10日购进电风扇700台，不含税单价为148元/台（已取得增值税专用发票）。3月30日，将外购的700台电风扇报关出口，离岸单价20美元/台，此笔出口已收汇并做销售处理（美元与人民币比价为1∶6，退税率为12%）。计算外贸公司应退增值税。

应税计算： 应退增值税＝700×148×12%＝12 432（元）。

【案例·计算题】

某外贸公司从某棉麻公司购进棉花50吨，取得的增值税专用发票上注明价款90万元、增值税0.9万元，委托某棉纱厂加工棉纱出口，合同约定需支付不含税加工费30万元，本月将加工的棉纱收回，受托方将原材料成本并入加工费中并开具了增值税专用发票。收回的棉纱全部出口，出口离岸价格40万美元（美元与人民币比价为1∶6，棉纱的出口退税率为13%）。计算该外贸公司出口应退增值税。

应税计算： 应退增值税＝(90＋30)×13%＝15.6（万元）。

任务四　增值税计税报税实务操作

一、公司基本情况

公司注册名称：成都来青花服饰有限公司

公司注册地址、电话：成都市武侯区濯锦路12号028－84642044

纳税人识别号：3301001DL65586134

开户银行：中国工商银行成都分行　　　　账号：33222012040333028

公司注册资本：300万元　　公司法定代表人：萧景琰　　总经理：林殊

公司经营范围：成都来青花服饰有限公司是一家从事服装生产和销售为主的有限责任公司，为增值税一般纳税人，销售商品增值税税率为13%，增值税出口退税率为13%。公司采用企业会计准则，以人民币为记账本位币，成本核算采用实际成本法，固定资产采用直线法计提折旧，存货的发出和结存成本采用月末一次加权平均法，应收账款采用备抵法，所得税计算法采用资产负债表债务法。

其他信息：公司需申报缴纳和代扣代缴的税种包括：增值税、个人所得税、企业所得税等企业生产经营过程中涉及的税费，其中城建税执行7%的征收率，教育费附加执行3%的征收率。公司各税种均按时足额申报纳税，2019年12月初没有上期留抵进项税额。公司主要产品类型、单价、成本见表1－5。

表1－5　　主要产品类型、单价、成本表

产品类型	单 位	单 价（不含税）	单价（含税）	成本
羽域系列丝巾	件	120.00	135.60	20.00
绫袄系列大衣	件	800.00	904.00	200.00
霓裳系列连衣裙	件	300.00	339.00	100.00
香薰系列布包	件	100.00	113.00	10.00

二、2019年12月经济业务资料及计税实务操作要求：

【业务1】2019年12月1日，向达衣服饰有限公司销售丝巾280件，货已发，款项尚未收到，签订的销售合同约定在2020年3月30日前还清货款，开具了增值税专用发票，注明价款33 600元，增值税4 368元。上述款项均记入应收账款账户。要求：进行销售业务的账务处理，并填制记账凭证。附：原始凭证2张，见表1－6和表1－7（本月其他业务原始凭证请扫描二维码）。

表1－6

3600151320

四川省增值税专用发票　№ 05871813

开票日期：2019年12月1日

购买方	名　　称：达衣服饰有限公司 纳税人识别号：33019999AJ9000147 地 址、电 话：成都市青羊区滨河北路33号 028-87614521 开户行及账号：中国建设银行成都分行 330199999000147			密码区	1*47<54*->567*-516//32<65<*32+6//32<65<*3+1 12+325-986<74>22584-8-35><56>>92+389-498<3 2-055-456<78>14785-8-53><20>+892+365-896<4 18<764>534//33-8-812><126>>37592+147-413<8		
货物或应税劳务、服务名称	规格型号	单位	数 量	单 价	金 额	税率	税 额
羽域丝巾		件	280	120	33600.00	13%	4368.00
合　　计					￥33600.00		￥4368.00
价税合计（大写）	⊗叁万柒仟玖佰陆拾捌元整				（小写）￥37 968.00		
销售方	名　　称：成都来青花服饰有限公司 纳税人识别号：3301001DL65586134 地 址、电 话：成都市武侯区灌锦路12号 028-84642044 开户行及账号：中国工商银行成都分行 33222012040333028			备注	成都来青花服饰有限公司 330100165586134 发票专用章		

收款人：王聃　　复核：陈野　　开票人：王聃　　销货单位：（章）

第一联：记账联　销货方记账凭证

师技制会计就业岗前训练营实习素材

表 1－7　　来青花服饰有限公司出库单

提货单位及部门：达衣有限公司　　2019 年 12 月 1 日　　№191200

商品名称及规格	单位	应发数量	实发数量	单价	金额	备注
羽域丝巾	件	280	280	135.6	37 968.00	
合计	件	280	280	135.6	37 968.00	

第三联　财务联

部门经理：　　会计：　　仓库主管：吴阳均　　经办人：周红梅

师徒制会计就业岗前训练营实习素材

2019 年 12 月【业务 1】至【业务 12】原始凭证二维码，请扫描。

原始凭证（业务 1～业务 12）

【业务 2】2019 年 12 月 2 日，公司决定将 30 件香薰布包作为福利发给员工，另外 50 件香薰布包直接赠送给青少年活动中心，同类产品售价 100 元/件，成本价 10 元/件。原始凭证：产品出库单、公益事业捐赠统一票据，请扫描原始凭证二维码。

要求：进行货物自用的账务处理并填制记账凭证。

◆ 自产自用货物的账务处理

自产货物自用，如果有同类产品对外销售的，按同类产品对外平均售价计税，没有同类产品对外销售的，组成计税价格计税。

将自产货物用于企业内部，只需视同销售计算增值税销项税，贷记“库存商品”和“应交税费——应交增值税（销项税额）”，所得税不需作视同销售处理；将自产货物自用，改变货物所有权的，应视同销售计算缴纳增值税，同时区分不同用途进行所得税纳税调整处理。

【业务 3】2019 年 12 月 3 日，向爱格服饰有限公司（以下简称“爱格公司”）销售 150 件霓裳连衣裙，为尽快收回货款，采取现金折扣的方式销售，规定爱格公司在 10 天之内付款享受 2% 的折扣，超过 10 天付款则没有折扣。货已发，开具了增值税专用发票，注明价款 45 000 元，增值税 5 850 元。上述款项均记入应收账款账户。收取爱格公司包装物押金 1 130元，押金金额单独记账。原始凭证：产品出库单、增值税专用发票记账联，押金收款收据，请扫描原始凭证二维码。

要求：进行销售业务的账务处理，填制记账凭证。

◆ 现金折扣和包装物押金的计税问题

1. 现金折扣通常是为了鼓励购货方及时偿还货款而给予的折扣优待，现金折扣发生在销货之后，其折扣额不能从销售额中减除，应记入企业的“财务费用”。

2. 纳税人为销售货物而出租出借包装物收取的押金，单独记账的、时间在1年内又未过期的，不并入销售额征税；但对逾期未收回不再退还的包装物押金，应按所包装货物的适用税率计算纳税。注意押金属于含税收入。

【业务4】2019年12月4日，上缴上期增值税5 700元，城建税399元，教育费附加171元，银行转账付讫。原始凭证：中国工商银行单位客户专用回单2张，请扫描原始凭证二维码。

要求：进行上缴税款的账务处理，填制记账凭证。

【业务5】2019年12月10日，公司用银行汇票购入方正公司的挂烫机30个，挂烫机的不含税单价为200元，松上公司开具了增值税专用发票注明价款6 000元，增值税税额780元。转账支付运费，并取得运输公司开具的增值税专用发票，注明价款100元，增值税9元。取得的增值税专用发票均在本月通过了认证。原始凭证：增值税专用发票发票联2张，中国工商银行汇票1张，中国工商银行转账支票1张，入库单，请扫描原始凭证二维码。

要求：进行挂烫机采购和支付运费的账务处理，填制记账凭证。

◆ 进货发票认证方法

防伪税控系统用户，纳税申报前应对增值税专用发票抵扣联进行认证，取得认证清单后才能进行进项税抵扣。自2019年3月1日起，对增值税一般纳税人取消增值税发票的扫描认证，可以自愿使用增值税发票选择确认平台查询，选择用于申报抵扣、出口退税或者代办退税的增值税发票信息。

【业务6】2019年12月15日，公司采购部向南宁海尔电器专卖店（小规模纳税人）购进办公室用冰箱一台，含税价为2 500元，已用银行存款（公司工商银行账户）转账支付相关款项，并取得了增值税普通发票一张。原始凭证：增值税普通发票发票联，中国工商银行付款单，入库单，请扫描原始凭证二维码。

要求：进行固定资产采购的账务处理，填制记账凭证。

◆ 一般纳税人购进货物取得普通发票，不能抵扣进项税额

【业务7】2019年12月24日，公司进口了一台制衣设备，缴纳进口相关税费，关税完税价格10 000元，关税税率10%，增值税税率13%，取得海关进口增值税专用缴款书，海关放行，该设备预计于下月安装完成后记入固定资产科目，目前尚未进行安装，合同约定设备款项于2020年1月3日支付，款项支付后对方公司的技术人员前来安装并调试设备。原始凭证：海关进口增值税专用缴款书、中国工商银行付款回单，请扫描原始凭证二维码。

要求：进行进口固定资产的账务处理，填制记账凭证。

◆ 进口货物增值税的计算

进口货物由海关代征进口环节的增值税。纳税人进口货物，无论是一般纳税人还是小规模纳税人，均应按照组成计税价格和适用的税率计算应纳税额，不得抵扣发生在境外的各种税金。组成计税价格 = 关税完税价格 + 关税税额（ + 消费税税额）。

【业务8】2019年12月27日，公司上月购入大衣毛料的50%由于管理人员的疏忽发生

霉烂变质。损失材料的账面成本为 2 500 元，其中毛料的不含税买价 2 400 元，支付不含税的运费 100 元，均已抵扣相应的进项税。公司管理层决定由相关责任人毛爱珠承担 50% 的损失，公司负担剩下的一半损失。原始凭证：财产清查报告单、材料盘亏审批报告，请扫描原始凭证二维码。

要求：进行增值税进项税转出和损失结转的账务处理，填制 2 张记账凭证。

◆ 进项税转出的特殊规定

增值税一般纳税人将已抵扣进项税额的购进货物或应税劳务、应税服务和无形资产、不动产，改变用途用于不得抵扣进项税额的项目时，应当将该项购进货物或者应税劳务、应税服务和无形资产、不动产的进项税额从当期进项税额中转出。无法准确确定该进项税额的，按当期实际成本计算应扣减的进项税额。

【业务 9】 2019 年 12 月 29 日，公司出口绫袄系列大衣 360 件（成都来青花服饰有限公司是自营出口的生产企业），出口货物的离岸价格 16 119. 40 美元（FOB），折合人民币 108 000 元，价款以美元方式结算，公司要求对方收到货物后 10 天内付款。公司已经开具增值税普通发票，发票上的内容和出口报关单、出口收汇核销单的内容一致。出口货物增值税退税率 13%。原始凭证：出库单、出口销售增值税普通发票记账联、出口报关单、出口收汇核销单，请扫描原始凭证二维码。

要求：进行出口货物销售的账务处理并填制记账凭证。

◆ 生产企业出口货物增值税免抵退税的计算

生产企业货物出口后，必须在口岸电子执法系统出口退税子系统查询到报关单出口信息后，方能计算出口货物免抵退税。生产企业出口货物"免、抵、退税额"应根据出口货物离岸价、出口货物退税率计算。

【业务 10】 2019 年 12 月 30 日，公司将其 2007 年购入的一台制衣设备销售给云华制衣厂（纳税人识别号：230100165586134），该设备购进原价 6 000 元，累计折旧 5 340 元，出售时的账面价值为 660 元，售价 1 545 元。公司已经开具增值税普通发票，销售款项已经收到。原始凭证：增值税普通发票记账联、工商银行收款回单，请扫描原始凭证二维码。

要求：进行固定资产清理的账务处理，填制记账凭证。

◆ 一般纳税人销售自用固定资产的计税方法

一般纳税人销售自用过不得抵扣且未抵扣进项税的固定资产按简易办法依 3% 征收率减按 2% 征收增值税，不得开具增值税专用发票，应纳增值税 = 售价 ÷（1 + 3%）× 2%；销售自己使用过已抵扣进项税额的固定资产和其他物品按正常销售货物适用税率征收，销项税额 = 售价 ÷（1 + 13%）× 13%。

【业务 11】 2019 年 12 月 30 日，公司出纳拿到了本月的电费和水费专用发票，注明电费金额 31 014. 4 元，增值税 4 031. 87 元，水费金额 106 950 元，增值税 9 625. 5 元，已用银行存款转账支付电费 35 046. 27 元，水费 116 575. 5 元。本月生产车间和管理部门水电费分配情况见表 1 - 8。原始凭证：增值税专用发票的发票联 2 张、中国工商银行转账支票，请扫描原始凭证二维码。

表 1－8　外购水电费分配

2019 年 12 月 31 日　　金额单位：元

受益对象	水费			电费		
	耗用量（立方米）	分配率	分配金额	耗用量（度）	分配率	分配金额
生产车间	40 000			20 000		
公司管理部门	6 500			4 230		
合计	46 500			24 230		

要求：进行支付并分配本月水、电费的账务处理，编制水、电费分配表，填制记账凭证。

【业务 12】 2019 年 12 月 30 日，收到 3 号楼本月租金 63 000 元，已取得银行进账单收账通知。3 号楼于 2014 年 1 月 1 日完工交付使用，并签订租赁合同，出租该项资产。3 号楼不动产出租业务企业采用简易计税法。原始凭证：房屋租金的增值税普通发票记账联、工商银行收款回单，请扫描原始凭证二维码。

要求：进行本月出租业务的处理，并进行会计核算，填制 1 张记账凭证。

◆ 一般纳税人出租不动产计税的规定：

1. 一般纳税人出租其 2016 年 4 月 30 日前取得的不动产，可以选择适用简易计税方法，按照 5% 的征收率计算应纳税额。可以按适用的征收率开具增值税专用发票。

2. 一般纳税人出租其 2016 年 5 月 1 日后取得的不动产，适用一般计税方法计税，按照 9% 的税率计算销项税额。

【业务 13】 2019 年 12 月 31 日，购进货物的专用发票认证，均为本期认证相符，且取得税务机关的专用发票认证清单；完成本月抄税任务，并根据税局报税结果生成的清卡指令完成税控 IC 卡清卡。

要求：根据上述原始凭证、账户记录和认证清单（见表 1－9），编制本月增值税应纳税额汇总计算表，进行本月出口应退税额和转出未交增值税会计核算，填制记账凭证。

表 1－9　增值税专用发票认证结果清单

成都市武侯区国家税务局
准予抵扣
2019年12月31日

企业名称：成都来青花服饰有限公司　　纳税人识别号：330100165585134

发票份数统计：4 份　　金额统计：144 064.40　　税额统计：14 446.37　　单位：元

序号	发票号码	开票日期	销货方税号	金额	税额	认证时间
1	000379121	2019－12－10	5201759999000147	6 000.00	780.00	2019－12－31
2	41256711	2019－12－10	360403000022556	100.00	9.00	2019－12－31
3	73543210	2019－12－30	330100165586154	31 014.40	4 031.87	2019－12－31
4	76543212	2019－12－30	330100165585154	106 950.00	9 625.50	2019－12－31
5						
6						

◆ 简易计税法下应纳税额计算的特殊规定

按简易办法计算的应纳税额不作为销项税额用以抵扣进项税，当销项税不足以抵扣进项税时，简易办法计算的应纳税额即为本期的应纳税额。

◆ 一般纳税人出口货物免抵退税的计算

月末根据购进货物的增值税专用发票、出口报关单、出口销售明细账、出口收汇核销单等汇总计算（见表1－10），并向主管税务机关申报当月出口应退税额。

表1－10　　增值税应纳税额汇总计算表

2019年12月31日

一般计税法	销项税额	应税货物、劳务、服务名称	税率（%）	计税销售额	销项税额	发票类型	备注
		小计					
	进项税额	购进货物、劳务、服务	税率（%）	计税金额	进项税额	发票类型	备注
		小计					
		进项税转出	扣除率（%）	计税金额	进项税转出	发票类型	用途
					321		
简易计税法		应税货物、劳务、服务	征收率（%）	计税金额	应纳税额	发票类型	备注
		合计					
一般计税方法应纳增值税额							
简易计税办法应纳增值税额							

续表

实际应纳增值税额	
转出本月未交增值税	
当期免抵退税额	
内销免抵税额（或期末留抵税额）	
出口应退税额	

【**业务14**】2019年12月31日，完成12月应缴纳的随征税费计算。

要求：编制应缴纳城市维护建设税与教育费附加计算表（见表1－11），填制一张记账凭证。

注意：实行“免抵退税”办法计算出口退税的企业，当期内销免抵税额应作为城建税和教育费附加的计税依据。

表1－11　　应缴纳城市维护建设税与教育费附加计算

单位：成都来青花服饰有限公司

税种	适用税种	计税金额（元）	税率（%）	应缴税额（元）
城建税	增值税			
教育费附加	增值税			

制单人：田华　　审核人：绪风

【**业务15**】2019年12月31日，填写增值税纳税申报表（一般纳税人适用）及其附表。

◆ 一般纳税人纳税申报资料（纳税人可根据实际业务选择填报）

增值税纳税申报表（一般纳税人适用）及其附表，请扫描二维码。

三、计税实务操作处理

【**业务1**】税务处理：销售货物，款项尚未收到，取得了索取货款的凭证，开具了增值税专用发票。应计征增值税销项税额。

增值税销项税额＝33 600×13%＝4 368（元）。

会计处理：确认收入并结转销货成本，填制2张记账凭证。

销售货物：

借：应收账款　　37 968

　　贷：主营业务收入——丝巾　　33 600

　　　　应交税费——应交增值税（销项税额）　　4 368

结转成本：

借：主营业务成本　　5 600

　　贷：库存商品——丝巾　　5 600

【业务2】 税务处理：自产自用，自产货物用于职工福利和对外赠送，应视同销售计征增值税销项税。

发放职工福利增值税销项税额＝30×100×13%＝390（元）。

对外赠送增值税销项税额＝50×100×13%＝650（元）。

会计处理：确认收入并结转成本，填制3张记账凭证。自产货物用于职工福利贷记“主营业务收入”，自产货物对外赠送，贷记“库存商品”。

发放职工福利：

借：应付职工薪酬——福利费　　3 390

　　贷：主营业务收入——香薰布包　　3 000

　　　　应交税费——应交增值税（销项税额）　　390

结转成本：

借：主营业务成本　　300

　　贷：库存商品——香薰布包　　300

对外赠送：

借：营业外支出　　1 150

　　贷：库存商品——香薰布包　　500

　　　　应交税费——应交增值税（销项税额）　　650

【业务3】 税务处理：销售货物开具增值税专用发票，应计征增值税销项税额。一般产品的包装物押金在收取时不计税，作“其他应付款”，现金折扣不允许扣减销售额，待发生时记入“销售费用”。

增值税销项税额＝45 000×13%＝5 850（元）。

会计处理：确认收入并结转销货成本，填制2张记账凭证。

销售货物：

借：应收账款——爱格服饰有限公司　　50 850

　　贷：主营业务收入——霓裳系列连衣裙　　45 000

　　　　应交税费——应交增值税（销项税额）　　5 850

结转成本：

借：主营业务成本　　15 000

　　贷：库存商品——霓裳系列连衣裙　　15 000

收取押金：

借：银行存款　　1 130

　　贷：其他应付款——爱格服饰有限公司（押金）　　1 130

【业务4】 税务处理：上期税款应在次月15日之前申报缴纳。本期缴纳上月税款。

会计处理：根据银行缴款回单，填制1张记账凭证

借：应交税费——未交增值税　　5 700

　　　　　　——应交城建税　　399

——应交教育费附加　171

贷：银行存款　6 270

【业务5】税务处理：购进货物、支付运费取得增值税专用发票，进项税额凭票抵扣。

允许抵扣的进项税额 780 + 9 = 789（元）。

会计处理：根据购货发票，填制1张记账凭证。

购入挂烫机入库：

借：固定资产——挂烫机　6 100

应交税费——应交增值税（进项税额）　789

贷：其他货币资金　6 780

银行存款　109

【业务6】税务处理：向小规模纳税人购进固定资产，只取得增值税普通发票，其进项税不能抵扣。

会计处理：根据购货发票，填制1张记账凭证。

购入冰箱：

借：固定资产——冰箱　2 500

贷：银行存款　2 500

【业务7】税务处理：进口设备取得海关进口增值税专用缴款书，进项税额凭票抵扣。

允许抵扣的进项税额 = 1 300（元）。

会计处理：根据海关进口增值税专用缴款书，填制1张记账凭证。

购进固定资产，尚未安装：

借：在建工程——制衣设备　10 000

应交税费——应交增值税（进项税额）　1 300

贷：银行存款　11 300

【业务8】税务处理：购入的货物发生非正常损失，其已经抵扣的进项税应进行转出。

应转出的进项税额 = 2 400 × 13% + 100 × 9% = 321（元）。

会计处理：进行原材料损失处理，并结转损溢，填制2张记账凭证。

原材料霉烂变质：

借：待处理财产损溢　2 821

贷：库存商品——大衣毛料　2 500

应交税费——应交增值税（进项税转出）　321

结转待处理财产损溢：

借：管理费用　1 410.5

其他应收款——毛爱珠　1 410.5

贷：待处理财产损溢　2 821

【业务9】

出口货物：

借：应收账款　108 000

贷：主营业务收入——出口（绫袄系列大衣）　108 000

结转成本：

借：主营业务成本　　72 000
　　贷：库存商品——绫袄系列大衣　　72 000

【业务10】税务处理：一般纳税人销售使用过的固定资产，按照简易办法在3%基础上减按2%征税，减征了1%。简易计税应纳税额贷记“应交税费——简易计税”，减征额借记“应交税费——应交增值税（减免税款）”。

增值税应纳税额＝1 545÷(1＋3%)×3%＝45（元）。

增值税减征额＝1 545÷(1＋3%)×1%＝15（元）。

会计处理：进行注销固定资产、确认转让收入、计算增值税税额和结转收益的核算，填制4张记账凭证。

注销固定资产：
借：固定资产清理　　660
　　累计折旧　　5 340
　　贷：固定资产——制衣设备　　6 000

收到银行存款：
借：银行存款　　1 545
　　贷：固定资产清理　　1 545

计提增值税：
借：固定资产清理　　45
　　贷：应交税费——简易计税　　45

减征1%：
借：应交税费——应交增值税（减免税款）　　15
　　贷：固定资产清理　　15

结转损溢：
借：固定资产清理　　855
　　贷：营业外收入　　855

【业务11】税务处理：支付本月水电费，取得增值税专用发票，凭票抵扣进项税额。

进项税额＝4 031.87＋9 625.5＝13 657.37（元）。

会计处理：计算并填写本月外购水电费分配表，进行水电费分配处理，填制1张记账凭证（见表1－12）。

表1－12　外购水电费分配

2019年12月31日

收益对象	水费			电费		
	耗用量（立方米）	分配率	分配金额（元）	耗用量（度）	分配率	分配金额（元）
生产车间	40 000	2.30	92 000.00	20 000	1.28	25 600
公司管理部门	6 500	2.30	14 950.00	4 230	1.28	5 414.40
合计	46 500		106 950	24 230		31 014.40

生产车间制造费用 = 92 000 + 25 600 = 117 600（元）。

管理部门管理费用 = 14 950 + 5 414.4 = 20 364.4（元）。

支付并分配本月水电费：

借：制造费用——水电费　　117 600

　　管理费用——水电费　　20 364.4

　　应交税费——应交增值税（进项税额）　　13 657.37

　　贷：银行存款　　151 621.77

【业务12】税务处理：出租2016年4月30日之前取得的不动产，可选择简易计税，征收率为5%。

应交增值税 = 63 000 ÷（1 + 5%）× 5% = 3 000（元）。

会计处理：根据发票和银行进账单，进行不动产出租业务处理，填制1张记账凭证。

收到租金：

借：银行存款　　63 000

　　贷：其他业务收入——房屋租金　　60 000

　　　　应交税费——简易计税　　3 000

【业务13】税务处理：月末编制本月增值税应纳税额汇总计算表（见表1－13），根据购进货物的增值税专用发票、出口报关单、出口销售明细账、出口收汇核销单等汇总计算并向主管税务机关申报当月出口应退税额。

表1－13　　**增值税应纳税额汇总计算**

2019年12月31日

一般计税法	销项税额	应税货物、劳务、服务名称	税率（%）	计税销售额	销项税额	发票类型	发票号码
		羽绒丝巾	13	33 600.00	4 368.00	专票	000263211
		香薰布包	13	3 000.00	390.00	未开票	—
		香薰布包	13	5 000.00	650.00	普票	0124566
		霓裳连衣裙	13	45 000.00	5 850.00	专票	000263212
		绫袄系列大衣	*	108 000.00	0	普票	072314311
		小计	—	86 600.00 + 免税 108 000.00	11 258.00	—	—
	进项税额	购进货物、劳务、服务	税率（%）	计税金额	进项税额	发票类型	发票号码
		运费	9	100.00	9.00	专票	000373213
		挂烫机	13	6 000.00	780.00	专票	000379121
		成衣压制机	13	100 060.00	1 300.00	海关完税凭证	
		电费	13	31 014.40	4 031.87	专票	76543212
		水费	9	106 950.00	9 625.50	专票	76547428
		小计		154 064.40	15 746.37		

续表

<table>
<tr><td rowspan="5">一般计税法</td><td rowspan="5">进项税额</td><td>进项税转出</td><td>扣除率（%）</td><td>计税金额</td><td>进项税转出</td><td>发票类型</td><td>用途</td></tr>
<tr><td>大衣毛料</td><td>13</td><td>2 400.00</td><td>312.00</td><td>—</td><td>非正常损失</td></tr>
<tr><td>运费</td><td>9</td><td>100.00</td><td>9.00</td><td>—</td><td>非正常损失</td></tr>
<tr><td>绫袄系列大衣</td><td></td><td></td><td></td><td>—</td><td></td></tr>
<tr><td>小　计</td><td></td><td>—</td><td>321.00</td><td>—</td><td>—</td></tr>
<tr><td colspan="2" rowspan="4">简易计税法</td><td>应税货物、劳务、服务</td><td>征收率（%）</td><td>计税金额</td><td>应纳税额</td><td>发票类型</td><td>发票号码</td></tr>
<tr><td>自用固定资产</td><td>3
（减按 2%）</td><td>1 500.00</td><td>45 - 15 =
30.00</td><td>普票</td><td>072314311</td></tr>
<tr><td>出租 3 号楼租金</td><td>5</td><td>60 000.00</td><td>3 000.00</td><td>普票</td><td>072314312</td></tr>
<tr><td>合计</td><td></td><td>61 500.00</td><td>3 030.00</td><td>—</td><td>—</td></tr>
<tr><td colspan="4">一般计税方法应纳增值税额</td><td colspan="4">11 258.00 - (15 746.37 - 321.00) = -4 167.37</td></tr>
<tr><td colspan="4">简易计税办法应纳增值税额</td><td colspan="4">30.00 + 3 000.00 = 3 030.00</td></tr>
<tr><td colspan="4">实际应纳增值税额</td><td colspan="4">3 030.00</td></tr>
<tr><td colspan="4">转出本月未交增值税</td><td colspan="4">0</td></tr>
<tr><td colspan="4">当期免抵退税额</td><td colspan="4">108 000 × 13% = 14 040.00</td></tr>
<tr><td colspan="4">内销免抵税额（或期末留抵税额）</td><td colspan="4">9 872.63</td></tr>
<tr><td colspan="4">出口应退税额</td><td colspan="4">4 167.37</td></tr>
</table>

实际应纳增值税 = 一般计税法应纳增值税税额 + 简易计税法应纳增值税税额

按简易办法计算的应纳税额不作为销项税额用以抵扣进项税，当销项税不足以抵扣进项税时，简易办法计算的应纳税额即为本期的应纳税额。

一般计税法：

应纳税额 = 11 258 - (15 746.37 - 321.00) = 11 258 - 15 425.37 = -4 167.37（元）。

当期免抵退税额 = 108 000 × 13% = 14 040.00（元）。

当期出口应退税额 = 4 167.37（元）。

内销免抵税额 = 14 040.00 - 4 167.37 = 9 872.63（元）。

简易计税方法：

应纳税额 = 30 + 3 000 = 3 030.00（元）。

本月实际应纳增值税 = 3 030.00（元）。

会计处理：进行本月出口应退税额会计核算，填制 1 张记账凭证。

借：其他应收款——应收补贴款（出口退税）　　4 167.37

　　应交税费——应交增值税（出口抵减内销产品应纳税额）　　9 872.63

　　贷：应交税费——应交增值税（出口退税）　　14 040

【业务 14】2019 年 12 月 31 日，完成 12 月应缴纳的随征税费计算。

税务处理：实行“免抵退税”办法计算出口退税的企业，当期内销免抵税额应作为城建税和教育费附加的计税依据。

城建税和教育费附加的计税依据 = 9 872.63 + 3 030 = 12 902.63（元）。

会计处理：编制应缴纳城市维护建设税与教育费附加计算表（见表 1 - 14），填制一张记账凭证。

表 1 - 14　应缴纳城市维护建设税与教育费附加计算表

单位：成都来青花服饰有限公司

税种	适用税种	计税金额（元）	税率（%）	应缴税额（元）
城建税	增值税	12 902.63	7	903.18
教育费附加	增值税	12 902.63	3	387.08

制单人：田华　　审核人：绪风

计提城建税、教育费附加：

借：税金及附加　1 290.26

　　贷：应交税费——应交城建税　903.18

　　　　　　　——应交教育费附加　387.08

【业务 15】 填写增值税纳税申报表（一般纳税人适用）及其附表。

增值税纳税申报表（一般纳税人适用）及其附表填报数据，请扫描二维码。

增值税技能训练题

一、应税选择（单选题）

1. 根据增值税法律制度的规定，下列项目中，应按照交通运输服务缴纳增值税的是（　　）。

   A. 管道运输服务　B. 装卸搬运服务　C. 收派服务　D. 货运客运场站服务

2. 根据增值税法律制度的规定，下列各项中，应征收增值税的是（　　）。

   A. 行政单位收取的符合条件的行政事业性收费

   B. 单位聘用的员工为本单位提供取得工资的服务

   C. 个体工商户为聘用的员工提供服务

   D. 甲运输公司无偿向乙企业提供交通运输服务

3. 一般纳税人的下列销售服务中，适用 6% 增值税税率的是（　　）。

   A. 提供交通运输服务　B. 提供有形动产租赁服务

   C. 提供餐饮住宿服务　D. 提供园林绿化服务

4. 根据增值税法律制度的规定，下列各项中，属于增值税视同销售行为的是（　　）。

   A. 将外购货物用于集体福利　B. 将自产货物委托外单位加工

   C. 将外购货物无偿赠送他人　D. 将外购货物用于个人消费

5. 根据增值税法律制度的规定，下列各项中，不属于增值税免税项目的是（　　）。

A. 提供社区养老服务收入　　B. 银行提供企业贷款利息收入

C. 提供技术转让收入　　D. 自产自销初级农产品

6. 纳税人采取分期收款方式销售货物，合同约定了收款日期的，增值税纳税义务的发生时间为（　　）。

A. 货物发出的当天　　B. 合同约定的收款日期的当天

C. 收到全部货款的当天　　D. 取得索取销售额凭证的当天

7. 某农机生产企业（一般纳税人）2020 年 10 月销售自产拖拉机，取得不含税销售额 200 万元，为农民修理拖拉机取得现金收入 15 万元。本月购入农机生产零配件，取得增值税专用发票，注明价款 80 万元，增值税 10.4 万元。则该企业本月应缴纳增值税（　　）万元。

A. 9.33　　B. 7.35　　C. 17.55　　D. 8.95

8. 某果酒生产企业为增值税一般纳税人，本月销售果酒收入为 128.7 万元（含税），当期发出包装物收取押金为 5.65 万元，当期逾期未归还包装物押金为 2.26 万元。该企业本期应申报的销项税额为（　　）万元。

A. 15.46　　B. 14.81　　C. 15.07　　D. 16.73

9. 对下列增值税应税行为计算销项税额时，按照全额确定销售额的是（　　）。

A. 贷款服务　　B. 一般纳税人提供客运场站服务

C. 经纪代理服务　　D. 金融商品转让

10. 一般纳税人的下列行为中，可以选择简易计税方法计税的是（　　）。

A. 销售 2014 年 8 月购入的房屋　　B. 出租 2016 年 8 月购入的房产

C. 提供金融商品转让服务　　D. 提供餐饮住宿服务

11. 某食品厂为增值税一般纳税人，2020 年 5 月将上月外购的副食品用于集体福利，该批外购副食品在购进时已经抵扣了进项税额，账面成本为 10 000 元（其中含运费 2 000 元）。则该食品厂 2020 年 5 月应转出进项税额为（　　）元。

A. 1 100.35　　B. 1 220　　C. 1 085.49　　D. 1 300

12. 某电信企业是增值税一般纳税人，2020 年 9 月，提供基础电信服务，取得价税合计收入 654 万元；提供增值电信服务，取得价税合计收入 318 万元。该电信企业本月应确认的增值税销项税额是（　　）万元。

A. 55.02　　B. 80.27　　C. 72　　D. 77.94

13. 甲企业（一般纳税人）2020 年 10 月 16 日销售一台旧机器设备，取得含增值税销售收入 64 200 元，该设备为 2009 年 5 月购入，购入时抵扣了进项税额，则该项销售行为应纳增值税为（　　）元。

A. 0　　B. 1 136.28　　C. 7 385.84　　D. 8 855.17

14. 甲公司是增值税一般纳税人，2020 年 9 月取得了保本收益型理财产品的投资收益 106 万元；转让了其持有的某基金产品，卖出价为 53 万元，买入价为 42.4 万元。已知，上述金额均为含增值税金额。甲公司当月应当确认的销项税额是（　　）万元。

A. 10.176　　B. 6.6　　C. 6.996　　D. 9

15. 根据增值税法律制度的规定，下列各项中，不得抵扣进项税额的行为是（　　）。

A. 厂办公室购置办公用品　　B. 购买免税农产品支付的运费

C. 外购食用油发放给职工　　D. 生产车间购置生产用机床

16. 红星宾馆为增值税小规模纳税人，2020 年 8 月取得住宿服务收入 51.5 万元，该项目当月发生经营成本为 40 万元，其中购买宾馆日用品、清洗布草、添置电器等取得增值税发票上注明的税额合计 1.7 万元。该宾馆 5 月应纳增值税为（　　）万元。

A. 1.5　　B. 1.545　　C. 2.45　　D. 2.575

17. 某船运公司为增值税一般纳税人，10 月购进船舶配件取得的增值税专用发票上注明价款 360 万元、税额 46. 8 万元；开具普通发票取得的含税收入包括国内运输收入 1 090 万元、期租业务收入 218 万元、打捞收入 116. 6 万元。该公司 10 月应缴纳的增值税为（　　）万元。

A. 70. 83　　B. 67. 8　　C. 33. 84　　D. 62. 14

18. 出口企业的下列业务中，不享受“出口免税并退税”政策的是（　　）。

A. 工程企业出口对外承包项目用货物　　B. 外贸企业收购免税农产品出口

C. 生产企业自营出口货物　　D. 生产企业委托外贸企业出口自产货物

19. 某服装厂将自产的服装作为福利发给本厂职工，该批产品制造成本共计 10 万元，成本利润率为 10%，同类产品的不含税平均售价为 18 万元，计征增值税的销售额为（　　）万元。

A. 10　　B. 10. 9　　C. 11　　D. 18

20. 某企业为增值税小规模纳税人，2020 年 10 月销售自产货物取得含税收入 103 000 元，销售自己使用过 5 年的设备一台，取得含税收入 51 500 元，当月购入货物取得的增值税专用发票上注明金额 10 000 元，增值税税额 1 300 元，则该企业当月应缴纳增值税（　　）元。

A. 3 200　　B. 4 500　　C. 4 000　　D. 3 000

二、应税选择（多选题）

1. 根据增值税法律制度的规定，下列各项中，属于“交通运输服务”的有（　　）。

A. 装卸搬运服务　　B. 水路运输的程租、期租业务

C. 航空运输的湿租业务　　D. 无运输工具承运业务

2. 下列项目中，可以选择差额确定销售额计算增值税的业务包括（　　）。

A. 客运场站服务　　B. 旅游服务　　C. 餐饮服务　　D. 经纪代理服务

3. 根据增值税法律制度的规定，下列关于纳税人购进国内旅客运输服务的说法中，正确的有（　　）。

A. 取得增值税电子普通发票的，不得抵扣进项税额

B. 取得注明旅客身份信息的航空运输电子客票行程单，进项税额 =（票价 + 燃油附加费）÷（1 + 9%）×9%

C. 取得注明旅客身份信息的铁路车票，进项税额 = 票面金额 ÷（1 +9%）×9%

D. 取得注明旅客身份信息的公路客票，进项税额 = 票面金额 ÷（1 +3%）×3%

4. 一般纳税人购进的下列货物、服务中，不得从销项税额中抵扣进项税额的有（　　）。

A. 外购货物发生非正常损失　　B. 支付的银行贷款利息

C. 将外购货物用于对外捐赠　　D. 将外购货物用于按简易办法征税项目

5. 下列各项中，可以免征增值税的有（　　）。

A. 幼儿园提供的保育和教育服务　　B. 养老机构提供的养老服务

C. 残疾人企业为社会提供的应税服务　　D. 个人转让著作权

6. 根据增值税法律制度的规定，下列各项中，属于“租赁服务——不动产租赁服务”的有（　　）。

A. 融资性售后回租　　B. 车辆停放服务

C. 道路通行服务　　D. 有形动产的广告位出租

7. 根据增值税法律制度的规定，下列各项中，属于增值税混合销售行为的有（　　）。

A. 空调厂销售空调同时提供安装服务　　B. 饭店提供餐饮服务同时销售烟酒饮料

C. 计算机公司销售计算机同时负责培训　　D. 超市销售货物并提供快餐服务

8. 下列应税行为中，应该按照 6% 的税率征收增值税的有（　　）。

A. 联通提供语音通话服务　　B. 不动产经营租赁服务

C. 中国移动提供短信服务　　D. 邮政储蓄服务

9. 下列应税行为中，应该按照“生活服务”征收增值税的有（　　）。

A. 游览场所经营索道　　B. 提供教育服务

C. 研发服务　　　　　　　　　　　　　　D. 美容美发服务

10. 增值税销售额的下列表述中，不正确的有（　　）。

A. 提供贷款服务，以提供贷款服务取得的全部利息及利息性质的收入为销售额

B. 金融商品转让，按照卖出价扣除买入价及相关税费后的余额为销售额

C. 提供客运场站服务，以取得的全部价款和价外费用为销售额

D. 提供旅游服务，只能以取得的全部价款和价外费用为销售额

11. 一般纳税人的下列行为中，可以选择简易计税方法的有（　　）。

A. 提供一般贷款服务　　　　　　　　　B. 以清包工方式提供的建筑服务

C. 电影放映服务　　　　　　　　　　　D. 公共交通运输服务

12. 根据增值税法律制度的规定，下列各项中，免征增值税的项目有（　　）。

A. 培训机构提供非学历教育服务　　　　B. 保险公司为种植业提供保险业务

C. 文化馆出租房屋业务　　　　　　　　D. 农技站提供的农业机耕及相关技术培训业务

13. 作为增值税计税依据的销售额，除包括向购买方收取的全部价款外，还包括以下价外费用中的（　　）。

A. 向购买方收取的销项税额　　　　　　B. 向购买方收取的延期付款利息

C. 向购买方收取的包装物租金　　　　　D. 向购买方收取的啤酒包装物押金

14. 根据增值税法律制度的规定，下列各项中，属于增值税法定扣税凭证的有（　　）。

A. 购进货物取得的增值税专用发票　　　B. 国内旅客运输服务的增值税电子普通发票

C. 购进货物取得的增值税普通发票　　　D. 进口货物取得的海关进口增值税专用缴款书

15. 根据增值税法律制度的规定，下列各项中，属于增值税视同销售行为的有（　　）。

A. 将自产的货物用于对外投资　　　　　B. 将自产的货物用于股东分配

C. 将自产的货物用于在建工程　　　　　D. 将外购的货物用于集体福利

16. 根据增值税法律制度的规定，境内企业提供的下列服务中，适用零税率的有（　　）。

A. 国际运输服务　　　　　　　　　　　B. 向境内单位提供技术开发服务

C. 航天运输服务　　　　　　　　　　　D. 向境外单位提供完全在境外消费的软件服务

17. 根据增值税法律制度的规定，下列各项中，适用3%征收率减按2%征收增值税的有（　　）。

A. 纳税人销售旧货　　　　　　　　　　B. 一般纳税人销售自用但未抵扣进项税的固定资产

C. 小规模纳税人销售货物　　　　　　　D. 小规模纳税人销售自己使用过的固定资产

18. 根据增值税法律制度的规定，下列各项中，应作为进项税额转出的有（　　）。

A. 在产品、产成品发生非正常损失　　　B. 将自制货物用于本单位在建工程

C. 将加工收回的货物用于个人消费　　　D. 将购进原材料用于集体福利设施

19. 根据增值税的相关规定，下列各项中，属于增值税征税范围的有（　　）。

A. 会计师事务所提供鉴证服务　　　　　B. 机场提供停机坪管理服务

C. 被保险人获得的保险赔付　　　　　　D. 某企业出租厂房

20. 下列各项中，关于增值税纳税义务发生时间表述正确的有（　　）。

A. 采取预收货款方式销货时，为货物发出的当天

B. 提供租赁服务采取预收款方式的，为租期届满的当天

C. 采取托收承付和委托银行收款方式销货的，为发出货物并办妥托收手续的当天

D. 采取直接收款方式销货的，为货物发出的当天

三、应税判断

1. 增值税应税销售额是指纳税人为销售货物或提供应税劳务向购买方收取的全部价款和价外费用，包括收取的销项税额。（　　）

2. 以委托代销方式销售货物，委托方如果没有收到代销清单，不需要征收增值税。（　）

3. 选择差额计税的旅游服务纳税人，向顾客收取并支付的住宿费等允许扣除费用，不得开具增值税专用发票。（　）

4. 企业租入房屋，取得增值税专用发票，该房屋一半用作生产车间，一半用作职工食堂。则租入该房屋的进项税额不能抵扣。（　）

5. 贷款服务，以提供贷款服务取得的全部利息及利息性质的收入为销售额。（　）

6. 单位出售一自用小轿车，因售价低于原值，可以免征增值税。（　）

7. 赵某于2021年5月出售自有房屋一套，售价1 000万元，由于销售不动产的年应税销售额超过500万元，因此应当登记为一般纳税人。（　）

8. 一般纳税人采取预收款方式销售房地产项目，在收到预收款时预缴增值税。（　）

9. 纳税人将购买的货物无偿赠送他人视同销售，但用于公益事业或者以社会公众为对象的除外。（　）

10. 进口货物以关税完税价格作为增值税的计税依据。（　）

11. 有线电视、宽带等经营者向用户收取的安装费以及类似收费，按照安装服务缴纳增值税。（　）

12. 无运输工具承运业务，按照租赁服务缴纳增值税。（　）

13. 卫星电视信号落地转接服务，不征收增值税。（　）

14. 单位聘用的员工为本单位提供加工、修理修配劳务，应征收增值税。（　）

15. 个人提供应税服务的销售额未达到增值税起征点的，免征增值税；达到起征点的，就超过部分计算缴纳增值税。（　）

四、应税计算

1. 甲服装厂为增值税一般纳税人，2021年7月末留抵税额为1 500元，2021年8月份发生以下业务：

（1）从一般纳税人处购入A型面料，取得增值税专用发票，注明价款10万元，增值税13 000元；支付购货运费，取得增值税专用发票，注明运费1 000元。

（2）从小规模纳税人处购入B型辅助材料，取得普通发票，注明价款2 000元。

（3）外购C型生产设备，取得增值税专用发票，注明价款30 000元，增值税3 900元。

（4）向甲商场销售西装1 000套，不含税单价1 000元/套，同时负责运输，向运输企业支付销货运费，收到的增值税专用发票注明运费金额为2 000元；本月公司业务部门领用10套西装用于奖励优秀员工；10套西装因管理不善毁损。

（5）销售服装发出包装物收取押金20 000元，另没收逾期未退还的包装物押金13 000元；

（6）允许广告公司在本厂2018年建成的围墙上喷涂广告，价税合计收取50 000元。

已知：西装每件成本300元，成本中外购货物比例占60%。增值税税率：销售货物为13%，交通运输为9%，不动产租赁为9%。外购货物的相关发票已通过税务机关认证。要求计算：

（1）本月外购货物允许抵扣的进项税额；

（2）本月销售西装和业务部门领用西装的销项税额；

（3）本月因管理不善毁损西装应转出的进项税额；

（4）本月押金应计算的销项税额；

（5）出租企业围墙做广告的销项税额；

（6）当期销项税额、进项税额以及应纳增值税合计。

2. 某电视机生产企业是增值税一般纳税人，2021年9月生产销售A型电视机，出厂不含增值税单价为3 000元/台，具体购销情况如下：

（1）向某商场销售1 000台A型电视机，由于商场采购量大，给予其10%的折扣，并将销售额和折扣额在同一张发票的金额栏内分别注明；同时，向运输企业（一般纳税人）支付运费，收到的增值税专用发票注明运费金额为2 000元；

（2）销售电视机发出包装物收取押金11 300元，另没收逾期未退还的包装物押金13 560元；

（3）销售本企业2018年购进的自用货车一辆，取得含增值税收入56 500元；

（4）购进零配件取得增值税专用发票上注明金额100 000元、增值税税额13 000元；

（5）从小规模纳税人处购进工具件，支付价税合计金额15 450元，取得税务机关代开的增值税专用发票；

（6）从消费者个人手中收购废旧电视机，支付收购金额10 000元；

（7）职工报销差旅费，取得航空运输电子客票行程单1张，注明票价1 000元，机场建设费110元，燃油费附加90元，其他税费250元，合计1 450元。取得注明旅客身份信息的火车票1张，票价654元。

已知：增值税税率为销售货物13%，交通运输9%，旅客运输服务9%，外购货物、服务的相关发票已通过税务机关认证。要求计算：

（1）本月销售电视机的销项税额；

（2）本月押金应计算的销项税额；

（3）本月销售自用货车应计算的增值税；

（4）本月外购货物允许抵扣的进项税额；

（5）职工报销差旅费允许抵扣的进项税额；

（6）当期销项税额、进项税额以及应纳增值税合计。

3. 捷达运输公司，有国际运输资质，为增值税一般纳税人，2021年6月经营情况如下：

（1）从事运输服务收入开具增值税专用发票，注明运输费320万元、装卸费36万元。

（2）从事仓储服务收入开具增值税专用发票，注明仓储收入110万元，装卸费18万元。

（3）从事国内运输服务收入，价税合计261.6万元；运输至香港、澳门，价税合计51.06万元。

（4）出租客货两用车，取得含税收入67.8万元。

（5）销售使用过的未抵扣过进项税额的固定资产，取得含税收入3.09万元。

（6）进口货车，国外成交价160万元，境外运费12万元，保险费8万元。

（7）国内购进轿车，取得增值税专用发票，价款80万元，增值税10.4万元；接受运输服务，取得增值税专用发票，价款6万元，增值税0.54万元。

已知：关税税率20%。增值税税率：销售货物13%，交通运输9%，建筑服务9%，现代服务6%，不动产租赁9%，有形动产租赁13%。外购货物、劳务、服务的相关发票已通过税务机关认证。要求：根据上述材料计算：

（1）企业6月销项税额；

（2）企业销售自用固定资产的增值税税额；

（3）企业进口业务应纳的增值税；

（4）企业6月的进项税额；

（5）企业6月的增值税应纳税额。

4. 深大广告公司为增值税一般纳税人，2021年10月发生如下业务：

（1）取得广告代理收入212万元（含税），广告效果出色取得奖金5万元；

（2）出租摄影设备取得租赁收入63.6万元（含税），收取设备磨损赔偿金8万元；

（3）出售2008年购进的制图设备一台，售价0.3万元（含税）；

（4）向广告发布者支付广告发布费，取得增值税专用发票上注明的税额为4万元；

（5）购进办公用小轿车1辆，取得增值税专用发票上注明的税额为4.8万元；

（6）购进职工集体宿舍用装修材料，取得增值税专用发票上注明的税额为0.5万元；为此，向运输公司支付运输费，取得增值税专用发票上注明的税额为0.1万元。

已知：文化创意服务增值税税率为6%，有形动产租赁服务增值税税率为13%。取得的增值税扣税凭证均于当月认证通过。要求计算该广告公司10月应纳增值税额。

5. 某农机厂为增值税小规模纳税人，2021 年 2 月发生以下业务：

（1）销售农机，开具普通发票，取得销售收入 100 000 元；

（2）销售自用设备一套，开具普通发票，注明价款 20 000 元。

（3）购进原材料，取得普通发票，注明价款 65 000 元；

（4）购进税控收款机一台，取得专用发票，注明价款 4 000 元，增值税 520 元。

已知：小规模纳税人的征收率为 3%，销售自己使用过的固定资产减按 2% 征收。

要求：计算该厂 2 月份应纳增值税额。

6. A 生产企业为有出口经营权的增值税一般纳税人，2021 年 7 月末留抵税额 20 万元，8 月发生以下业务：

（1）从国内购进原材料，取得增值税专用发票，注明价款 800 万元，增值税 104 万元；

（2）出口货物的离岸价为 1 000 万元；

（3）内销货物的不含税销售额为 1 500 万元；

已知：上述货物征税率为 13%，出口退税率为 10%，上述发票均已通过认证。要求计算：

（1）本月不能免抵税额；

（2）本月增值税应纳税额；

（3）本月免抵退税税额；

（4）本月出口货物实际退税额；

（5）本月内销货物的免抵税额（或期末留抵税额）。

项目二

消费税计算与缴纳

■ 项目认知

消费税是指以特定消费品为征税对象征收的一种税。消费税是在对货物普遍征收增值税的基础上，选择少数消费品再征一道消费税，目的在于调节产品结构、引导消费方向、保证财政收入。

消费税具有以下特点：

1. 征税范围具有选择性；
2. 计税方法具有多样性；
3. 纳税环节具有单一性；
4. 属于价内税；
5. 税负具有转嫁性。

■ 知识目标

1. 熟悉消费税的征税范围、纳税人、税目及税率规定；
2. 掌握从价计税、从量计税、复合计税三种消费税的计税方法；
3. 熟悉消费税的申报缴纳。

■ 能力目标

1. 能判断哪些业务应当征收消费税；
2. 能根据资料正确计算消费税应纳税额；
3. 能结合具体案例，分析企业消费税的缴纳情况；
4. 能根据需要查阅相关资料。

任务一　消费税基本要素

一、消费税的征税范围

我国现行消费税的征税范围包括四大类15种产品。

第一类：过度消费会对人类健康、社会秩序、生态环境等方面造成危害的特殊消费品，如烟、酒、鞭炮烟火、电池、涂料。

第二类：奢侈品、非生活必需品，如高档化妆品、贵重首饰及珠宝玉石、高尔夫球及球具、高档手表、游艇。

第三类：高能耗消费品，如小汽车、摩托车。

第四类：不可再生和替代的稀缺资源消费品，如成品油、木制一次性筷子、实木地板。

二、消费税的纳税环节

我国现行消费税实行单环节一次课征制度。在一个环节征收消费税以后，如果不经过再加工，在其他环节不再征收消费税。目前，消费税的纳税环节有以下几种情形：

1. 生产销售环节。纳税人生产的应税消费品，于纳税人销售时缴纳消费税。

2. 委托加工环节。委托加工的应税消费品，由受托方在向委托方交货时代收代缴消费税。委托个人加工的应税消费品，由委托方收回后缴纳消费税。

3. 进口环节。单位和个人进口应税消费品，于报关进口时缴纳消费税。进口环节缴纳的消费税由海关代征。

4. 零售环节。金银首饰、铂金首饰、钻石及钻石饰品消费税由生产销售环节改为零售环节征收。改在零售环节征收消费税的金银首饰仅限于金基、银基合金首饰以及金银和金基、银基合金的镶嵌首饰。

［**知识链接**］卷烟产品和超豪华小汽车加征消费税的规定，请扫描二维码。

【案例·分析题】

分析确定下列各项中，属于消费税纳税环节的有哪些？

A. 生产环节　　B. 零售环节　　C. 进口环节　　D. 批发环节

应税分析：ABC属于消费税的纳税环节，应税消费品的征税环节包括生产、委托加工、进口、零售四个环节，只有卷烟加征了一道批发环节消费税，要强调卷烟批发环节才属于消费税纳税环节。

【案例·分析题】

分析确定下列各项中，既征消费税又征增值税的有哪些？

A. 高尔夫球及球具的生产环节　　B. 高档手表的零售环节

C. 金银首饰的生产环节　　D. 啤酒屋自产啤酒的销售环节

应税分析：AD既征消费税又征增值税，B高档手表属于应税消费品，在生产（进口）环节缴纳消费税，在零售环节不缴消费税；C金银首饰改在零售环节缴纳消费税。

三、纳税人

在中国境内生产、委托加工和进口应税消费品的单位和个人。

在境内，是指生产、委托加工和进口属于应当缴纳消费税的消费品的起运地或者所在地在境内（仅限于大陆，不包括港澳台地区）。

【案例·分析题】

分析判断在我国境内批发白酒的单位是否为消费税的纳税人？

应税分析：不是。消费税实行单环节一次课征制，只有卷烟加征了一道批发环节的消费税，白酒的生产单位才是消费税纳税人。

四、消费税的税目和税率

（一）消费税税目税率表

表2-1是消费税税目和税率。

表2-1　消费税税目和税率

税　　目	税　　率
一、烟	
1. 卷烟	
（1）甲类卷烟	56%加0.003元/支（生产环节）
（2）乙类卷烟	36%加0.003元/支（生产环节）
（3）批发环节	11%加0.005元/支
2. 雪茄烟	36%
3. 烟丝	30%
二、酒	
1. 白酒	20%加0.5元/斤（500克或500毫升）
2. 黄酒	240元/吨
3. 啤酒	
（1）甲类啤酒	250元/吨
（2）乙类啤酒	220元/吨
4. 其他酒	10%

续表

税　　目	税　　率
三、高档化妆品	15%
四、贵重首饰及珠宝玉石	
1. 金银首饰、铂金首饰和钻石及钻石饰品	5%
2. 其他贵重首饰和珠宝玉石	10%
五、鞭炮、焰火	15%
六、成品油	
1. 汽油	1.52 元/升
2. 柴油	1.20 元/升
3. 航空煤油	1.20 元/升
4. 石脑油	1.52 元/升
5. 溶剂油	1.52 元/升
6. 润滑油	1.52 元/升
7. 燃料油	1.20 元/升
七、摩托车	
1. 排气量 250 毫升	3%
2. 排气量 250 毫升（不含 250 毫升）以上	10%
八、小汽车	
1. 乘用车	
（1）排气量≤1.0 升	1%
（2）1.0 升＜排气量≤1.5 升	3%
（3）1.5 升＜排气量≤2.0 升	5%
（4）2.0 升＜排气量≤2.5 升	9%
（5）2.5 升＜排气量≤3.0 升	12%
（6）3.0 升＜排气量≤4.0 升	25%
（7）排气量＞4.0 升	40%
2. 中轻型商用客车	5%
3. 超豪华小汽车	按现行税率征收基础上，在零售环节加征 10%。
九、高尔夫球及球具	10%
十、高档手表	20%
十一、游艇	10%
十二、木制一次性筷子	5%
十三、实木地板	5%
十四、电池	4%
十五、涂料	4%

（二）消费税税目的具体说明

1. 烟。凡是以烟叶为原料加工生产的产品，不论使用何种辅料，均属于本税目征税范围，包括卷烟（甲类卷烟和乙类卷烟）、雪茄烟和烟丝。

2. 酒。酒是指酒精度在1度以上的各种酒类饮料，包括白酒、黄酒、啤酒和其他酒。对饮食业、商业、娱乐业举办的啤酒屋（啤酒坊）利用啤酒生产设备生产的啤酒，应当征收消费税。对以黄酒为酒基生产的配制或泡制酒，按其他酒征收消费税；调味料酒不征消费税。对无醇啤酒、啤酒源和果啤比照啤酒征税。

3. 高档化妆品。包括高档美容、修饰类化妆品，高档护肤类化妆品和成套化妆品。高档美容、修饰类化妆品和高档护肤类化妆品是指生产（进口）环节销售（完税）价格（不含增值税）在10元/毫升（克）或15元/片（张）及以上的美容、修饰类化妆品和护肤类化妆品。演员化妆用的上妆油、卸妆油、油彩不征消费税；普通美容、修饰类化妆品不征消费税，护肤护发品不征消费税。

4. 贵重首饰及珠宝玉石。包括各种金银珠宝首饰和经采掘、打磨、加工的各种珠宝玉石。宝石坯是经采掘、打磨、初级加工的珠宝玉石半成品，应按规定征收消费税。

5. 鞭炮、烟火。包括各种鞭炮、烟火。体育上用的发令纸、鞭炮药引线不征消费税。

6. 成品油。包括汽油、柴油、石脑油、溶剂油、航空煤油、润滑油、燃料油七个子目。航空煤油暂缓征收消费税，成品油生产企业自用油免征消费税。

7. 摩托车。本税目包括气缸容量250毫升和250毫升（不含）以上的摩托车两种。气缸容量250毫升（不含）以下的小排量摩托车，不征消费税。

8. 小汽车。包括9座以内（含）的各类乘用车和10～23座（含）的中轻型商用客车。对于购进乘用车和中轻型商用客车整车改装生产的汽车，应按规定征收消费税。电动汽车、沙滩车、雪地车、卡丁车、高尔夫车，不征消费税；对于购进货车改装生产的商务车，不征消费税。

超豪华小汽车，是指每辆零售价格130万元（不含增值税）及以上的乘用车和中轻型商用客车。对超豪华小汽车，在生产（进口）环节按现行税率征收消费税基础上，在零售环节加征10%的消费税。

9. 高尔夫球及球具。包括高尔夫球、高尔夫球杆（包括杆头、杆身和握把）、高尔夫球包（袋）。

10. 高档手表。是指销售价格（不含增值税）每只在10 000元（含）以上的各类手表。

11. 游艇。包括艇身长度大于8米（含）小于90米（含），内置发动机，可以在水上移动，一般为私人或团体购置，主要用于水上运动和休闲娱乐等非营利活动的各类机动艇。

12. 木制一次性筷子。包括各种规格的木制一次性筷子。未经打磨、倒角的木制一次性筷子也属于本税目征税范围。

13. 实木地板。包括各类规格的实木地板、实木指接地板、实木复合地板及用于装饰墙壁、天棚的侧端面为榫、槽结构的实木装饰板。未经涂饰的素板也属于本税目征税范围。

14. 电池。包括原电池、蓄电池、燃料电池、太阳能电池和其他电池。无汞原电池、金属氢化物镍蓄电池、锂原电池、锂离子蓄电池、太阳能电池、燃料电池和全钒液流电池免征消费税。

15. 涂料。按主要成膜物质涂料可分为油脂类、天然树脂类、酚醛树脂类、沥青类、醇酸树脂类、氨基树脂类、硝基类、过滤乙烯树脂类、烯类树脂类、丙烯酸酯类树脂类、其他成膜物类等。对施工状态下挥发性有机物含量低于420克/升的涂料免征消费税。

【案例·分析题】

分析确定下列各项中，不征收消费税的是哪些?

A. 成套高档化妆品 B. 调味料酒 C. 电动汽车 D. 红木筷子

应税分析： A成套化妆品属于化妆品税目，应征消费税，其余选项不征消费税。

【案例·分析题】

分析确定下列各项中，应征收消费税的有哪些?

A. 汽车轮胎 B. 实木复合地板 C. 金银首饰 D. 演员用的上妆油

应税分析： B实木复合地板、C金银首饰，应征消费税，而汽车轮胎、演员用的上妆油，不属于消费税征税范围，不征消费税。

（三）消费税税率的具体说明

消费税实行比例税率、定额税率和比例税率、定额税率复合计税（下称复合税率）三种税率形式。其中，啤酒、黄酒、成品油适用定额税率；卷烟和白酒适用复合税率；其他应税消费品适用比例税率。

1. 啤酒消费税税率按出厂价格划分为甲、乙两档。

甲类啤酒：每吨出厂价≥3 000元（含包装物及押金，不含增值税），250元/吨；

乙类啤酒：每吨出厂价<3 000元（含包装物及押金，不含增值税），220元/吨。

对饮食业、商业、娱乐业举办的啤酒屋（啤酒坊）利用啤酒生产设备生产的啤酒，一律按甲类啤酒税率征收消费税。

【案例·分析题】

某啤酒厂本月销售啤酒10吨，不含增值税售价为2 900元/吨，每吨收取包装物押金130元，消费税税率：甲类啤酒250元/吨，乙类啤酒220元/吨。分析确定该酒厂销售啤酒适用的消费税税率。

应税分析： 确定啤酒税率的出厂价中应含包装物及押金（不含税）。

啤酒每吨出厂价 = 2 900 + 130 ÷ (1 + 13%) = 3015.04（元）> 3 000（元）。

该酒厂销售啤酒适用的消费税税率为250元/吨。

2. 卷烟从价消费税税率按计税价格区分。

甲类卷烟：每标准条计税价格≥70元（不含税），比例税率56%，定额税率150元/箱；

乙类卷烟：每标准条计税价格<70元（不含税），比例税率36%，定额税率150元/箱。

应用提示

卷烟产品按标准条的计税价格确定税率，非标准条销售，应折算为标准条。每标准条 = 200 支，每标准箱 = 250 标准条 = 50 000 支。

3. 从高适用税率的规定。

（1）纳税人兼营不同税率的应税消费品，应当分别核算不同税率应税消费品的销售额、销售数量。未分别核算销售额、销售数量的，从高适用税率。

（2）纳税人将不同税率的应税消费品组成成套消费品销售的，从高适用税率。

【案例·计算题】

某酒厂 12 月份销售礼品盒 6 000 套，售价为 300 元/套，每套包括粮食白酒 2 斤、单价 80 元，干红酒 2 斤、单价 70 元。计算该企业 12 月份应纳消费税（题中的价格均为不含税价格）。

应税分析：纳税人将不同税率应税消费品组成成套消费品销售的，即使分别核算销售额也应从高税率计算应纳消费税，销售礼品盒按白酒税率计税。

应税计算：该企业 12 月份应纳消费税 $=6\ 000\times300\times20\%+6\ 000\times4\times0.5=372\ 000$（元）。

任务二　消费税应纳税额的计算

一、生产销售应纳消费税的计算

消费税应纳税额的计算主要分为从价计征、从量计征和从价从量复合计征三种方法。

1. 从价计税的应税消费品。

（1）计算公式。在从价计税的方法下，应纳消费税等于应税消费品的销售额乘以适用税率：

$$应纳消费税 = 销售额 \times 比例税率$$

（2）销售额的确定。

①销售额为纳税人销售应税消费品向购买方收取的全部价款和价外费用。

价外费用，是指价外向购买方收取的除货款之外的其他各种费用，如手续费、补贴、基金、集资费、违约费、滞纳金、延期付款利息、赔偿金、代收款项、代垫款项、包装费、包装物租金、优质费、运输装卸费等。但不包括：同时符合两个条件的代垫运输费用；同时符合三个条件代为收取的政府性基金或者行政事业性收费。

应用提示

代垫运费与代收政府性基金的条件与增值税规定相同。除此之外的其他价外费用，不论是否属于纳税人的收入，均应并入应税销售额计征消费税。

②销售额不含增值税。如果纳税人应税消费品的销售额含增值税，在计算消费税时，应

将含增值税的销售额换算为不含增值税税款的销售额。其换算公式为：

应税消费品的销售额＝含增值税的销售额÷(1＋增值税税率或征收率)

【案例·计算题】

某汽车厂销售乘用车（气缸容量2 000毫升）10辆，开具专用发票，取得价款1 200 000元，随同价款向对方收取优质费11 300元，确定该笔业务的应税销售额。

应税计算：应税销售额＝1 200 000＋11 300÷（1＋13%）＝1 210 000（元）。

③包装物押金销售额的确定。一般应税消费品的包装物押金，单独核算，期限1年以内，且未逾期的，不征消费税；逾期未收回的或收取时间超过12个月的押金，应并入销售额计征消费税。

酒类生产企业销售酒类产品（啤酒、黄酒除外）而收取的包装物押金，无论押金是否返还及会计上如何核算，均应并入酒类产品当期销售额，征收消费税。

【案例·计算题】

某酒厂（增值税一般纳税人）3月8日销售粮食白酒收取包装物押金22 600元；3月18日，销售啤酒收取包装物押金58 000元；3月28日，没收逾期的啤酒、黄酒包装物押金46 400元。计算该厂3月份押金收入的应纳消费税。

应税计算：应纳消费税＝22 600÷（1＋13%）×20%＝4 000（元）。

应用提示

消费税计税依据的特殊规定：

（1）纳税人通过自设非独立核算门市部销售的自产应税消费品，应当按照门市部对外销售额或销售数量征收消费税。

（2）卷烟产品的实际售价低于计税价格时，按计税价格计算消费税；实际售价高于计税价格时，按实际售价计税。

（3）白酒生产企业销售给销售单位的白酒，生产企业消费税计税价格低于销售单位对外销售价格（不含增值税，下同）70%以下的，税务机关应核定消费税最低计税价格。

2. 从量计税的应税消费品。

在从量计税方法下，生产销售应税消费品的计税依据为应税消费品的销售数量。应纳消费税等于应税消费品的销售数量乘以定额税额，计算公式为：

应纳消费税＝销售数量×定额税额

计量单位的换算标准，请扫描二维码。

【案例·计算题】

某炼油厂当月销售汽油5 000吨，柴油3 000吨，汽油定额税率为1.52元/升，柴油定额税率为1.20元/升。计算该厂当月应纳消费税。

应税计算：

（1）汽油应纳消费税 =5 000 ×1 388 ×1.52 =10 548 800（元）；

（2）柴油应纳消费税 =3 000 ×1 176 ×1.20 =4 233 600（元）；

（3）应纳消费税合计 =14 782 400（元）。

3. 复合计税的应税消费品。现行消费税的征税范围中，只有卷烟、白酒采用复合计税方法。应纳税额等于应税销售数量乘以定额税率再加上应税销售额乘以比例税率。计算公式为：

应纳消费税 = 销售数量 × 定额税率 + 销售额 × 比例税率

【案例·计算题】

某酒厂2020年5月份销售自产白酒100吨，当月取得不含增值税销售额1 480万元。计算该厂应纳的消费税。

应税计算： 应纳消费税 =（100 ×2 000 ×0.5）÷10 000 +1 480 ×20% =306（万元）。

二、自产自用应纳消费税的计算

自产自用应税消费品的税务处理：用于连续生产应税消费品的，不纳税；用于其他方面的应税消费品，于移送使用时纳税。

应用提示

其他方面，是指纳税人用于生产非应税消费品、在建工程、管理部门、非生产机构提供劳务，以及用于馈赠、赞助、集资、广告、样品、职工福利、奖励等方面。

在从价计税方法下，纳税人自产自用的应税消费品，凡用于其他方面，应当纳税的，按照纳税人生产的同类消费品的销售价格计算纳税。没有同类消费品销售价格的，按照组成计税价格计算纳税。

1. 按同类消费品的销售价格计税。同类消费品的销售价格是指纳税人当月销售的同类消费品的销售价格，如果当月同类消费品各期销售价格高低不同，应按销售数量加权平均计算。

【案例·计算题】

某汽车制造厂将自产的乘用车（气缸容量2 000毫升）一辆转作自用，该种汽车的成本价为每辆150 000元，对外销售价格为每辆180 000元（不含税），乘用车的消费税税率为5%，计算该厂应纳消费税。

应税计算： 应纳消费税 =180 000 ×5% =9 000（元）。

应用提示

纳税人将自产的应税消费品用于换取生产资料和消费资料，投资入股和抵偿债务等方面的业务，应当以纳税人同类应税消费品的最高销售价格作为计税依据计算消费税。

【案例·计算题】

某酒厂1月份用自产粮食白酒10吨，抵偿某农场大米款50 000元。该粮食白酒每吨本月售价在4 800～5 200元之间浮动，平均销售价格为5 000元/吨，计算该酒厂应纳消费税。

应税分析：用自产粮食白酒抵偿债务，应按该粮食白酒本月最高售价计税。

应税计算：应纳消费税＝10×1 000×2×0.5＋5 200×10×20%＝20 400（元）。

2. 按组成计税价格计税。没有同类消费品销售价格的，按照组成计税价格计算纳税。

应纳税额＝组成计税价格×比例税率

组成计税价格计算公式为：

从价计税：

组成计税价格＝成本×(1＋成本利润率)÷(1－比例税率)

复合计税：

组成计税价格＝(成本＋利润＋自产自用数量×定额税率)÷(1－比例税率)

“成本”，是指应税消费品的产品生产成本。“利润”，是指根据应税消费品的全国平均成本利润率计算的利润。应税消费品全国平均成本利润率由国家税务总局确定，见表2－2。

表2－2　应税消费品全国平均成本利润率　单位：%

产品名称	成本利润率	产品名称	成本利润率
高档手表	20	涂料	7
甲类卷烟、粮食白酒、高尔夫球及球具、游艇	10	贵重首饰及珠宝玉石、摩托车	6
		电池	4
乘用车	8	其他从价应税消费品	5

【案例·计算题】

某化妆品厂特制高档化妆品一批发给职工，该批高档化妆品的生产成本为10万元，高档化妆品行业全国平均成本利润率为5%，高档化妆品的消费税税率为15%，计算该厂应纳消费税。

应税计算：

（1）组成计税价格＝[100 000×(1＋5%)]÷(1－15%)＝123 529.41（元）；

（2）应纳消费税＝123 529.41×15%＝18 529.41（元）。

【案例·计算题】

某酒厂将自产的粮食白酒1 000斤赞助给某单位开庆祝大会，白酒的成本为12 000元，该批白酒为新产品，尚未投入市场。已知其成本利润率为10%。粮食白酒适用复合税率，比例税率为20%，定额税率为0.5元/斤。计算该批粮食白酒应纳消费税。

应税计算：

（1）从量消费税 = 1 000 × 0.5 = 500（元）；

（2）组成计税价格 = (12 000 + 12 000 × 10% + 500) ÷ (1 − 20%) = 17 125（元）；

（3）从价消费税 = 17 125 × 20% = 3 425（元）；

（4）应纳消费税合计 = 500 + 3 425 = 3 925（元）。

3. 按移送使用数量计税。自产自用应税消费品实行从量计税的，以应税消费品的移送使用数量计算纳税。

应纳税额 = 移送使用数量 × 定额税率

【案例·计算题】

某啤酒厂将自产啤酒3吨作为夏令用品发给职工，该企业啤酒的对外销售价格为1 755元/吨。计算该企业应纳消费税。

应税分析：自产啤酒用于职工福利，应征消费税，以自用数量计税，该产品的对外售价为1 755元/吨，确定啤酒税率为220元/吨。

应税计算：应纳消费税 = 3 × 220 = 660（元）。

三、委托加工应纳消费税的计算

1. 委托加工应税消费品的确定。委托加工的应税消费品是指由委托方提供原料和主要材料，受托方只收取加工费和代垫部分辅助材料加工的应税消费品。

应用提示

由受托方提供原材料生产，或者受托方先将原材料卖给委托方，然后再接受加工，以及由受托方以委托方名义购进原材料生产的应税消费品，不论纳税人在财务上是否作销售处理，都不得作为委托加工应税消费品，而应当按照销售自制应税消费品缴纳消费税。

2. 委托加工应纳消费税由受托方代收代缴。税法规定，纳税人委托加工应税消费品应纳的消费税由受托方在向委托方交货时代收代缴。受托方为个体经营者，委托方收回后在委托方所在地缴纳消费税。

委托方将收回的应税消费品，以不高于受托方的计税价格直接出售的，不再缴纳消费税；委托方以高于受托方的计税价格出售的，需按照规定申报缴纳消费税，在计税时准予扣除受托方已代收代缴的消费税。

3. 委托加工应纳消费税的计税依据。委托加工的应税消费品，按照受托方的同类消费品的销售价格计算纳税，没有同类消费品销售价格的，按照组成计税价格计算纳税。

（1）按同类消费品的销售价格计税。同类消费品的销售价格，是指受托方当月销售的同类消费品的销售价格，如果当月同类消费品各期销售价格高低不同，应按销售数量加权平均计算。

【案例·计算题】

甲卷烟厂委托乙烟丝加工厂加工烟丝8吨，已知乙烟丝加工厂当月销售同类烟丝的价格为每吨62 000元，烟丝的消费税税率为30%，计算乙厂代收代缴的消费税。

应税计算： 应代收代缴消费税 = 8 × 62 000 × 30% = 148 800（元）。

（2）按组成计税价格计税。没有同类消费品销售价格的，按照组成计税价格计算纳税。组成计税价格计算公式为：

从价计税：

组成计税价格 =（材料成本 + 加工费）÷（1 − 比例税率）

复合计税：

组成计税价格 =（材料成本 + 加工费 + 加工数量 × 定额税率）÷（1 − 比例税率）

应用提示

材料成本，是指委托方提供加工材料的实际成本。加工费，是指受托方向委托方收取的全部费用（包括代垫辅助材料的实际成本，不包括增值税税金）。

（3）按收回委托加工数量计税。委托加工应税消费品实行从量计税的，以委托加工应税消费品收回的数量计算纳税。

应纳税额 = 委托加工应税消费品收回的数量 × 定额税率

【案例·计算题】

A厂用250吨粮食（成本20万元），委托B酒厂加工成粮食白酒50吨，B酒厂收取加工费5万元，B酒厂垫付辅助材料费2万元，A厂取得B厂开具的增值税专用发票，B酒厂无同类粮食白酒的售价。计算B酒厂代收代缴的消费税。

应税计算：

（1）从量消费税 = 50 × 2 000 × 0.5 = 50 000（元）；

（2）组成计税价格 =（200 000 + 50 000 + 20 000 + 50 000）÷（1 − 20%）= 400 000（元）；

（3）代收代缴消费税合计 = 50 000 + 400 000 × 20% = 130 000（元）。

四、进口环节应纳消费税的计算

1. 进口从价计税的应税消费品。纳税人进口从价计税的应税消费品，按照组成计税价格和规定的税率计算应纳税额。

注意：消费税中三个“组成计税价格”公式的差异！

组成计税价格 =（关税完税价格 + 关税）÷（1 – 消费税比例税率）

应纳税额 = 组成计税价格 × 消费税比例税率

【案例·计算题】

某贸易公司进口一批乘用车，该批乘用车的关税完税价格为 150 万元，关税税率为 20%，消费税税率为 12%，计算该公司进口乘用车应纳消费税。

应税计算：

（1）组成计税价格 = 150 ×（1 + 20%）÷（1 – 12%）= 204.55（万元）；

（2）应纳消费税 = 204.55 × 12% = 24.55（万元）。

2. 进口从量计税的应税消费品。纳税人进口从量计税的应税消费品，计税依据为海关核定的应税消费品进口数量。

应纳税额 = 应税消费品进口数量 × 消费税定额税率

【案例·计算题】

某企业进口柴油 180 吨，柴油定额税率为 1.2 元/升，计算该企业应纳消费税。

应税计算：

（1）进口数量 = 180 × 1 176 = 211 680（升）；

（2）应纳消费税 = 211 680 × 1.2 = 254 016（元）。

3. 进口复合计税的应税消费品。

组成计税价格 =（关税完税价格 + 关税 + 进口数量 × 定额税率）÷（1 – 消费税比例税率）

应纳税额 = 组成计税价格 × 消费税比例税率 + 进口数量 × 定额税率

【案例·计算题】

某商场进口粮食白酒 1 000 瓶，每瓶 500 克，关税完税价为每瓶 150 元，关税税率为 30%。粮食白酒适用复合税率，比例税率为 20%，定额税率为 0.5 元/斤。计算该企业进口粮食白酒应纳消费税。

应税计算：

（1）从量消费税 = 1 000 × 0.5 = 500（元）；

（2）从价消费税：

组成计税价格 = [150 × 1 000 ×（1 + 30%）+ 500] ÷（1 – 20%）= 244 375（元）；

从价消费税 = 244 375 × 20% = 48 875（元）；

（3）应纳消费税合计：500 + 48 875 = 49 375（元）。

五、已纳消费税扣除的计算

为了避免重复征税，现行消费税规定，将外购应税消费品和委托加工收回的应税消费品继续生产应税消费品销售的，可以将外购应税消费品和委托加工收回应税消费品已缴纳的消费税给予扣除。

1. 扣税范围。

（1）以外购或委托加工收回的已税烟丝生产的卷烟；

（2）以外购或委托加工收回的已税高档化妆品生产的高档化妆品；

（3）以外购或委托加工收回的已税珠宝玉石生产的贵重首饰及珠宝玉石；

（4）以外购或委托加工收回的已税鞭炮焰火生产的鞭炮焰火；

（5）以委托加工收回的已税摩托车生产的摩托车；

（6）以外购或委托加工收回的已税杆头、杆身和握把为原料生产的高尔夫球杆；

（7）以外购或委托加工收回的已税木制一次性筷子为原料生产的木制一次性筷子；

（8）以外购或委托加工收回的已税实木地板为原料生产的实木地板；

（9）以外购或委托加工收回的已税汽油、柴油、石脑油、润滑油、燃料油连续生产的应税成品油；

（10）以外购啤酒液为原料连续生产啤酒、以外购葡萄酒为原料连续生产应税葡萄酒。

应用提示

已纳消费税扣除应注意的问题：

（1）扣税范围不包括酒类（啤酒液、葡萄酒除外）、小汽车、高档手表、游艇、小部分成品油、电池、涂料；

（2）批发、零售环节纳税的应税消费品不得扣除已纳消费税；

（3）扣税前后的税目必须一致，不得跨税目抵扣。

（4）当期不足抵扣的已纳消费税税额可以结转到下期继续抵扣。

【案例·计算题】【案例·分析题】

分析下列外购已税消费品用于连续生产应税消费品销售时，允许扣除外购应税消费品已纳消费税税款的有哪些？

A. 外购已税游艇生产的游艇　　B. 外购已税烟丝生产的卷烟

C. 外购已税高档化妆品生产的高档化妆品　　D. 外购已税白酒生产的白酒

应税分析：BC 允许扣除已纳消费税税款，白酒和游艇的已纳消费税不能抵扣。

2. 扣税方法。税法规定应按当期生产领用数量计算准予扣除外购或委托加工收回的应税消费品已纳的消费税税款。计算公式为：

（1）外购应税消费品：

当期准予扣除的已纳消费税

=准予扣除的外购应税消费品的买价或数量×外购应税消费品的适用税率（或税额）

当期准予扣除的外购应税消费品的买价或数量

=期初库存的外购应税消费品买价或数量+当期购进的应税消费品买价或数量

-期末库存的应税消费品买价或数量

(2) 委托加工的应税消费品:

当期准予扣除的已纳消费税

=期初库存的已纳消费税+当期收回的已纳消费税-期末库存的已纳消费税

【案例·计算题】

某实木地板厂为增值税一般纳税人，长期外购未经涂饰的素板加工生产某种品牌实木地板，2021年9月初库存外购素板200 000元，当月购入素板600 000元，期末库存外购素板100 000元。当月销售实木地板取得收入1 600 000元（不含税），实木地板的消费税税率为5%，计算该厂应纳消费税。

应税计算:

（1）应纳消费税=1 600 000×5%=80 000（元）;

（2）准予扣除的消费税=(200 000+600 000-100 000)×5%=35 000（元）;

（3）实际应纳消费税=80 000-35 000=45 000（元）。

六、出口应税消费品的退（免）税处理

（一）出口应税消费品退（免）税政策

1. 又免又退。适用于有出口经营权的外贸企业购进出口的应税消费品。

2. 只免不退。生产企业自营出口或者委托外贸企业代理出口，出口时免征消费税，无须退税。

3. 不免不退。其他工贸企业出口货物，出口时，按规定缴纳消费税，不退还其以前环节已征的消费税。

（二）出口应税消费品退税率

消费税出口退税率与征税率相同。如果企业出口应税消费品适用多种税率的，应分别核算，分别按不同税率计算退税，未分别核算，一律从低适用税率计算消费税出口退税额。

（三）消费税出口退税的计算方法

消费税的计算方法有从价计征、从量计征和从价从量复合计征三种方法。相应的，消费税的出口退税也有以下三种计算方法:

1. 从价计征:

出口应退消费税=出口货物不含税购进金额×消费税比例税率

2. 从量计征：

出口应退消费税 = 出口应税消费的销售数量 × 消费税定额税率

3. 复合计征：

出口应退消费税 = 出口货物不含税购进金额 × 消费税比例税率
+ 出口应税消费的出口数量 × 消费税定额税率

【案例 · 计算题】

某外贸公司为增值税一般纳税人，从摩托车厂购进摩托车（排气量 250 毫升）1 000 辆，直接报关离境出口；取得的增值税专用发票注明的单价是每辆 5 000 元，支付从摩托车厂到出境口岸的运费 16 000 元，装卸费 4 000 元，离岸价每辆 720 美元（美元与人民币汇率 1∶8.3）。摩托车消费税税率为 3%，计算该公司出口应退消费税税款。

应税计算：出口应退消费税 = 1 000 × 5 000 × 3% = 150 000（元）。

（四）办理退（免）税后发生退关或国外退货的消费税处理

1. 外贸企业办理退税后发生退关或国外退货的，应于报关时补缴已退的消费税。

2. 生产企业办理免税后发生退关或国外退货的，报关时不需补税，转内销时补缴消费税。

任务三　消费税申报缴纳

一、纳税义务发生时间

1. 生产销售的应税消费品。
（1）赊销和分期收款结算方式：销售合同规定的收款日期的当天。
（2）预收货款结算方式的：发出应税消费品的当天。
（3）托收承付和委托银行收款方式：发出应税消费品并办妥托收手续的当天。
（4）其他结算方式：收讫销售款或者取得索取销售款的凭据的当天。
2. 自产自用的应税消费品：移送使用的当天。
3. 委托加工的应税消费品：纳税人提货的当天。
4. 进口的应税消费品：报关进口的当天。

二、纳税期限

1. 消费税纳税期限分别为 1 日、3 日、5 日、10 日、15 日、1 个月或 1 个季度。纳税人的纳税期限，由主管税务机关根据纳税人应纳税额大小分别核定，不能按期纳税的，可以按次纳税，具体期限如下：

纳税人以1个月或1个季度为一期纳税的，自期满之日起15日内申报纳税；以1日、3日、5日、10日、15日为一期纳税的，自期满之日起5日内预缴税款，次月1日起15日内，申报纳税并结清上月应纳税款。

2. 进口应税消费品：海关填发海关进口消费税专用缴款书之日起15日内缴纳税款。

三、纳税地点

1. 销售及自产自用的应税消费品：纳税人核算地主管税务机关。

2. 委托加工的应税消费品：

（1）委托单位加工的：受托方所在地主管税务机关；

（2）委托个人加工的：委托方机构所在地或者居住地主管税务机关。

3. 进口的应税消费品：报关地海关。

4. 跨县销售应税消费品：机构所在地或者居住地主管税务机关。

5. 总分机构不在同一县市的：各自机构所在地的主管税务机关。

四、消费税的纳税申报

缴纳消费税的纳税人无论有无发生消费税的纳税义务，均应于次月1日至15日内向主管税务机关办理消费税的纳税申报，并填制消费税纳税申报表。

消费税纳税申报资料包括消费税纳税申报表及其附列资料。

1. 消费税纳税申报表，按应税消费品的类别设计。包括烟类应税消费品消费税纳税申报表、酒类应税消费品消费税纳税申报表、成品油消费税纳税申报表、小汽车消费税纳税申报表、电池消费税纳税申报表、涂料消费税纳税申报表、其他应税消费品消费税纳税申报表。

2. 消费税附列申报资料。主要包括本期准予抵减（扣）税额计算表、本期代收代缴税额计算表、销售明细表、准予扣除消费税凭证明细表、生产经营情况表等。

任务四　消费税计税报税实务操作

一、公司基本情况

公司注册名称：成都长留酒业有限公司

公司注册地址、电话：成都市武侯区濯锦路12号028－84642044

纳税人识别号：330100165586134　　开户银行：中国工商银行成都分行

账号：33222012040333028　　公司注册资本：300万元

公司法定代表人：白子画　　总经理：胡小玉

经营范围：成都长留酒业有限公司是一家从事酒类商品生产和销售为主的有限责任公司，属于增值税一般纳税人，销售商品增值税税率为13%，增值税出口退税率为13%。公司固定资产采用直线法计提折旧，成本采用月末一次加权平均法，应收账款采用备抵法，所得税计算法采用资产负债表债务法。

其他信息：公司需申报缴纳的税种包括：增值税、消费税、企业所得税等企业生产经营过程中涉及的税费，其中城建税执行7%的征收率，教育费附加执行3%的征收率，地方教育费附加执行2%的征收率。本月14日缴纳上月增值税257 813元、消费税300 000元。表2-3是该公司主要产品类型、单价和消费税税率。

表2-3 主要产品类型、单价和消费税税率

产品类型	单位	单价（不含税）	单价（含税）	成本	消费税税率
风云牌啤酒	瓶（550ml）	5.00	5.65	2.00	250元/吨
听雪牌啤酒	瓶（550ml）	10.00	11.3	5.00	250元/吨
醉樱牌红酒	瓶（1 000ml）	300.00	339.00	100.00	10%
仙桃牌散装白酒	斤	50.00	56.5	20.00	20%；0.5/500g
琼池牌散装白酒	斤	70.00	79.1	30.00	20%；0.5/500g

注：啤酒1吨=988升=988 000毫升，白酒1吨=2 000斤。

二、2019年12月份经济业务资料

2019年12月【业务1】至【业务7】的原始凭证二维码，请扫描。

原始凭证（业务1~业务7）

【业务1】2019年12月1日，向四川清源酒业有限公司（纳税人识别号：330199999000147）销售仙桃牌白酒5吨、琼池牌白酒5吨，货已发，款项已收到，开具了增值税专用发票注明价款1 200 000元，增值税156 000元。上述款项均已收存公司的工商银行账户。附原始凭证（见表2-4~表2-6）：增值税专用发票记账联、中国工商银行进账单（收账通知）、出库单（本月其他业务原始凭证请扫描二维码）。

要求：进行销售业务的账务处理，填制2张记账凭证。

表 2 –4

3600151320　　**四川省增值税专用发票**　　№ 05871813

开票日期：2019 年 12 月 1 日

购买方	名　　称：四川清源酒业有限公司 纳税人识别号：330199999000147 地 址、电 话：成都市青羊区二仙路 12 号 028-84641044 开户行及账号：中国工商银行成都分行 33222012040333028	密码区	1*47<54*->567*-516//32<65<*32+6//32<65<*3+1 12+325-986<74>22584-8-35><56>>92+389-498<3 2-055-456<78>14785-8-53><20>+892+365-896<4 18<764>534//33-8-812><126>>37592+147-413<8

货物或应税劳务、服务名称	规格型号	单位	数　量	单　价	金　额	税率	税　额
仙桃牌散装白酒		斤	10 000	50.00	500 000.00	13%	65 000.00
琼池牌散装白酒		斤	10 000	70.00	700 000.00	13%	91 000.00
合　　计					¥1 200 000.00		¥156 000.00
价税合计（大写）	⊗壹佰叁拾伍万陆仟元整				（小写）¥1 356 000.00		

销售方	名　　称：成都长留酒业有限公司 纳税人识别号：330100165586134 地 址、电 话：成都市武侯区灌锦路 12 号 028-84642044 开户行及账号：中国工商银行成都分行 86222012040333028	备注	

收款人：王聃　　复核：陈野　　开票人：王聃　　销货单位：（章）

表 2 –5

中国工商银行单位客户专用回单

币别：人民币　　2019 年 12 月 1 日　　流水号：360602145008000004

付款人	全　称	四川清源酒业有限公司	收款人	全　称	成都长留酒业有限公司
	账　号	33222012040333028		账　号	86222012040333028
	开 户 行	中国工商银行成都分行		开 户 行	中国工商银行成都分行
金　额		人民币（大写） 壹佰叁拾伍万陆仟元整		（小写）	¥ 1 356 000.00
凭证种类		电子转账凭证	凭证号码		000206824804
结算方式		转账	用　途		货款
			打印柜员：360660450001 打印机构：工商银行成都分行 打印卡号：3606600001001099		中国工商银行 电子回单 专用章

打印时间：2019-12-1　11：07 ：40　　交易柜员：360001450D36　　交易机构：360001450

表 2-6 成都长留酒业有限公司出库单

提货单位及部门：四川清源酒业有限公司　　2019 年 12 月 1 日　　№1912001

商品名称及规格	单位	应发数量	实发数量	单价	金额	备注
仙桃牌白酒	斤	10 000	10 000	20.00	200 000.00	
琼池牌白酒	斤	10 000	10 000	30.00	300 000.00	
合计	斤	20 000	20 000		¥ 500 000.00	

第三联 财务

部门经理：　　会计：　　仓库主管：吴阳均　　经办人：周红梅

【业务 2】2019 年 12 月 2 日，将库存的 10 吨粮食送往清源酒业有限公司（纳税人识别号：330199999000147）加工高度白酒，用于勾兑低度白酒。该批粮食的账面成本为 10 000 元，受托加工单位已经收到粮食并开具了产品入库单。原始凭证：出库单。

要求：进行委托加工业务的账务处理，填制 1 张记账凭证。

【业务 3】2019 年 12 月 4 日，向蜀园大饭店（纳税人识别号：340199999000147）销售醉樱牌红酒 1 000 瓶，销售风云牌啤酒 1 000 件（12 瓶/件），开具增值税普通发票，注明价税合计金额 406 800 元，另收取啤酒包装物押金 10 000 元，开具收款收据。上述款项均已收存公司的工商银行账户。原始凭证：增值税普通发票记账联、押金收款收据、中国工商银行进账单（收账通知）。

◆ 包装物押金应税规定

一般货物包装押金，单独核算，押期一年以内，且不过期，不计征增值税。除啤酒、黄酒以外的其他酒类产品包装物押金，不论如何核算，均应于收取押金时计征增值税。包装物押金应视为含税收入，计税时应换算成不含增值税的价格计算增值税和消费税。

◆ 啤酒消费税应税规定

（1）计算啤酒应纳消费税时，应先计算啤酒出厂价，进而确定啤酒适用税率。啤酒出厂价包括售价、包装物及包装物押金，但不含增值税。

（2）娱乐业、饮食业、商业自制啤酒销售，不论售价高低，均按每吨 250 元征收消费税。

要求：进行销售业务的账务处理，填制 3 张记账凭证。

【业务 4】2019 年 12 月 7 日，将自产的仙桃牌散装白酒 50 斤赠送客户，并将自产的仙桃牌散装白酒 2 吨继续加工成琼池牌白酒。原始凭证：产品出库单。

◆ 自产自用应税消费品在增值税和消费税中的规定

自产应税消费品用于不动产在建工程、集体福利、个人消费（交际应酬）、投资、无偿捐赠等方面，应同时缴纳增值税和消费税。

自产的应税消费品用于连续生产非应税消费品、设备使用、管理部门和销售部门，属于消费税自产自用用于其他方面的情况，但不属于增值税的视同销售，只需要缴纳消费税。

要求：进行自产自用业务的账务处理，填制2张记账凭证。

【业务5】2019年12月12日，公司收回清源酒业有限公司加工的粮食白酒200斤，并支付加工费5 000元（不含税），取得增值税专用发票；清源公司代收代缴了白酒的消费税（清源公司没有同类白酒的售价）。上述款项均已转账支付。收回的白酒50%用于勾兑低度白酒，50%用于对外销售。原始凭证：代扣代缴税款凭证、增值税专用发票发票联、工商银行转账支票存根、委托加工产品入库单。

◆ 委托加工应税消费品的税务处理

（1）委托加工应税消费品由受托方在向委托方交货时代收代缴消费税。受托方应代扣的消费税，按照受托方同类消费品的销售价格计算纳税，没有同类消费品销售价格的，按照组成计税价格计算纳税。

（2）委托方将收回的应税消费品，直接出售（售价不高于受托方的计税价格）的，不再缴纳消费税；用于连续生产应税消费品（包括加价销售）的，其由受托方代扣代缴的消费税按规定准予抵扣。

要求：进行委托加工业务的账务处理，填制2张记账凭证。

【业务6】2019年12月14日，公司将委托加工收回的白酒100斤用于勾兑低度白酒，剩下的粮食白酒销售给文君酒业有限公司（纳税人识别号：330179999000147），开具增值税专用发票，不含税销售额10 000元，货款未收到，已开具增值税专用发票。原始凭证：产品出库单、增值税专用发票记账联。

要求：进行销售业务的账务处理，填制3张记账凭证。

【业务7】2019年12月27日，公司将勾兑的低度白酒500斤（成本为10 000元）销售给文君酒业有限公司（纳税人识别号：330179999000147），开具增值税专用发票不含税销售额25 000元，款项尚未收到。公司同时收取包装物押金1 000元、包装物租金700元（包装物成本共500元），开具收款收据，对方公司以现金交付。原始凭证：增值税专用发票记账联、收款收据、产品出库单。

要求：进行销售业务的账务处理，填制3张记账凭证。

【业务8】2019年12月31日，完成2019年12月应缴纳的增值税。消费税计算已于销售实现时计提，月末编制消费税汇总计算表核对即可，不需要进行账务处理。

要求：编制增值税汇总计算表和消费税汇总计算表（见表2－7和表2－8），转出本月未交增值税，填制1张记账凭证。

◆ 应交消费税计算应注意的问题

企业发生应税消费品销售或视同销售业务时，消费税的计算和会计处理可以在业务发生当时处理，月末汇总；也可在月末汇总本月应税消费品的销售额或销售数量，综合计算本月应纳消费税，并进行相应会计处理。

表 2－7　　增值税应纳税额汇总计算表

2019 年 12 月 31 日　　单位：元

<table>
<tr><td rowspan="15">一般计税法</td><td rowspan="9">销项税额</td><td>应税货物、劳务、服务名称</td><td>税率（%）</td><td>计税销售额</td><td>销项税额</td><td>备注</td></tr>
<tr><td></td><td></td><td></td><td></td><td rowspan="14"></td></tr>
<tr><td></td><td></td><td></td><td></td></tr>
<tr><td></td><td></td><td></td><td></td></tr>
<tr><td></td><td></td><td></td><td></td></tr>
<tr><td></td><td></td><td></td><td></td></tr>
<tr><td></td><td></td><td></td><td></td></tr>
<tr><td></td><td></td><td></td><td></td></tr>
<tr><td>小　计</td><td></td><td></td><td></td></tr>
<tr><td rowspan="6">进项税额</td><td>购进货物、劳务、服务</td><td>税率（%）</td><td>计税金额</td><td>进项税额</td></tr>
<tr><td></td><td></td><td></td><td></td></tr>
<tr><td></td><td></td><td></td><td></td></tr>
<tr><td></td><td></td><td></td><td></td></tr>
<tr><td></td><td></td><td></td><td></td></tr>
<tr><td>小　计</td><td></td><td></td><td></td></tr>
<tr><td colspan="3">应纳增值税额</td><td colspan="4"></td></tr>
<tr><td colspan="3">转出本月未交增值税</td><td colspan="4"></td></tr>
<tr><td colspan="3">期末留抵税额</td><td colspan="4"></td></tr>
</table>

制单人：宋丽　　审核人：徐明

表 2－8　　消费税应纳税额汇总表

2019 年 12 月 31 日　　单位：元

<table>
<tr><td>序号</td><td>应税消费品名称</td><td>单位</td><td>数量</td><td>金额</td><td>税率</td><td>应纳税额</td></tr>
<tr><td>1</td><td></td><td></td><td></td><td></td><td></td><td></td></tr>
<tr><td>2</td><td></td><td></td><td></td><td></td><td></td><td></td></tr>
<tr><td>3</td><td></td><td></td><td></td><td></td><td></td><td></td></tr>
<tr><td>4</td><td></td><td></td><td></td><td></td><td></td><td></td></tr>
<tr><td>5</td><td></td><td></td><td></td><td></td><td></td><td></td></tr>
<tr><td>6</td><td></td><td></td><td></td><td></td><td></td><td></td></tr>
<tr><td>7</td><td></td><td></td><td></td><td></td><td></td><td></td></tr>
<tr><td colspan="2">合　计</td><td>—</td><td>—</td><td>—</td><td>—</td><td></td></tr>
<tr><td colspan="2">备　注</td><td colspan="5"></td></tr>
</table>

制单人：宋丽　　审核人：徐明

【业务9】2020年1月10日，完成12月应缴纳的随征税费计算。要求：编制应纳城建税与教育费附加计算表（见表2－9），进行计提税费的会计处理，填制1张记账凭证。

表2－9 应纳城建税与教育费附加计算表

2020年1月10日 单位：元

税种	适用税种	计税金额	税率	应缴税额
城建税	增值税		7%	
	消费税			
	小计			
教育费附加	增值税		3%	
	消费税			
	小计			
地方教育费附加	增值税		2%	
	消费税			
	小计			
合计				

【业务10】填写2019年12月的增值税纳税申报表主表，以及酒类消费税纳税申报表。增值税纳税申报表、酒类消费税纳税申报表，请扫描二维码。

三、计税实务操作处理

【业务1】税务处理：销售应税消费品开具增值税专用发票，应计征增值税销项税和消费税。

增值税销项税额＝(5×2 000×50＋5×2 000×70)×13%＝156 000（元）；

消费税额＝(5×2 000×50＋5×2 000×70)×20%＋(5×2 000×2×0.5)＝250 000（元）。

会计处理：填制3张记账凭证。

（1）销售货物：

借：银行存款　　1 356 000

　　贷：主营业务收入——仙桃白酒　　500 000

　　　　　　　　　——琼池白酒　　700 000

　　　　应交税费——应交增值税（销项税额）　　156 000

（2）结转成本：

借：主营业务成本——仙桃白酒　　200 000

——琼池白酒　300 000

贷：库存商品——仙桃白酒　200 000

——琼池白酒　300 000

（3）计提消费税：

借：税金及附加　250 000

贷：应交税费——应交消费税　250 000

【业务2】 税务处理：委托加工应税消费品在委托环节没有发生纳税义务，待产品加工完成后，委托方提货时，才发生增值税和消费税的纳税义务。

会计处理：填制1张记账凭证。

发出材料委托加工：

借：委托加工物资——高度白酒　10 000

贷：原材料——粮食　10 000

【业务3】 税务处理：销售应税消费品开具增值税普通发票，应计征增值税销项税和消费税，啤酒从量计税，1吨=988毫升。

增值税销项税额=(1 000×12×5+1 000×300)×13%=46 800（元）；

消费税额=1 000×12×550÷1 000÷988×250+1 000×300×10%=31 670（元）。

会计处理：填制3张记账凭证。

（1）销售货物：

借：银行存款　416 800

贷：主营业务收入——风云牌啤酒　60 000

——醉樱牌红酒　300 000

应交税费——应交增值税（销项税额）　46 800

其他应付款——成都蜀园大饭店（押金）　10 000

（2）结转成本：

借：主营业务成本——风云牌啤酒　24 000

——醉樱牌红酒　100 000

贷：库存商品——风云牌啤酒　24 000

——醉樱牌红酒　100 000

（3）计提消费税：

借：税金及附加　31 670

贷：应交税费——应交消费税　31 670

【业务4】 税务处理：将自产的应税消费品赠送客户，应视同销售计征增值税销项税和消费税；自产的应税消费品连续加工成应税消费品不进行税务处理。

增值税销项税=50×50×13%=325（元）；

消费税额=50×50×20%+50×0.5=500+25=525（元）。

会计处理：填制2张记账凭证。

（1）对外赠送：

借：营业外支出　1 850

贷：库存商品——仙桃牌散装白酒　1 000

应交税费——应交增值税（销项税额） 325
——应交消费税 525

（2）连续加工：

借：原材料——仙桃牌散装白酒 80 000
贷：库存商品——仙桃牌散装白酒 80 000

【业务5】 税务处理：支付加工费取得增值税专用发票可以抵扣相应的进项税，受托方代扣的委托加工白酒的消费税，连续生产不允许抵扣，记入“委托加工物资”科目直接出售允许抵扣，借记“应交税费——应交消费税”科目。

增值税进项税额＝5 000×13%＝650（元）；

代收代缴的消费税＝[（10 000＋5 000＋200×0.5）÷（1－20%）]×20%＋200×0.5＝3 875(元)。

会计处理：填制2张记账凭证。

（1）收回委托加工产品：

借：委托加工物资 6 937.5
应交税费——应交增值税（进项税额） 650
——应交消费税 1 937.5
贷：银行存款 9 525

（2）结转委托加工物资成本：

借：原材料——粮食白酒 16 937.5
贷：委托加工物资 16 937.5

【业务6】 税务处理：委托加工收回的应税消费品连续生产应税消费品不作税务处理，委托加工收回的应税消费品直接销售，以不高于受托方的计税价格直接出售的，不再缴纳消费税；以高于受托方的计税价格出售的，不属于直接出售，需按照规定申报缴纳消费税，在计税时准予扣除白酒已纳消费税。白酒售价＝10 000元，高于受托方计税价格＝16 937.5×50%＝8 468.75（元），应纳消费税。

增值税销项税额＝10 000×13%＝1 300（元）；

应纳消费税额＝10 000×20%＋100×0.5＝2 050（月末申报纳税时，允许抵扣已纳消费税＝3 875×50%＝1 937.5（元），实际应纳消费税2 050－1 937.5＝112.5（元）。

会计处理：填制3张记账凭证。

（1）销售货物：

借：应收账款——文君酒业有限公司 11 300
贷：其他业务收入 10 000
应交税费——应交增值税（销项税额） 1 300

（2）结转成本：

借：其他业务成本 7 500
贷：原材料——粮食白酒 7 500

（3）计提消费税：

借：税金及附加 2 050
贷：应交税费——应交消费税 2 050

【业务7】税务处理：公司将委托加工收回的白酒连续生产成其他白酒对外销售，由受托方代收代缴的消费税款，不能从消费税税额中抵扣。除啤酒、黄酒以外的其他酒类产品包装物押金，不论如何核算，是否过期，均应于收取押金时计征增值税。其中包装物租金是价外费用，也应在收到时并入销售额计税，押金的销项税额由销售方自己承担，记入“销售费用”科目。

增值税销项税额 =（25 000 + 1 000 ÷ 1.13 + 700 ÷ 1.13）× 13% = 3 445.58（元）；

消费税额 = [25 000 +（1 000 + 700）÷ 1.13] × 20% + 500 × 0.5 = 5 550.88（元）。

会计处理：填制3张记账凭证。

（1）销售货物并收取包装物押金和租金：

借：应收账款——文君酒业有限公司　　28 250

　　现金　　1 700

　　销售费用　　115.04

　　贷：主营业务收入　　25 000.00

　　　　其他业务收入　　619.47

　　　　应交税费——应交增值税（销项税额）　　3 445.57

　　　　其他应付款——文君酒业有限公司（押金）　　1 000

（2）结转成本：

借：主营业务成本　　10 000

　　贷：库存商品　　10 000

（3）计提消费税：

借：税金及附加　　5 550.88

　　贷：应交税费——应交消费税　　5 550.88

【业务8】（1）编制本月增值税汇总计算表（见表2－10），若应纳税额 >0，则为本月实际应纳增值税税额，月末转出本月未交增值税；应纳税额 <0，则为期末留抵税额。填制1张记账凭证。

表2－10　增值税应纳税额汇总计算表

2019年12月31日　　单位：元

		应税货物、劳务、服务名称	税率（%）	计税销售额	销项税额	备注
一般计税法	销项税额	白酒	13	1 200 000.00	156 000.00	其中： 白酒销售额为1 239 004.42元 红酒销售额为300 000.00元 啤酒销售额为60 000.00元
		啤酒	13	60 000.00	7 800.00	
		红酒	13	300 000.00	39 000.00	
		白酒	13	2 500.00	325.00	
		白酒	13	10 000.00	1 300.00	
		白酒	13	26 504.42	3 445.58	
		小　计		1 599 004.42	207 870.58	

续表

		购进货物、劳务、服务	税率（%）	计税金额	进项税额	备注
一般计税法	进项税额	加工费	13	5 000.00	650.00	其中： 白酒销售额为 1 239 004.42 元
						红酒销售额为 300 000.00 元
		小　计			650	啤酒销售额为 60 000.00 元
应纳增值税额			207 870.58 - 650 = 207 220.58			
转出本月未交增值税			207 220.58			
期末留抵税额			0			

转出本月未交增值税：

借：应交税费——应交增值税（转出未交增值税）　　207 220.58

　　贷：应交税费——未交增值税　　207 220.58

（2）编制消费税汇总计算表（见表 2 - 11），消费税计提税金工作平时已处理，月末汇总计算本月申报的实际应纳消费税即可。

本月实际应纳消费税 = 本月应纳消费税 - 本月允许抵扣的已纳消费税

注意，酒类产品（除啤酒液、葡萄酒）的已纳消费税税额不得抵扣。

表 2 - 11　　消费税应纳税额汇总表

2019 年 12 月 31 日

单位：元

序号	应税消费品	单位	数量	金额	税率	应纳税额
1	白酒	斤	20 000.00	1 200 000.00	20%，0.5 元/斤	250 000.00
2	啤酒	毫升	6 600 000.00	60 000.00	250 元/吨	1 670
3	红酒	瓶	1 000.00	300 000.00	10%	30 000.00
4	白酒	斤	50.00	2 500.00	20%，0.5 元/斤	525.00
5	白酒	斤	100.00	10 000.00	20%，0.5 元/斤	2 050.00
6	白酒	斤	500.00	26 504.42	20%，0.5 元/斤	5 550.88
合　计		—	—	—	—	289 795.88
允许抵扣的已纳消费税			1 937.5			
实际应纳消费税			287 858.38			
备注			其中：白酒销售数量 20 650.00 斤，销售额 1 239 004.42 元； 啤酒销售数量 6 600 000.00 毫升 ÷ 1 000 ÷ 988 = 6.68 吨； 红酒销售额 300 000.00 元。			

【**业务9**】编制本月应缴纳城市维护建设税与教育费附加计算表（见表2－12），计提随征税费，填制1张记账凭证。

表2－12　　应缴纳城市维护建设税与教育费附加计算表

2019年12月31日　　单位：元

税种	适用税种	计税金额	税率	应缴税额
城建税	增值税	207 220.58	7%	14 505.44
	消费税	287 858.38		20 150.09
	小计			34 655.53
教育费附加	增值税	207 220.58	3%	6 216.62
	消费税	287 858.38		8 635.75
	小计			14 852.37
地方教育费附加	增值税	207 220.58	2%	4 144.41
	消费税	287 858.38		5 757.17
	小计			9 901.58
合　　计				59 409.48

计提随征税费：

借：税金及附加　　59 409.48

　　贷：应交税费——应交城建税　　34 655.53

　　　　　　　　——应交教育费附加税　　14 852.37

　　　　　　　　——应交地方教育费附加　　9 901.58

【**业务10**】填写2019年12月的纳税申报表。请扫描二维码。

（1）增值税纳税申报表主表；（增值税纳税申报表附表的填报见增值税计税实务处理）。

（2）酒类应税消费品消费税纳税申报表及附表。

消费税技能训练题

一、应税选择（单选题）

1. 根据消费税法律制度的规定，下列各项中，应征消费税的是（　　）。

　A. 卷烟厂进口烟丝　B. 汽车厂销售卡车　C. 轮胎厂销售轮胎　D. 商店零售白酒

2. 下列应税消费品中，应在零售环节征收消费税的是（　　）。

　A. 珠宝玉石　B. 金银首饰　C. 小汽车　D. 高档化妆品

3. 根据消费税暂行条例的规定，下列项目中，应按委托加工业务计征消费税的是（　　）。

A. 委托方提供辅助材料，受托方代垫原材料和主要材料并加工

B. 委托方提供原材料和主要材料，受托方代垫部分辅助材料并加工

C. 受托方负责采购委托方所需原材料并加工

D. 受托方提供原材料和全部辅助材料并加工

4. 卷烟批发企业甲2018年10月批发销售卷烟500箱，其中批发给另一卷烟批发企业300箱、零售专卖店150箱、个体烟摊50箱。每箱不含税批发价格为13 000元。卷烟批发环节的消费税税率为11%加0.005元/支，甲企业应缴纳的消费税为（　　）元。

A. 32 500　　B. 336 000　　C. 195 000　　D. 325 000

5. 下列应税消费品的生产经营环节中，既征收增值税又征收消费税的是（　　）。

A. 葡萄酒的批发环节　　B. 金银首饰的生产销售环节

C. 珍珠饰品的零售环节　　D. 高档手表的生产销售环节

6. 纳税人将自产的应税消费品用于下列项目，不征收消费税的是（　　）。

A. 自产实木地板用于装修办公室　　B. 自产小汽车调拨给管理部门使用

C. 自产高档化妆品用于交易会样品　　D. 自产小汽车用于碰撞试验

7. 甲厂将一批原材料委托乙厂加工成应税消费品，该批原材料不含税价格10万元，乙厂收取加工费3万元（不含税），假定该应税消费品消费税税率5%，甲厂、乙厂均为一般纳税人，则该业务消费税组成计税价格为（　　）万元。

A. 13.68　　B. 14.13　　C. 14.74　　D. 13

8. 甲化妆品生产企业本月从另一化妆品生产企业购进高档化妆品保湿精华一批，取得增值税专用发票上注明价款为200万元；当月领用其中的40%用于生产高档化妆品保湿粉底液并全部销售，取得收入1 000万元（不含税）。已知高档化妆品适用消费税税率为15%。有关甲化妆品生产企业上述业务应当缴纳的消费税，下列计算列式正确的是（　　）。

A. 1 000×15%＝150（万元）

B. 1 000×15%－200×15%×40%＝138（万元）

C. 1 000×15%－200×15%＝120（万元）

D. 1 000×15%－200×15%×60%＝132（万元）

9. 外购已税消费品用于生产应税消费品，不能扣除已纳消费税额的是（　　）。

A. 外购已税烟丝生产卷烟　　B. 外购已税金银首饰生产金银首饰

C. 外购已税香水精生产香水　　D. 外购已税鞭炮烟火生产鞭炮烟火

10. 下列各项中，符合消费税纳税义务发生时间规定的是（　　）。

A. 采取分期收款结算方式的，为发出应税消费品的当天

B. 采取托收承付结算方式的，为发出应税消费品并办妥托收手续的当天

C. 采取预收货款结算方式的，为收到预收款的当天

D. 委托加工的应税消费品，为纳税人收回后对外销售的当天

11. 纳税人将应税消费品与非应税消费品以及适用税率不同的应税消费品组成成套消费品销售的，应按应税消费品的（　　）计征消费税。

A. 平均税率　　B. 最高税率　　C. 不同税率分别　　D. 最低税率

12. 某酒厂销售药酒，取得不含税收入为200万元，另收取包装物押金收入为5.8万元。药酒消费税税率为10%，则其应纳的消费税为（　　）万元。

A. 20　　B. 20.5　　C. 20.585　　D. 19.415

13. 某生产企业将本厂生产的高档化妆品，作为福利发给职工。该产品没有同类消费品销售价格。生产成本为10 000元，成本利润率为5%，化妆品消费税税率为15%，则计税销售额为（　　）元。

A. 10 000　　B. 10 500　　C. 11 600　　D. 12 352. 94

14. 某啤酒厂销售 A 型啤酒 20 吨给副食品公司，开具增值税专用发票，注明价款 58 000 元，收取包装物押金 3 000 元，消费税税率：甲类啤酒 250 元/吨，乙类啤酒 220 元/吨。该啤酒厂应纳消费税是（　　）元。

A. 5 000　　B. 4400　　C. 7 200　　D. 7 500

15. 某外贸公司从国外进口一批葡萄酒，关税完税价格 120 万元，葡萄酒关税税率 20%，消费税税率 10%，则外贸公司进口环节消费税计税依据为（　　）万元。

A. 120　　B. 144　　C. 160　　D. 110. 77

16. 甲企业 9 月向乙摩托车厂（增值税一般纳税人）订购摩托车 10 辆，每辆含增值税买价为 10 000 元，另支付改装费共计 30 000 元。已知，增值税税率为 13%，消费税税率为 10%。则乙摩托车厂上述业务应缴纳的消费税是（　　）元。

A. 10 000　　B. 8 849. 56　　C. 13 000　　D. 11 504. 42

17. 甲实木地板生产企业 2020 年 6 月从另一实木地板生产企业购进未经涂饰的实木素板一批，取得增值税专用发票上注明价款为 200 万元；当月领用其中的 40% 用于生产高档实木地板并全部销售，取得不含增值税销售收入 1 000 万元。已知实木地板适用消费税税率为 5%。甲实木地板生产企业上述业务应当缴纳的消费税是（　　）万元。

A. 50　　B. 46　　C. 44　　D. 40

18. 某酒厂下设一非独立核算的门市部，2020 年 8 月该酒厂共生产啤酒 100 吨，当月将其中 80 吨由总机构移送到非独立核算门市部用于销售，当月门市部实际对外销售啤酒 60 吨，则该酒厂当月就上述业务计算缴纳消费税的啤酒销售数量为（　　）吨。

A. 100　　B. 80　　C. 60　　D. 0

19. 2020 年 8 月，甲卷烟生产企业（增值税一般纳税人）收回委托乙企业加工的 100 标准箱甲类卷烟，已知该卷烟生产企业提供不含税价款为 100 万元的原材料，同时支付不含税加工费 20 万元，乙企业无同类卷烟的销售价格，则乙企业当月应代收代缴消费税（　　）万元。（甲类卷烟消费税税率为 56% 加 150 元/箱）

A. 156. 14　　B. 155. 58　　C. 35. 25　　D. 38. 75

20. 甲汽车厂将 1 辆生产成本 10 万元的自产小汽车用于抵偿债务，同型号小汽车不含增值税的平均售价为 20 万元/辆，不含增值税最高售价为 25 万元/辆。已知小汽车消费税税率为 5%。甲汽车厂该笔业务应缴纳消费税是（　　）万元。

A. 0. 5　　B. 1　　C. 1. 25　　D. 0. 525

二、应税选择（多选题）

1. 下列消费品，属于消费税征税范围的有（　　）。

A. 实木地板　　B. 木制一次性筷子　　C. 电动汽车　　D. 酒精

2. 根据消费税法律制度的规定，下列各项中，不征收消费税的有（　　）。

A. 超市零售白酒　　B. 汽车厂销售自产电动汽车

C. 地板厂销售自产实木地板　　D. 百货公司零售高档化妆品

3. 纳税人销售应税消费品向购买方收取的下列费用，应计入销售额征收消费税的有（　　）。

A. 手续费　　B. 优质费　　C. 增值税销项税额　　D. 违约金

4. 根据消费税法律制度的规定，下列应税消费品采用复合方式计征消费税的有（　　）。

A. 黄酒　　B. 白酒　　C. 卷烟　　D. 化妆品

5. 根据消费税法律制度的规定，下列业务，既征增值税又征消费税的有（　　）。

A. 日化厂销售自产洗发水　　B. 葡萄酒厂销售自产葡萄酒

C. 商场零售卷烟、白酒　　D. 商贸公司进口小轿车

6. 根据消费税法律制度的规定，下列各项中，属于消费税纳税人的有（　　）。

A. 钻石的进口商　　B. 高档化妆品的生产商

C. 白酒的批发商　　D. 金银首饰的零售商

7. 下列外购已税消费品用于连续生产应税消费品时，不得扣除已纳消费税的有（　　）。

A. 外购已税涂料生产实木地板　　B. 外购已税白酒生产的白酒

C. 外购已税烟丝生产的卷烟　　D. 外购已税珠宝玉石生产的金银首饰

8. 企业下列自产自用应税消费品，应当征收消费税的有（　　）。

A. 自产啤酒发给职工做福利　　B. 自产实木地板用作展销样品

C. 自产香水用于出厂前检验　　D. 自产小汽车用于广告

9. 某化妆品公司将新研制的高档化妆品与普通护肤护发品组成化妆品礼品盒，其中，高档化妆品的生产成本为 120 元/套，普通护肤护发品的生产成本为 70 元/套。将 100 套化妆品礼品盒赠送给某演出公司试用。其税务处理正确的有（　　）。（高档化妆品消费税税率 15%，高档化妆品成本利润率 5%）

A. 将礼品盒赠送给某演出公司，不需要缴纳增值税和消费税

B. 普通护肤护发品不属于应税消费品，礼品盒中的普通护肤护发品不缴纳消费税

C. 礼品盒中的普通护肤护发品需要按照高档化妆品税率缴纳消费税，同时缴纳增值税

D. 该化妆品公司应就赠送行为缴纳消费税 3 520.59 元

10. 下列各项中，应以纳税人同类应税消费品最高售价为计税依据，计征消费税的有（　　）。

A. 用于抵债的应税消费品　　B. 用于馈赠的应税消费品

C. 用于投资的应税消费品　　D. 用于换取生产生活资料的应税消费品

11. 下列各项中，不需要计算缴纳消费税的有（　　）。

A. 汽车销售公司销售中低端小汽车　　B. 烟草专卖店零售卷烟

C. 木材公司销售自产的实木地板　　D. 商场销售黄金项链

12. 甲日化厂，生产销售高档化妆品，其将自产的高档化妆品用于下列各项用途，应当缴纳消费税的有（　　）。

A. 赠送客户　　B. 奖励本厂职工　　C. 生产高档化妆品　　D. 本厂广告推广

13. 某酒厂是增值税一般纳税人，其生产的红酒不含增值税的平均销售价格为 2 500 元/箱，最高销售价格为 2 600 元/箱；该企业 10 月将 50 箱自产红酒用于换取一批生产材料。已知，增值税税率为 13%，消费税税率为 10%。有关该企业上述业务应缴纳的增值税和消费税，下列计算列式中，正确的有（　　）。

A. 应纳增值税 $=2\ 500\times50\times13\%=16\ 250$ 元

B. 应纳增值税 $=2\ 600\times50\times13\%=16\ 900$ 元

C. 应纳消费税 $=2\ 500\times50\times10\%=12\ 500$ 元

D. 应纳消费税 $=2\ 600\times50\times10\%=13\ 000$ 元

14. 根据消费税法律制度的规定，计算黄酒的消费税时，应并入黄酒计税销售额的有（　　）。

A. 品牌使用费　　B. 包装费　　C. 包装物押金　　D. 包装物租金

15. 根据消费税法律制度的规定，下列关于消费税纳税地点的表述中，正确的有（　　）。

A. 进口的应税消费品，由进口人或者其代理人向报关地海关申报纳税

B. 委托加工的应税消费品，由受托方向机构所在地主管税务机关解缴消费税税款

C. 纳税人到外县销售自产应税消费品的，于应税消费品销售后，向机构所在地或者居住地主管税务机关申报纳税

D. 纳税人的总机构与分支机构不在同一县（市）的，应当分别向各自机构所在地的主管税务机关申报纳税

三、应税判断

1. 白酒生产企业向商业销售企业收取的“品牌使用费”，应作为价外费用并入白酒应税销售额计征消

费税。（　　）

2. 啤酒、黄酒以外的酒类产品的包装物押金，不论是否单独核算，也不论是否逾期，均应于收取押金时并入应税销售额计征消费税。（　　）

3. 纳税人将自产的应税消费品用于连续生产应税消费品，不征消费税；用于连续生产非应税消费品，于移送使用时计征消费税。（　　）

4. 进口应税消费品的组成计税价格中，包括关税完税价格和关税税额，但不包括进口货物的增值税和消费税。（　　）

5. 委托加工应税消费品，收回后直接对外销售，不再征收消费税。（　　）

6. 某啤酒厂销售啤酒 80 吨，不含增值税售价为 2 900 元/吨，每吨收取包装物押金 130 元，其应纳消费税额为 1.76 万元。（　　）

7. 纳税人用外购石脑油生产其他应税消费品，可以扣除外购已纳消费税税款。（　　）

8. 从价计征的应税消费品，增值税与消费税计税依据完全相同。（　　）

9. 卷烟产品一律按其实际售价确定消费税比例税率。（　　）

10. 外贸企业出口应税消费品，直接以消费税的适用税率为退税率。（　　）

11. 每辆零售价格 130 万元（含增值税）及以上的乘用车和中轻型商用客车需要在零售环节加征一道消费税。（　　）

12. 烟草批发企业将卷烟销售给其他烟草批发企业的，照章缴纳消费税。（　　）

13. 甲日化厂将自产的高档化妆品移送生产普通的日用护肤品，移送时应当缴纳消费税。（　　）

14. 舞台、戏剧、影视演员化妆用的上妆油、卸妆油、油彩，不属于消费税的征收范围。（　　）

15. 金银首饰与其他产品组成成套消费品零售的，应将金银首饰与其他产品的销售额分摊，并按分摊后金银首饰的销售额征收消费税。（　　）

四、计算题

1. 甲实木地板厂为增值税一般纳税人，2021 年 5 月有关生产经营情况如下：

（1）从国外进口一批实木地板，海关核定的关税完税价格为 190 万元，按规定向海关缴纳了关税、增值税、消费税，并取得相关的完税凭证。

（2）甲厂将进口实木地板的 70% 领用连续生产高级实木地板，当月生产实木地板 2 000 箱，销售高级实木地板给专卖商 1 500 箱，取得不含税销售额 450 万元。

（3）当月将自产的高级实木地板 100 箱用于会议室装修，成本为 0.2 万元/箱。

已知：实木地板的消费税税率为 5%，实木地板的成本利润率为 5%，关税税率为 20%。上述应认证的发票均通过税务机关认证。

要求：根据上述资料，计算：

（1）进口实木地板应缴纳消费税税额。

（2）对外销售高级实木地板应纳消费税税额。

（3）会议室装修自用实木地板应纳消费税税额。

（4）当月准予抵扣的已纳消费税额。

（5）当月实际应缴纳消费税税额。

2. 某高档化妆品生产企业，为增值税一般纳税人，其 2021 年 3 月发生以下业务：

（1）外购化工原料，取得增值税专用发票，注明价款 10 万元，增值税 1.3 万元；

（2）将化工原料验收后运往 A 公司（增值税一般纳税人），委托其加工成高档化妆品香水精，支付加工费和代垫辅料费 1.8 万元（不含增值税），当月收回香水精 1 000 毫升；

（3）将加工收回的香水精 80% 投入生产高档化妆品，本月对外销售高档化妆品，开出增值税专用发票，注明价款 20 万元，将加工收回的香水精 10% 直接对外销售，销售额 10 万元（不含税）；

(4) 将加工收回的香水精 10% 投入生产普通护肤品并对外销售，开出增值税专用发票，注明价款 10 万元；

(5) 将自产的新型高档化妆品一批赠送给客户试用，成本为 10 000 元，该批高档化妆品无同类产品售价。

已知：高档化妆品消费税税率 15%，成本利润率 5%。要求计算：

(1) 委托加工香水精应代收代缴的消费税。

(2) 对外销售高档化妆品和普通护肤品以及香水精应纳消费税。

(3) 赠送客户化妆品应纳消费税。

(4) 当期允许扣除的委托加工收回香水的已纳消费税。

(5) 当月实际应纳消费税。

3. 某酒厂主要从事白酒、啤酒、药酒的生产与销售，2021 年 3 月发生以下业务：

(1) 销售白酒 3 吨，每吨不含税售价 40 000 元。

(2) 销售啤酒 10 吨，每吨不含税售价 2 900 元，另每吨收取包装物押金 200 元，期限 3 个月。

(3) 提供 150 000 元的原材料委托乙企业加工散装药酒 1 000 公斤，收回时，乙企业向某酒厂收取不含增值税的加工费 30 000 元，并代收代缴消费税。

(4) 将委托加工收回的散装药酒 100 公斤直接对外销售，不含税销售价为每公斤 240 元；剩余 900 公斤散装药酒继续加工成瓶装药酒 2 000 瓶，全部对外销售，每瓶不含税售价 150 元。

已知：粮食白酒适用复合税率，比例税率 20%，定额税率 0.5 元/斤，粮食白酒成本利润率 10%；黄酒定额税率为 240 元/吨；药酒比例税率为 10%；啤酒定额税率为 220 元/吨或 250 元/吨。要求计算：

(1) 销售白酒应纳消费税。

(2) 销售啤酒应纳消费税。

(3) 委托加工散装药酒应代扣的消费税。

(4) 直接销售加工收回散装药酒的应纳消费税。

(5) 销售瓶装药酒应纳的消费税。

(6) 当月允许扣除的已纳消费税。

(7) 当月实际应纳消费税。

4. 甲厂为增值税一般纳税人，主要从事小汽车的生产和销售业务。2021 年 9 月有关经营情况如下：

(1) 进口生产设备一套，取得海关进口增值税专用缴款书，注明税额 13 万元。

(2) 支付小汽车广告费取得增值税专用发票，注明金额 20 万元，税额 1.2 万元。

(3) 支付销售小汽车运输费取得增值税专用发票，注明税额 0.3 万元。

(4) 销售自产 A 品牌小汽车取得含增值税价款 565 万元，另收取优质费 11.3 万元。

(5) 将 10 辆自产 B 品牌小汽车作为广告样品同类小汽车含增值税平均售价 13.56 万元/辆。

已知：上期留抵增值税税额为 8.6 万元；销售货物增值税税率为 13%；A 品牌小汽车消费税税率为 3%，B 品牌小汽车消费税税率为 5%。取得的扣税凭证均已通过税务机关认证。

要求计算：

(1) 甲厂当月应纳增值税税额。

(2) 甲厂当月应纳消费税税额。

项目三

关税计算与缴纳

项目认知

关税是指海关依法对进出国境或关境的货物和物品征收的一种税。

关税具有以下特点：

1. 征税对象的特定性，征税对象为进出国境或关境的货物和物品；
2. 税率设置的复式性，设置优惠税率和普通税率；
3. 纳税环节的一次性，在进出口环节一次性征收；
4. 征收机关的特殊性，由海关负责征收；
5. 税收政策的涉外性，关税政策与外交政策密切相关。

知识目标

1. 理解关税的征税对象、纳税人及税率的规定；
2. 掌握进口关税及出口关税的计算方法；
3. 熟悉关税的优惠政策。

能力目标

1. 能判断需要征收关税的进出口业务及其适用税率；
2. 能正确确定进出口关税的完税价格并根据相关税率计算应纳关税税额；
3. 能够处理货物报关过程中关税的缴纳工作；
4. 能根据需要查阅相关资料。

任务一　关税基本要素

关税是对进出国境或关境的货物、物品征收的一种税。关境又称税境，是指一国海关法规可以全面实施的境域。国境是一个主权国家的领土范围。在通常情况下，一国的关境与其国境的范围是一致的，关境即是国境。但由于自由港、自由区和关税同盟的存在，关境与国境有时不完全一致。

一、关税的征税对象

关税的征税对象是准许进出境的货物和物品。货物是指贸易性商品；物品是指入境旅客随身携带的行李和物品、个人邮递物品、各种运输工具上的服务人员携带进口的自身物品、馈赠物品以及其他方式进境的个人物品。凡准许进出口的货物，除国家另有规定的以外，均应由海关征收进口关税或出口关税。对从境外采购进口的原产于中国境内的货物，也应按规定征收进口关税。

关税的具体征税范围按关税税则、税目规定执行。

二、关税的纳税人

关税的纳税人分以下两种情况：

1. 进出口货物的纳税人。进出口货物关税的纳税人是进出口货物的收发货人。进出口货物的收发货人，是指依法取得对外贸易经营权，并进口或者出口货物的法人和其他组织，即具有进出口经营权的单位，包括外贸进出口公司、工贸或农贸结合的进出口公司、其他经批准经营进出口商品的企业。

2. 进出境物品的纳税人。进出境物品的纳税人是进出境物品的所有人，包括该物品的所有人或推定为所有人的人。一般情况下，对于携带进境的物品，推定其携带人为所有人；对分离运输的行李，推定相应的进出境旅客为所有人；对以邮递方式进境的物品，推定其收件人为所有人；以邮递或其他运输方式出境的物品，推定其寄件人或托运人为所有人。

接受纳税人委托办理货物报关等有关手续的代理人，可以代办纳税手续。

三、关税的税目

关税的税目、税率都由《海关进出口税则》规定。它包括三个主要部分：归类总规则、进口税率表、出口税率表，其中归类总规则是进出口货物分类的具有法律效力的原则和方法。

进出口税则中的商品分类目录为关税税目，按照归类总规则及其归类方法，每一种商品都能找到一个最适合的对应税目。

四、关税的税率

关税的税率分为进口税率和出口税率两种。

（一）进口关税税率

进口关税的税率设有以下六种形式：

1. 最惠国税率。适用原产于与我国共同适用最惠国待遇条款的 WTO 成员国或地区的进口货物，或原产于与我国签订有相互给予最惠国待遇条款的双边贸易协定的国家或地区进口的货物，以及原产于我国境内的货物。

2. 协定税率。适用原产于我国参加的含有关税优惠条款的区域性贸易协定的有关缔约方的进口货物。

3. 特惠税率。适用原产于与我国签订有特殊优惠关税协定的国家或地区的进口货物。

4. 普通税率。适用于原产于上述国家或地区以外的其他国家或地区的进口货物。

5. 关税配额税率，是指关税配额限度内的税率。对于在配额内进口的货物可以适用较低的关税配额税率，对于配额之外的则适用较高税率。

6. 暂定税率。在最惠国税率的基础上，对于一些国内需要降低进口关税的货物，以及出于国际双边关系的考虑需要个别安排的进口货物，可以实行暂定税率。

进口货物适用何种关税税率是以进口货物的原产地为标准的。

（二）出口关税税率

我国出口税则为一栏税率，即出口税率。国家仅对少数资源性产品及易于竞相杀价、盲目进口、需要规范出口秩序的半制成品征收出口关税。根据《2013 年关税实施方案》，对木浆等部分出口商品实施暂定税率，对鳗鱼苗等商品实施出口税率。

（三）税率运用

我国《进出口关税条例》规定，进出口货物，应当依照税则规定的归类原则归入合适的税号，并按照适用的税率征税。其中：

1. 进出口货物，应当按照纳税义务人申报进口或者出口之日实施的税率征税。

2. 进口货物到达前，经海关核准先行申报的，应当按照装载此货物的运输工具申报进境之日实施的税率征税。

3. 进出口货物的补税和退税，适用该进出口货物原申报进口或者出口之日所实施的税率，但下列情况除外：

（1）按照特定减免税办法批准予以减免税的进口货物，后因情况改变经海关批准转让或出售或移作他用需予补税的，适用海关接受纳税人再次填写报关单申报办理纳税及有关手续之日实施的税率征税。

（2）加工贸易进口料、件等属于保税性质的进口货物，如经批准转为内销，应按向海关申报转为内销之日实施的税率征税；如未经批准擅自转为内销的，则按海关查获日期所施行的税率征税。

（3）暂时进口货物转为正式进口需予补税时，应按其申报正式进口之日实施的税率征税。

（4）分期支付租金的租赁进口货物，分期付税时，适用海关接受纳税人再次填写报关单申报办理纳税及有关手续之日实施的税率征税。

（5）溢卸、误卸货物事后确定需征税时，应按其原运输工具申报进口日期所实施的税率征税。如原进口日期无法查明的，可按确定补税当天实施的税率征税。

（6）对由于税则归类的改变、完税价格的审定或其他工作差错而需补税的，应按原征税日期实施的税率征税。

（7）对经批准缓税进口的货物以后交税时，不论是分期或一次交清税款，都应按货物原进口之日实施的税率征税。

（8）查获的走私进口货物需补税时，应按查获日期实施的税率征税。

（四）原产地标准

确定进境货物原产国的主要原因之一，是便于正确运用进口税则的各栏税率，对产自不同国家或地区的进口货物适用不同的关税税率。我国原产地规定基本上采用了“全部产地生产标准”“实质性加工标准”两种国际上通用的原产地标准。

1. 全部产地生产标准。全部产地生产标准是指进口货物“完全在一个国家内生产或制造”，生产或制造国即为该货物的原产国。

2. 实质性加工标准。实质性加工标准是适用于确定有两个或两个以上国家参与生产的产品的原产国的标准，其基本含义是：经过几个国家加工、制造的进口货物，以最后一个对货物进行经济上可以视为实质性加工的国家作为有关货物的原产国。“实质性加工”是指产品加工后，在进出口税则中四位数税号一级的税则归类已经有了改变，或者加工增值部分所占新产品总值的比例已超过30%及以上的。

3. 其他。对机器、仪器、器材或车辆所用零件、部件、配件、备件及工具，如与主件同时进口且数量合理的，其原产地按主件的原产地确定，分别进口的则按各自的原产地确定。

五、关税的税收优惠

关税的税收优惠，主要有下列情形：

1. 关税税额在人民币50元以下的一票货物，可免征关税。

2. 无商业价值的广告品和货样，可免征关税。

3. 外国政府、国际组织无偿赠送的物资，可免征关税。

4. 进出境运输工具装载的途中必需的燃料、物料和饮食用品，可予免税。

5. 经海关核准暂时进境或者暂时出境，并在6个月内复运出境或者复运进境的货样、展览品、施工机械、工程车辆、工程船舶、供安装设备时使用的仪器和工具、电视或者电影摄制器械、盛装货物的容器以及剧团服装道具，在货物收发货人向海关缴纳相当于税款的保证金或者提供担保后，可予暂时免税。

6. 为境外厂商加工、装配成品和为制造外销产品而进口的原材料、辅料、零件、部件、配套件和包装物料，海关按照实际加工出口的成品数量免征进口关税；或者对进口料、件先征进口关税，再按照实际加工出口的成品数量予以退税。

7. 因故退还的中国出口货物，经海关审查属实，可予免征进口关税，但已征收的出口关税不予退还。

8. 因故退还的境外进口货物，经海关审查属实，可予免征出口关税，但已征收的进口关税不予退还。

9. 有下列情形之一的进口货物，海关可以酌情减免税：

（1）在境外运输途中或者在起卸时，遭受损坏或者损失的；

（2）起卸后海关放行前，因不可抗力遭受损坏或者损失的；

（3）海关查验时已经破漏、损坏或者腐烂，经证明不是保管不慎造成的。

10. 我国缔结或者参加的国际条约规定减征、免征关税的货物、物品，按照规定予以减免关税。

11. 法律规定减征、免征的其他货物。

任务二　关税应纳税额的计算

一、关税的计税依据

我国对进出口货物征收关税，主要采取从价计征的办法，以商品价格为标准征收关税。关税的计税依据是指关税的完税价格，关税的完税价格是海关以进出口货物的成交价格为基础审查确定的价格。成交价格不能确定时，完税价格由海关核定。

（一）进口货物的完税价格

1. 一般进口货物的完税价格。一般进口货物的完税价格，由海关以该货物的成交价格为基础的到岸价格审查确定，到岸价格是指包括货价以及货物运抵我国关境内输入地点起卸前的包装费、运费、保险费和其他劳务费等费用构成的一种价格。

（1）成交价格的确认。所谓成交价格是指一般贸易项下进口货物的买方为购买该项货物向卖方实际支付或应当支付的并按照规定调整后的价款总额，包括直接支付的价款和间接支付的价款。

（2）成交价格的调整。下列费用或者价值未包括在进口货物的实付或者应付价格中，应当计入完税价格：①由买方负担的除购货佣金以外的佣金和经纪费；②由买方负担的与该货物视为一体的容器费用；③由买方负担的包装材料和包装劳务费用；④与该货物的生产和向中华人民共和国境内销售有关的，由买方以免费或者以低于成本的方式提供并可以按适当比例分摊的料件、工具、模具、消耗材料及类似货物的价款，以及在境外开发、设计等相关服务的费用；⑤与该货物有关并作为卖方向我国销售该货物的一项条件，应当由买方直接或间接支付的特许权使用费；⑥卖方直接或间接从买方对该货物进口后转售、处置或使用所得中获得的收益。

下列费用，如能与该货物实付或者应付价格区分，不得计入完税价格：①厂房、机械、设备等货物进口后的基建、安装、装配、维修和技术服务的费用；②货物运抵境内输入地点之后的运输费用、保险费和其他相关费用；③进口关税、进口环节海关代征税及其他国内税；④为在境内复制进口货物而支付的费用；⑤境内外技术培训及境外考察费用。

为避免低报、瞒报价格偷逃关税，进口货物的到岸价格不能确定时，本着公正、合理原则，海关应当按照规定估定完税价格。

【案例·计算题】

某进出口公司从美国进口一批化工原料共500吨，货物以境外口岸离岸价格成交，单价折合人民币为20 000元，买方承担包装费每吨500元，另向卖方支付的佣金每吨1 000元人民币，向自己的采购代理人支付佣金5 000元人民币，已知该货物运抵中国海关境内输入地起卸前的包装、运输、保险和其他劳务费用为每吨2 000元人民币，进口后另发生运输和装卸费用300元人民币，计算该批化工原料的关税完税价格。

应税计算：关税完税价格 =(20 000 +500 +1 000 +2 000) ×500 =1 175（万元）。

2. 特殊进口货物的完税价格。对于某些特殊、灵活的贸易方式（如寄售等）下进口的货物，在进口时没有“成交价格”可作依据，为此，《进出口关税条例》对这些进口货物制定了确定其完税价格的方法，主要有：

（1）运往境外加工的货物的完税价格。出境时已向海关报明，并在海关规定的期限内复运进境的，以加工后货物进境时的到岸价格与原出境货物价格的差额作为完税价格。如无法得到原出境货物的到岸价格，可以用与原出境货物相同或类似货物在进境时的到岸价格，或用原出境货物申报出境时的离岸价格代替。如果两种方法都不行，则可用原出境货物的境外加工费和料件费，以及该货物复运进境的运输费、保险费估定完税价格。

【案例·计算题】

某企业12月初将价款40万元的材料委托境外公司加工一批货物，月末将加工后的货物复运进境，支付给境外公司的加工费为20万元，进境前的运输费和保险费共3万元。关税税率为10%，计算应纳进口关税。

应税计算：应纳进口关税 =(40 +20 +3) ×10% =8.3（万元）。

（2）运往境外修理的货物的完税价格。运往境外修理的机械器具、运输工具或者其他货物，出境时已向海关报明，并在海关规定的期限内复运进境的，应以海关审定的境外修理费和料件费为完税价格。

【案例·计算题】

某企业将一台设备运往境外修理，设备价60万元，修理费5万元，材料费6万元，复运进境的运输费和保险费共计1.4万元，复运进境设备的国际市场价格为80万元。关税税率为10%，计算应纳进口关税。

应税计算：应纳进口关税 =(5 +6) ×10% =1.1（万元）。

（3）租赁方式进口货物的完税价格。租赁方式进境的货物，以海关审定的该货物租金作为完税价格；留购的租赁物，以海关审定的留购价格作为完税价格。

【案例·计算题】

某企业以租赁方式进口一项设备，设备价值500万元，海关审定每年租金80万元。该项设备的进口关税税率为20%，计算此项业务应纳的关税。

应税计算： 该项业务应纳的关税 =80×20% =16（万元）。

（4）对于国内单位留购的进口货样、展览品和广告陈列品，以海关审定的留购价格作为完税价格。

（5）转让出售进口减免税货物的完税价格。按照特定减免税办法批准予以减免税进口的货物，在转让或出售而需补税时，应当以海关审定的该货物原进口时的价格，扣除折旧部分价值来作为完税价格。计算公式为：

完税价格 = 海关审定的该货物原进口时的价格 ×［1 - 申请补税时实际已使用月数 ÷（监管年限 ×12）］

监管年限是指海关对减免税进口的货物监督管理的年限。

【案例·计算题】

某高新技术企业免税进口一台设备，海关审定的进口价格为人民币60万元，海关监管期为5年，该企业使用20个月后转售。计算该企业上述业务应补缴的关税（关税税率为20%）。

应税计算： 应补缴关税 = 60×［1 -20÷(5×12)］×20% =8（万元）。

（6）逾期未出境的暂进口货物的完税价格。对于经海关批准暂时进口的施工机械、工程车辆、供安装使用的仪器和工具、电视或电影摄制机械，以及盛装货物的容器等，如入境超过半年仍留在国内使用的，应自第7个月起，按月征收进口关税，其完税价格按原货物进口时的到岸价格确定，每月的税额计算公式为：

每月关税 = 货物原到岸价格 × 关税税率 ×1÷48

（7）以其他方式进口的货物。以易货贸易、寄售、捐赠、赠送等其他方式进口的货物，应当按照一般进口货物估价办法的规定，估定完税价格。

（二）出口货物的完税价格

1. 完税价格的基本规定。出口货物的完税价格，由海关以该货物向境外销售的成交价格为基础的离岸价格审查确定，应包括货物运至我国境内输出地点装载前的运输及其相关费用、保险费。

出口货物的成交价格，是指该货物出口销售时，卖方为出口该货物应当向买方直接收取和间接收取的价款总额。但是，下列税收、费用不计入出口货物的完税价格：

（1）出口关税；

（2）在出口价款中单独列明的货物运至中华人民共和国境内输出地点装卸后的运输及相关费用、保险费；

（3）在货物价款中单独列明由卖方承担的佣金。

2. 完税价格的计算：

出口货物的完税价格 = 离岸价格 ÷（1 + 出口税率）

因为：

出口货物完税价格 = 离岸价格 – 出口关税　　（3 – 1）

又因为：

出口关税 = 出口货物完税价格 × 出口关税税率　　（3 – 2）

将公式（3 – 2）代入公式（3 – 1）：

出口货物完税价格 = 离岸价格 – 出口货物完税价格 × 出口关税税率

移项并提取公因式得：

出口关税完税价格 = 离岸价格 ÷（1 + 出口税率）

【案例 · 计算题】

某进出口公司自营出口商品一批，我国口岸 FOB 价格折合人民币为 720 000 元，出口关税税率为 20%，计算该公司应纳出口关税。

应税计算：应纳出口关税 = 720 000 ÷（1 + 20%）× 20% = 120 000（元）。

（三）进出口货物完税价格中运输费及保险费的计算

1. 以一般陆运、空运、海运方式进口的货物。

（1）计算口岸的确定。海运进口货物，计算至该货物运抵境内的卸货口岸；如果该货物的卸货口岸是内河（江）口岸，则应当计算至内河（江）口岸。陆运进口货物，计算至该货物运抵境内的第一口岸；如果运输及其相关费用、保险费支付至目的地口岸，则计算至目的地口岸。空运进口货物，计算至该货物运抵境内的第一口岸；如果该货物的目的地为境内的第一口岸外的其他口岸，则计算至目的地口岸。

（2）运输费及保险费的计算方法。进口货物的运费和保险费，应当按照实际支付的费用计算。如果进口货物的运费无法确定或未实际发生，海关应当按照该货物进口同期运输行业公布的运费率（额）计算运费；按照“货价加运费”两者总额的 3‰计算保险费。

2. 以其他方式进口的货物。

（1）邮运的进口货物，应当以邮费作为运输及其相关费用、保险费；

（2）以境外边境口岸价格条件成交的铁路或公路运输进口货物，海关应当按照货价的 1% 计算运输及其相关费用、保险费；

（3）作为进口货物的自驾进口的运输工具，海关在审定完税价格时，可以不另行计入运费。

3. 出口货物。出口货物完税价格包括货物运至我国境内输出地点装载前的运输及其相关费用、保险费，不包括离境口岸至境外口岸之间的运输、保险费。

（四）进出口货物完税价格的审定

对于进出口货物的收发货人或其代理人向海关申报进出口货物的成交价格明显偏低，而又不能提供合法证据和正当理由的；申报价格明显低于海关掌握的相同或类似货物的国际市场上公开成交货物的价格，而又不能提供合法证据和正当理由的；申报价格经海关调查认定买卖双方之间有特殊经济关系或对货物的使用、转让互相订有特殊条件或特殊安排，影响成交价格的，以及其他特殊成交情况，海关认为需要估价的，则按以下方法依次估定完税价格：

（1）相同货物成交价格法。即以从同一出口国家或者地区购进的相同货物的成交价格作为该被估货物完税价格的价格依据。

（2）类似货物成交价格法。即以从同一出口国家或者地区购进的类似货物的成交价格作为被估货物的完税价格的依据。

（3）国际市场价格法。即以进口货物的相同或类似货物在国际市场上公开的成交价格为该进口货物的完税价格。

（4）国内市场价格倒扣法。即以进口货物的相同或类似货物在国内市场上的批发价格，扣除合理的税、费、利润后的价格。

（5）合理方法估定的价格。如果按照上述几种方法顺序估价仍不能确定其完税价格时，则可由海关按照合理方法估定。

二、关税应纳税额的计算

1. 从价关税应纳税额的计算：

应纳关税税额 = 应税进(出)口货物数量 × 单位完税价格 × 适用税率

2. 从量关税应纳税额的计算：

应纳关税税额 = 应税进(出)口货物数量 × 关税单位税额

3. 复合关税应纳税额的计算：

应纳关税税额 = 应税进(出)口货物数量 × 关税单位税额
+ 应税进口货物数量 × 单位完税价格 × 适用税率

4. 滑准关税应纳税额的计算：

应纳关税税额 = 应税进(出)口货物数量 × 单位完税价格 × 滑准税税率

滑准税是指关税的税率随着进口商品价格的变动而反向变动的一种税率形式，即价格越高，税率越低，税率为比例税率。因此，对实行滑准税率的进口商品应纳关税税额的计算方法与从价税的计算方法相同。

【案例·计算题】

从境外某公司引进钢结构产品自动生产线，境外成交价格（FOB）为 1 600 万元。该生产线运抵我国输入地点起卸前的运费和保险费为120万元，境内运输费用为12万元。另支付由买方负担的经纪费10万元，买方负担的包装材料和包装劳务费为20万元，与生产线有关的境外开发设计费用为50万元，生产线进口后的现场培训指导费用为200万元。取得海关开具的完税凭证及国内运输部门开具的合法运输发票。要求：计算该公司应纳的关税。

应税计算：

（1）关税完税价格 = 1 600 + 120 + 10 + 20 + 50 = 1 800（万元）；

（2）应纳进口环节关税 = 1 800 × 30% = 540（万元）。

【案例·计算题】

某外贸公司，10月份经有关部门批准从境外进口小轿车30辆，每辆小轿车货价15万元，运抵我国海关前发生的运输费用、保险费用无法确定，经海关查实其他运输公司相同业务的运输费用占货价的比例为2%。向海关缴纳了相关税款，并取得了完税凭证，小轿车关税税率为60%。要求：计算该公司应纳的关税。

应税计算：

（1）进口小轿车的货价 = 15 × 30 = 450（万元）；

（2）进口小轿车的运输费 = 450 × 2% = 9（万元）；

（3）进口小轿车的保险费 = （450 + 9）× 3‰ = 1.38（万元）；

（4）关税完税价格 = 450 + 9 + 1.38 = 460.38（万元）；

（5）应纳关税 = 460.38 × 60% = 276.23（万元）。

任务三　关税申报缴纳

一、关税缴纳

进口货物自运输工具申报进境之日起14日内，出口货物在货物运抵海关监管区后装货的24小时以前，应由进出口货物的纳税义务人向货物进（出）境地海关申报，海关根据税则归类和完税价格计算应缴纳的关税和进口环节代征税，并填发税款缴款书。纳税义务人应当自海关填发税款缴款书之日起15日内，向指定银行缴纳税款。如关税缴纳期限的最后1日是周末或法定节假日，则关税缴纳期限顺延至周末或法定节假日过后的第1个工作日。为方便纳税义务人，经申请且海关同意，进（出）口货物的纳税义务人可以在设有海关的指运地（启运地）办理海关申报、纳税手续。

关税纳税义务人因不可抗力或者在国家税收政策调整的情形下，不能按期缴纳税款的，经海关总署批准，可以延期缴纳税款，但最长不得超过6个月。

二、关税的强制执行

纳税义务人未在关税缴纳期限内缴纳税款，即构成关税滞纳。海关对滞纳关税的纳税人可采取以下两类强制执行措施：

1. 征收关税滞纳金。滞纳金自关税缴纳期限届满滞纳之日起，至纳税义务人缴纳关税之日止，按滞纳税款万分之五的比例按日征收，周末或法定节假日不予扣除。具体计算公式为：

关税滞纳金金额 = 滞纳关税税额 × 滞纳金征收比率 × 滞纳天数

2. 强制征收。如纳税义务人自海关填发缴款书之日起 3 个月仍未缴纳税款，经海关关长批准，海关可以采取强制扣缴、变价抵缴等强制措施。强制扣缴即海关从纳税义务人在开户银行或者其他金融机构的存款中直接扣缴税款。变价抵缴即海关将应税货物依法变卖，以变卖所得抵缴税款。

自 2016 年 6 月 1 日起，旅客携运进出境的行李物品有下列情形之一的，海关暂不予放行：（1）旅客不能当场缴纳进境物品税款的；（2）进出境的物品属于许可证件管理的范围，但旅客不能当场提交的；（3）进出境的物品超出自用合理数量，按规定应当办理货物报关手续或其他海关手续，其尚未办理的；（4）对进出境物品的属性、内容存疑，需要由有关主管部门进行认定、鉴定、验核的；（5）按规定暂不予以放行的其他行李物品。

三、关税退还

关税退还是关税纳税人按海关核定的税额缴纳关税后，因某种原因的出现，海关将实征关税多于应征关税（称为溢征关税）退还给原纳税人的一种行政行为。

有下列情形之一的，进出口货物的纳税义务人可以自缴纳税款之日起 1 年内，书面声明理由，连同原纳税收据向海关申请退税并加算银行同期活期存款利息，逾期不予受理：

1. 因海关误征，多纳税款的。

2. 海关核准免验进口的货物，在完税后，发现有短卸情形，经海关审查认可的。

3. 已征出口关税的货物，因故未将其运出口，申报退关，经海关查验属实的。

4. 对已征出口关税的出口货物和已征进口关税的进口货物，因货物品种或规格原因（非其他原因）原状复运进境或出境的，经海关查验属实的。

纳税人可以从缴纳税款之日起的 1 年内，书面声明理由，连同纳税收据向海关申请退税，逾期不予受理。海关应当自受理退税申请之日起 30 日内作出书面答复，并通知退税申请人。海关多征的税款，海关发现后应当立即退还。具体规定是：海关发现多征税款的，应当立即通知纳税人办理退税手续，纳税人应当自收到海关通知之日起 3 个月内办理有关退税手续。退税的金额为：退税款并加算银行同期活期存款利息。

四、关税补征和追征

补征和追征是海关在关税纳税人按海关核定的税额缴纳关税后，发现实征关税少于应征关税（称为短征关税）时，责令纳税人补缴所差税款的一种行政行为。

非因纳税人违反海关规定造成的短征关税，称为补征。海关应当自缴纳税款或货物、物品放行之日起1年内向纳税人补征。因纳税人违反海关规定造成的短征关税，称为追征。海关应当自纳税人应缴纳税款之日起3年内可以追征，并从缴纳税款之日起按日加收少征或者漏征税款万分之五的滞纳金。

关税技能训练题

一、应税选择（单选题）

1. 与我国共同适用最惠国待遇条款的WTO成员国或地区的进口货物，在我国适用的进口关税税率形式是（　　）。

A. 特惠税率　　B. 协定税率　　C. 普通税率　　D. 最惠国税率

2. 根据我国税法规定，下列各项中，可免征关税的是（　　）。

A. 无商业价值的广告品　　B. 外国企业无偿赠送的物资

C. 出境运输工具装载的旅客行李　　D. 海关查验时已经损坏的物品

3. 根据我国税法规定，下列各项中，不应计入完税价格的是（　　）。

A. 为进口货物而支付的包装劳务费　　B. 为进口货物而支付的商标权费用

C. 为进口货物而发生的境外考察费　　D. 为进口货物而支付的境外开发、设计费用

4. 某高新技术企业免税进口一台设备，海关审定的关税完税价格为人民币60万元，海关监管期5年，该企业使用20个月后转售。关税税率为20%，该企业上述业务应补关税为（　　）万元。

A. 0　　B. 4　　C. 8　　D. 12

5. 按海关现行规定，进出口货物完税后，如发现非因纳税人违反海关规定而造成少征或者漏征税款的，海关应当自纳税人应缴纳税款或者货物放行之日起（　　）内，向纳税人补征关税。

A. 半年　　B. 1年　　C. 2年　　D. 3年

6. 关税纳税义务人因不可抗力或者在国家税收政策调整的情形下，不能按期缴纳税款的，经海关总署批准，可以延期缴纳税，但最长不得超过（　　）个月。

A. 3　　B. 6　　C. 9　　D. 12

7. 某进出口公司从美国进口化工原料一批，货价30万元，起卸前的运输、保险、包装等费用共5 000元，进口关税税率为10%。海关于8月15日填发税款缴款证，但该公司8月27日才缴清税款。该公司应缴纳的滞纳金为（　　）元。

A. 1 750　　B. 175　　C. 350　　D. 3 500

8. 某丝绸进出口公司出口生丝一批，离岸价格550万元人民币，其中包括支付给国外的佣金50万元，生丝的出口关税税率为100%，则应纳出口关税为（　　）万元。

A. 500　　B. 611.1　　C. 454.5　　D. 555.6

9. 某进口公司2021年3月进口一批货物，海关于当月8日填发缴款书，该纳税人一直没有纳税。海关从（　　）起可对其实施强制扣缴措施。

A. 3月16日　　B. 3月23日　　C. 6月9日　　D. 6月23日

10. 境内留购的进口货样、展览品和广告品，以（　　）为完税价格。

A. 原进口时的价格　　B. 海关审定时的价格

C. 国内同样货品的价格　　D. 国内同样货品减除损耗后的价格

二、应税选择（多选题）

1. 下列各项中，属于我国关税纳税人的有（　　）。

A. 进口货物的发货人　　B. 进口货物的收货人

C. 出口货物的发货人　　　　D. 出口货物的收货人

2. 下列未包含在进口货物价格中的项目，应计入关税完税价格的有（　　）。

A. 由买方负担的购货佣金　　　　B. 由买方负担的与该货物视为一体的容器费用

C. 由买方负担的包装材料和包装劳务费　　　　D. 由买方支付的进口货物在境内的复制权费

3. 下列进口货物中，经海关审查属实，可酌情减免进口关税的有（　　）。

A. 在境外运输途中损失的货物

B. 在口岸起卸时遭受损坏的货物

C. 在起卸后海关放行前因不可抗力损失的货物

D. 非因保管不慎原因在海关查验时已经损坏的货物

4. 下列关于关税政策的表述中，正确的有（　　）。

A. 进口货物完税价格的确定首先应按相同货物成交价格估算

B. 进口货物关税完税价格不包括关税

C. 无商业价值的货样免征关税

D. 由买方负担的包装材料和包装劳务费用应计入关税完税价格

5. 下列各项中，符合进口产品原产地标准中的“实质性加工”标准要求的有（　　）。

A. 加工后税则 4 位归类发生改变　　　　B. 加工后税则 6 位归类发生改变

C. 加工增值达到新产品总值 30% 以上　　　　D. 加工增值达到原产品总值 30% 以上

6. 关于关税税率的适用，下列表述中正确的有（　　）。

A. 进出口货物，应当适用海关接受该货物申报进口或者出口之日实施的税率

B. 因纳税人违反规定需要追征税款的进口货物，应当适用违反规定的行为发生之日实施的税率

C. 租赁进口货物，分期缴纳税款的，应按其申报暂时进口之日实施的税率征税

D. 进口货物到达前，经海关核准先行申报的，应当适用装载该货物的运输工具申报进境之日实施的税率

7. 下列选项中，符合关税相关规定的有（　　）。

A. 纳税义务人应当自海关填发税款缴款书之日起 15 日内，向指定银行缴纳税款

B. 纳税义务人因不可抗力或者国家税收政策调整不能按期缴纳税款的，依法提供税款担保后，可以直接向海关办理延期缴纳税款手续，延期纳税最长不超过 3 个月

C. 滞纳金自关税缴纳期限届满之日起，至纳税义务人缴清关税之日止，按滞纳税款万分之五的比例按日征收，周末或法定节假日不予扣除

D. 进出境货物和物品放行后，海关发现少征或者漏征税款的，应当自缴纳税款或者货物、物品放行之日起 3 年内，向纳税义务人补征

8. 下列关于关税完税价格的说法，正确的有（　　）。

A. 出口货物关税的完税价格不包含出口关税

B. 进口货物的保险费无法确定时，海关应按照货价的 5% 计算保险费

C. 进口货物的关税完税价格不包括进口关税

D. 出口货物的完税价格，由海关以该货物的成交价格为基础审查确定，并应包括货物运至我国境内输出地点装卸前的运输及其相关费用、保险费

9. 关税的强制措施有（　　）。

A. 处以应纳关税的 1 至 5 倍罚款　　　　B. 征收滞纳金

C. 变价抵缴　　　　D. 强制扣缴

10. 下列关于关税征收管理的表述，正确的有（　　）。

A. 纳税义务人应当自海关填发税款缴款书之日起 15 日内，向指定银行缴纳税款

B. 纳税义务人因不可抗力或者国家税收政策调整不能按期缴纳税款的，依法提供税款担保后，可

以直接向海关办理延期缴纳税款手续，延期纳税最长不超过3个月

C. 纳税义务人自缴款期限届满之日起3个月仍未缴纳税款，经海关关长批准，海关可以采取强制扣缴、变价抵缴等强制措施

D. 海关发现多征税款的，纳税义务人应当自收到海关通知之日起3个月内办理有关退税手续

三、应税判断

1. 关税的完税价格是海关以进出口货物的成交价格为基础审查确定的价格。 （ ）
2. 因故退还的中国出口货物，经海关审查属实，可予免征进口关税。 （ ）
3. 加工贸易免税进口料、件，如经批准转为内销，不需缴纳关税。 （ ）
4. 进口货物关税的纳税人是进口货物的收货人。 （ ）
5. 为了鼓励产品出口，我国对出口货物都免征出口关税。 （ ）
6. 进出境物品的所有人，是关税的纳税义务人。 （ ）
7. 进口货物自运输工具申报进境之日起14日内，出口货物在运抵海关监管区后装货的24小时以前向海关申报缴纳关税。 （ ）
8. 除购货佣金以外的佣金和经纪费应包括在进口货物完税价格中。 （ ）
9. 协定税率适用原产于我国参加的含有关税优惠条款的区域性贸易协定有关缔约方的进口货物。 （ ）
10. 香港、澳门和台湾属于我国的国境范围内，同时也属于我国的关境内。 （ ）

四、应税计算

（1）天津某进出口公司向新加坡出口货物一批，成交价格为到岸价格4 000美元，其中运费400美元，保险费40美元，外汇牌价为1∶6.6，出口关税税率为20%。计算该公司应纳出口关税。

（2）某外贸公司，2021年10月经有关部门批准从境外进口小轿车30辆，每辆小轿车货价15万元，运抵我国海关前发生的运输费用、保险费用无法确定，经海关查实其他运输公司相同业务的运输费用占货价的比例为2%。向海关缴纳了相关税款，并取得了完税凭证。计算该公司应纳的关税。

（3）某企业进口设备一批，合同货款5万美元，海运费1 000美元，买方另支付进口货物保险费100美元，向采购中介支付中介费500美元。报关费及港口到企业内陆运费200美元，关税税率为7%，当期汇率1∶7，进口后将此设备以50万元含税价格销售。

要求：计算该批货物应纳关税、进口增值税和内销环节的各种税金及附加。

项目四

企业所得税计算与缴纳

项目认知

企业所得税是对我国境内的企业和其他取得收入的组织的生产经营所得和其他所得征收的所得税。

企业所得税具有以下特点：

1. 计税依据为应纳税所得额；
2. 计算较为复杂；
3. 征税以“量能负担”为原则；
4. 实行“按年计征、分期预缴”的征管办法。

知识目标

1. 掌握企业所得税的纳税人、征税对象及税率规定；
2. 掌握应纳税所得额的相关规定；
3. 掌握资产的税务处理；
4. 掌握企业所得税的税收优惠；
5. 掌握企业所得税的计算方法；
6. 熟悉企业所得税申报缴纳的相关程序。

能力目标

1. 能正确判断居民企业和非居民企业；
2. 能根据资料正确计算纳税调整额及应纳税所得额；
3. 能根据资料正确计算居民企业和非居民企业应纳所得税额；
4. 能结合具体案例办理企业所得税的申报缴纳工作；
5. 能根据需要查阅相关资料。

任务一 企业所得税基本要素

一、企业所得税的纳税人

企业所得税的纳税人是指在我国境内的企业和其他取得收入的组织（以下统称企业）。企业既包括依照中国法律、行政法规在中国境内成立的企业、事业单位、社会团体以及其他取得收入的组织，也包括依照外国（地区）法律成立的企业和其他取得收入的组织；但不包括个人独资企业和合伙企业。

为了更好地保障我国税收管辖权的有效行使，根据登记注册地和实际管理机构地双重标准，我国将企业所得税的纳税人分为居民企业和非居民企业。

（一）居民企业

居民企业，是指依法在中国境内成立，或者依照外国（地区）法律成立但实际管理机构在中国境内的企业。这里的企业包括国有企业、集体企业、私营企业、联营企业、股份制企业、外商投资企业、外国企业以及有生产、经营所得和其他所得的其他组织。其中，有生产、经营所得的其他组织，是指经国家有关部门批准，依法注册、登记的事业单位、社会团体等组织。

上述所称实际管理机构是指对企业的生产经营、人员、账务、财产等实施实质性全面管理和控制的机构。

（二）非居民企业

非居民企业，是指依照外国（地区）法律成立且实际管理机构不在中国境内，但在中国境内设立机构、场所的，或者在中国境内未设立机构、场所，但有来源于中国境内所得的企业。

上述所称机构、场所，是指在中国境内从事生产经营活动的机构、场所，包括：

1. 管理机构、营业机构、办事机构；
2. 工厂、农场、开采自然资源的场所；
3. 提供劳务的场所；
4. 从事建筑、安装、装配、修理、勘探等工程作业的场所；
5. 其他从事生产经营活动的机构、场所。

【案例·分析题】

A公司在南非注册成立，总机构设在南非，该公司在上海设有营业机构，该公司的董事会大多在上海举行，在上海举行的董事会会议决定除矿井作业以外的所有经营事项，该公司在中国境内外的经营由上海的机构控制、管理与指导。B公司是依照韩国法律在韩国注册成立的企业，该公司的实际管理机构在韩国，B公司为销售便利，在北京和深圳设立了办事机构。判断分析：A、B公司是否属于中国的居民企业。

应税分析：

（1）A 公司为中国的居民企业。A 公司虽然在南非成立，但 A 公司位于上海的机构承担了对 A 公司的生产经营实施实质性全面管理和控制的职责，即 A 公司的实际管理机构在中国。

（2）B 公司为中国的非居民企业。因为 B 公司既不在中国境内成立，实际管理机构也不在中国。

二、企业所得税的征税对象

企业所得税的征税对象是指企业的生产经营所得、其他所得和清算所得。

（一）居民企业的征税对象

居民企业应就来源于中国境内、境外的所得作为征税对象。所得，包括销售货物所得、提供劳务所得、转让财产所得、股息红利等权益性投资所得、利息所得、租金所得、特许权使用费所得、接受捐赠所得和其他所得。

（二）非居民企业的征税对象

1. 非居民企业在中国境内设立机构、场所的，应当就其所设机构、场所取得的来源于中国境内的所得，以及发生在中国境外但与其所设机构、场所有实际联系的所得，缴纳企业所得税。

2. 非居民企业在中国境内未设立机构、场所的，或者虽设立机构、场所但取得的所得与其所设机构、场所没有实际联系的，应当就其来源于中国境内的所得缴纳企业所得税。

上述所称实际联系，是指非居民企业在中国境内设立的机构、场所拥有的据以取得所得的股权、债权，以及拥有、管理、控制据以取得所得的财产。

［**知识链接**］所得来源的确定，请扫描二维码。

三、企业所得税的税率

企业所得税税率是体现国家与企业分配关系的核心要素。税率设计的原则是兼顾国家、企业、职工个人三者利益，既要保证国家财政收入的稳定增长，又要使企业在发展生产、经营方面有一定的财力保证，既要考虑到企业的实际情况和负担能力，又要维护税率的统一性。

我国企业所得税实行比例税率。比例税率简便易行，透明度高，不会因征税而改变企业间收入分配比例，有利于促进效率的提高。现行规定是：

1. 基本税率为25%。适用于居民企业和在中国境内设有机构、场所且所得与机构、场所有关联的非居民企业。现行企业所得税基本税率设定为25%，既考虑了财政承受能力，又考虑了企业负担水平。

2. 低税率为20%。适用于在中国境内未设立机构、场所，或者虽设立机构、场所但取得的所得与其所设机构、场所没有实际联系的非居民企业。对这类企业实际征税时适用10%的税率。

任务二　应纳税所得额的计算

应纳税所得额是企业所得税的计税依据，应纳税所得额，是指企业每一纳税年度的收入总额减除不征税收入、免税收入、各项扣除以及允许弥补的以前年度亏损后的余额，用公式表示为：

应纳税所得额 = 收入总额 − 不征税收入 − 免税收入 − 各项扣除
− 允许弥补的以前年度亏损

企业应纳税所得额的计算，以权责发生制为原则。属于当期的收入和费用，不论款项是否收付，均作为当期的收入和费用；不属于当期的收入和费用，即使款项已经在当期收付，均不作为当期的收入和费用。企业财务、会计处理办法与税收法律法规的规定不一致的，应当依照税收法律法规的规定计算。

一、收入总额

企业的收入总额包括以货币形式和非货币形式从各种来源取得的收入，包括：销售货物收入，提供劳务收入，转让财产收入，股息、红利等权益性投资收益，利息收入，租金收入，特许权使用费收入，接受捐赠收入，其他收入。

（一）一般收入的确定

1. 销售货物收入，是指企业销售商品、产品、原材料、包装物、低值易耗品以及其他存货取得的收入。

2. 提供劳务收入，是指企业从事建筑安装、修理修配、交通运输、仓储租赁、金融保险、邮电通信、咨询经纪、文化体育、科学研究、技术服务、教育培训、餐饮住宿、中介代理、卫生保健、社区服务、旅游、娱乐、加工以及其他劳务服务活动取得的收入。

3. 转让财产收入，是指企业转让固定资产、生物资产、无形资产、股权、债权等财产取得的收入。其中，企业股权转让收入应于转让协议生效且完成股权变更手续时，确认收入的实现。

4. 股息、红利等权益性投资收益，是指企业因权益性投资从被投资方取得的收入。股息、红利等权益性投资收益，按照被投资方作出利润分配决定的日期确认收入的实现。

5. 利息收入，是指企业将资金提供他人使用但不构成权益性投资，或者因他人占用本企业资金取得的收入，包括存款利息、贷款利息、债券利息、欠款利息等。利息收入，按照合同约定的债务人应付利息的日期确认收入的实现。

6. 租金收入，是指企业提供固定资产、包装物或者其他有形资产的使用权取得的收入。租金收入，按照合同约定的承租人应付租金的日期确认收入的实现。

7. 特许权使用费收入，是指企业提供专利权、非专利技术、商标权、著作权以及其他特许权的使用权取得的收入。特许权使用费收入，按照合同约定的特许权使用人应付特许权使用费的日期确认收入的实现。

8. 接受捐赠收入，是指企业接受的来自其他企业、组织或者个人无偿给予的货币性资产、非货币性资产。接受捐赠收入，按照实际收到捐赠资产的日期确认收入的实现。

9. 其他收入，是指企业取得的除上述收入以外的其他收入，包括企业资产溢余收入、逾期未退包装物押金收入、确实无法偿付的应付款项、已作坏账损失处理后又收回的应收款项、债务重组收入、补贴收入、违约金收入和汇兑收益等。

（二）特殊收入的确定

1. 以分期收款方式销售货物的，按照合同约定的收款日期确认收入的实现。

2. 企业受托加工制造大型机械设备、船舶、飞机，以及从事建筑、安装、装配工程业务或者提供其他劳务等，持续时间超过 12 个月的，按照纳税年度内完工进度或者完成的工作量确认收入的实现。

3. 采取产品分成方式取得收入的，按照企业分得产品的日期确认收入的实现，其收入额按照产品的公允价值确定。

4. 企业发生非货币性资产交换，以及将货物、财产、劳务用于捐赠、偿债、赞助、集资、广告、样品、职工福利或者利润分配等用途的，应当视同销售，确认收入。

（三）处置资产收入的确认

1. 企业发生下列情形的处置资产，不视同销售确认收入：

（1）将资产用于生产、制造、加工另一产品；

（2）改变资产形状、结构或性能；

（3）改变资产用途（如自建商品房转为自用或经营）；

（4）将资产在总机构及其分支机构之间转移；

（5）上述两种或两种以上情形的混合；

（6）其他不改变资产所有权属的用途。

2. 企业将资产移送他人的下列情形，应按规定视同销售确定收入：

（1）用于市场推广或销售；

（2）用于交际应酬；

（3）用于职工奖励或福利；

（4）用于股息分配；

（5）用于对外捐赠；

（6）其他改变资产所有权属的用途。

3. 企业发生第 2 条规定情形时，属于企业自制的资产，应按企业同类资产同期对外销售价格确定销售收入；属于外购的资产，可按购入时的价格确定销售收入。

二、不征税收入

不征税收入是指从性质和根源上不属于企业营利性活动带来的经济利益、不负有纳税义务的收入。下列收入为不征税收入：

1. 财政拨款。是指各级人民政府对纳入预算管理的事业单位、社会团体等组织拨付的财政资金，但国务院和国务院财政、税务主管部门另有规定的除外。

2. 依法收取纳入财政管理的行政事业性收费和政府性基金。行政事业性收费是指依照法律法规等有关规定，按照国务院规定程序批准，在实施社会公共管理，以及在向公民、法人或者其他组织提供特定公共服务过程中，向特定对象收取并纳入财政管理的费用。政府性基金是指企业依照法律、行政法规等有关规定，代政府收取的具有专项用途的财政资金。

3. 国务院规定的其他不征税收入。是指企业取得的，由国务院财政、税务主管部门规定专项用途并经国务院批准的财政性资金。

值得注意的是，企业的不征税收入用于支出所形成的费用，不得在计算应纳税所得额时扣除；企业的不征税收入用于支出所形成的资产，其计算的折旧、摊销不得在计算应纳税所得额时扣除。

［**知识链接**］财政性资金的企业所得税处理，请扫描二维码。

三、免税收入

免税收入是指企业经营活动或营利活动取得的收入，本应承担纳税义务，只是由于国家政策的需要，给予免税优惠。下列收入为免税收入：

1. 国债利息收入。是指企业购买国务院财政部门发行的国家公债所取得的利息收入。

2. 符合条件的居民企业之间的股息、红利等权益性投资收益。是指居民企业直接投资于其他居民企业取得的投资收益。

3. 在中国境内设立机构、场所的非居民企业从居民企业取得与该机构、场所有实际联系的股息、红利等权益性投资收益。

居民企业和非居民企业取得的上述免税的投资收益不包括连续持有居民企业公开发行并上市流通的股票不足 12 个月取得的投资收益。

4. 符合条件的非营利组织的收入。是指非营利组织从事公益性或非营利性活动所取得的收入，不包括从事营利性活动所取得的收入，但国务院财政、税务主管部门另有规定的除外。

【案例 · 计算题】

某商场 2021 年全年取得如下收入：销售商品收入 200 万元；国债利息收入 100 万元；转让国债取得净收入 150 万元；购买某公司债券取得利息收入 20 万元；从深圳某高新技术

企业分回股息260万元；转让一项股权取得净收入90万元；2021年4月份购买了某上市公司的股票100 000股，并打算连续持有到2022年4月，但在2021年6月份取得了分红收入5万元。要求：计算确认该公司2021年的免税收入。

应税计算：该公司2021年的免税收入 = 100 + 260 = 360（万元）。

四、企业支出的税前扣除

（一）税前扣除的基本原则

1. 真实性原则。除税法规定的加计扣除费用外，任何支出除非确属已经真实发生，否则不得在税前扣除。

2. 权责发生制原则。属于当期的费用，不论款项是否支付，均作为当期的费用；不属于当期的费用，即使款项已经在当期支付，均不作为当期的费用。

3. 合法性原则。企业税前扣除的每一项支出都必须符合法律、法规的规定，因违反法律、行政法规而交付的罚款、罚金、滞纳金不得税前扣除。

4. 相关性原则。企业税前扣除的支出必须与取得的应税收入直接相关。与取得收入无关的各项支出均不得税前扣除。

5. 合理性原则。可在税前扣除的支出是正常和必要的，计算和分配方法应该符合一般的经营常规和会计惯例。

6. 区分收益性支出和资本性支出原则。企业发生的支出应当区分收益性支出和资本性支出，收益性支出在发生当期直接扣除；资本性支出应当分期扣除或者计入有关资产成本，不得在发生当期直接扣除。

7. 非经法定不得重复扣除原则。除税法另有规定外，企业实际发生的成本、费用、税金、损失和其他支出，不得重复扣除。

（二）税前扣除的基本项目

1. 成本，是指企业在生产经营活动中发生的销售成本、销货成本、业务支出以及其他耗费。

2. 费用，是指企业在生产经营活动中发生的销售费用、管理费用和财务费用等期间费用，已计入成本的有关费用除外。

3. 税金，是指企业发生的除企业所得税和允许抵扣的增值税以外的各项税金及附加。

4. 损失，是指企业在生产经营活动中发生的固定资产和存货的盘亏、毁损、报废损失，转让财产损失，呆账损失，坏账损失，自然灾害等不可抗力因素造成的损失以及其他损失。

5. 其他支出，是指除成本、费用、税金、损失外，企业在生产经营活动中发生的有关的、合理的支出。

（三）税前扣除的具体范围和标准

1. 利息支出。利息支出税前扣除应考虑借款对象、借款用途、利率高低、关联关系、债资比例等因素。税前准予直接扣除的利息支出是指计入财务费用的利息支出。具体规定如下：

（1）据实扣除的利息支出。非金融企业向金融企业借款的利息支出、金融企业的各项存款利息支出和同业拆借利息支出、企业经批准发行债券的利息支出可据实扣除。

（2）限额扣除的利息支出。非金融企业向非金融企业借款的利息支出，不超过按照金融企业同期同类贷款利率计算的数额的部分可据实扣除，超过部分不许扣除。

"同期同类贷款利率"是指在贷款期限、贷款金额、贷款担保以及企业信誉等条件基本相同下，金融企业提供贷款的利率。既可以是金融企业公布的同期同类平均利率，也可以是金融企业对某些企业提供的实际贷款利率。

【案例·计算题】

甲企业2021年1月向工商银行贷款100万元，用于生产周转，期限一年，年利率6.6%；当月又向乙企业借款200万元，期限一年（借款用途同上），年末向该企业支付借款利息18万元，已全部计入当年的财务费用。计算甲企业2021年利息支出的纳税调整额。

计算分析：

（1）向工商银行贷款支付的利息6.6万元可据实扣除。

（2）向乙企业贷款支付的利息税前扣除分析：

税收限额 = 200 × 6.6% = 13.2（万元）；

会计发生 = 18（万元）；

调增所得 = 18 − 13.2 = 4.8（万元）。

应用提示

利息支出的资本化处理：

企业为购置、建造固定资产、无形资产和经过12个月以上的建造才能达到预定可销售状态的存货发生的借款利息支出，在有关资产购置、建造期间发生的合理的借款费用，应予以资本化，作为资本性支出记入有关资产的成本；有关资产交付使用后发生的借款利息，可在发生当期扣除。

【案例·计算题】【案例·分析题】

2020年1月，甲钢铁生产企业向乙企业（非金融企业）借款2 000万元用于购建一条新生产线，期限为2年，年利率为10%，而银行同期贷款利率为6%。虽然会计上对甲企业2020年度资本性借款费用按发生额200万元列支，但由于按照税法规定实际利率超过了金融企业同期同类贷款利率，因此税法上对甲企业2021年度作为资本性支出的借款费用只承认120万元（2 000 × 6%），超过的80万元［2 000 × (10% − 6%)］不予以承认。

应用提示

向关联企业和自然人借款利息支出的处理：

1. 向关联企业借款的利息支出需符合"两不超"。

（1）借款金额不得超过企业从其关联方接受的债权性投资与权益性投资的比例计算的数额，企业接受关联方债权性投资与其权益性投资的比例，金融企业为5∶1，其他企业为2∶1。

（2）借款利息支出不得超过金融企业同期同类贷款利率计算的数额。

2. 向自然人借款的利息支出需区分两个层次。

（1）企业向股东或其他与企业有关联关系的自然人借款的利息支出需符合“两不超”：既不得超过税法规定的债权性投资与权益性投资的比例，也不得超过金融企业同期同类贷款利率计算的数额。

（2）企业向与企业有关联关系的自然人以外的内部职工或其他人员借款的利息支出，符合两个条件的准予扣除：一是借款真实、合法、有效并签订了借款合同；二是利息支出不超过金融企业同期同类贷款利率计算的数额。

【案例·计算题】

A公司（非金融企业）因资金周转困难，于2021年1月向母公司借入资金1 000万元。年利率为8%，金融企业同期同类贷款利率为5.5%，母公司持有A公司100%的股份，A公司2021年向母公司投入的资本为100万元。计算A公司2021年税前可扣除的利息支出。

（1）债资比例 = 1 000 ÷ 100 = 10，大于2，税法认可的借款金额为200万元。

（2）A公司2021年税前可扣除的利息支出 = 200 × 5.5% = 11（万元）。

2. 工资薪金支出。

（1）企业发生的合理的工资薪金支出，准予扣除。工资薪金是指企业每一纳税年度支付给在本企业任职或者受雇的员工的所有现金或者非现金形式的劳动报酬，包括基本工资、奖金、津贴、补贴、年终加薪、加班工资，以及与任职或者受雇有关的其他支出。

应用提示

“合理的工资薪金”需符合五项原则：

（1）企业制订了较为规范的员工工资薪金制度；

（2）企业所制订的工资薪金制度符合行业及地区水平；

（3）企业在一定时期所发放的工资薪金是相对固定的，工资薪金的调整是有序进行的；

（4）企业对实际发放的工资薪金，已依法履行了代扣代缴个人所得税义务；

（5）有关工资薪金的安排，不以减少或逃避税款为目的。

（2）季节工、临时工、实习生等工资可据实扣除。企业因雇用季节工、临时工、实习生、返聘离退休人员以及接受外部劳务派遣用工所实际发生的费用，应区分为工资薪金支出和职工福利费支出，并按规定在税前扣除。其中属于工资薪金支出的，准予计入企业工资薪金总额的基数，作为计算其他各项相关费用扣除的依据。

（3）与收入不直接相关的离退休人员工资福利不得税前扣除。

3. 职工福利费支出。企业发生的职工福利费支出，不超过工资、薪金总额14%的部分，准予扣除。

[知识拓展] 企业职工福利费的内容，请扫描二维码。

4. 工会经费支出。企业拨缴的工会经费，不超过工资薪金总额2%的部分，准予扣除。

5. 职工教育经费支出。除国务院财政、税务主管部门另有规定外，企业发生的职工教育经费支出，不超过工资薪金总额8%的部分，准予扣除；超过部分，准予在以后纳税年度结转扣除。

特别注意的是，上述计算职工福利费、工会经费、职工教育经费的“工资薪金总额”，是指企业发生的合理的工资薪金支出总额。

【案例·计算题】

某家电企业2021年计入成本、费用中的合理的实发工资为540万元，当年发生工会经费15万元、职工福利费80万元、职工教育经费11万元，计算工会经费、职工福利费、职工教育经费的纳税调整额，应税计算见表4－1。

表4－1　应税计算　单位：万元

项目	扣除限额	实际发生	准予扣除	调增所得
工会经费	540×2%＝10.8	15	10.8	4.2
职工福利费	540×14%＝75.6	80	75.6	4.4
职工教育经费	540×2.5%＝13.5	11	11	0

6. 党组织工作经费。

（1）扣除标准：党组织工作经费，实际支出不超过职工年度工资总额1%的部分，可以据实在企业所得税前扣除。

（2）适用范围：国有企业、集体所有制企业和非公有制企业。

（3）扣除前提：已经实际发生。对于账面已提但未实际发生的党组织工作经费不得税前扣除。

（4）用途：党组织工作经费必须用于企业党的建设。

7. 公益性捐赠支出。

（1）公益性捐赠的界定。公益性捐赠，是指企业通过公益性社会团体、公益性群众团体或者县级以上人民政府及其部门，用于《中华人民共和国公益事业捐赠法》规定的公益事业的捐赠。直接捐赠不得税前扣除。

（2）公益性捐赠的扣除规定。企业发生的公益性捐赠支出，在年度利润总额12%以内的部分，准予在计算应纳税所得额时扣除；超过年度利润总额12%的部分，准予以后3年内在计算应纳税所得额时扣除。年度利润总额是指企业依照国家统一会计制度的规定计算的大于零的年度会计利润。

企业发生的公益性捐赠支出未在当年税前扣除的部分，准予向以后年度结转扣除，但结转年限自捐赠发生年度的次年起计算最长不得超过3年。企业在对公益性捐赠支出计算扣除时，应先扣除以前年度结转的捐赠支出，再扣除当年发生的捐赠支出。

企业将自产、委托加工的产品或外购的原材料、固定资产等实物用于对外捐赠，应分解为按公允价值视同对外销售和捐赠两项业务进行所得税处理。

【案例·计算题】

某县食品厂2021年利润总额为90万元，“营业外支出”账户列支的捐赠支出包括：通过县民政局向贫困地区捐赠30万元，通过某乡政府向该乡一所小学捐赠15万元，直接向某敬老院捐赠12万元。假如不考虑其他纳税调整项目，计算该厂2021年应纳税所得额。

（1）公益性捐赠纳税调整：税收限额＝90×12%＝10.8（万元），会计发生＝30（万元），调增所得＝30－10.8＝19.2（万元）。

（2）非公益性捐赠纳税调整：非公益性捐赠调增所得＝15＋12＝27（万元）。

（3）应纳税所得额＝90＋19.2＋27＝136.2（万元）。

【案例·计算题】

某企业2020年会计利润总额为300万元，通过公益性社会组织向希望小学捐赠了自产产品一批，该批产品公允价值（不含税）120万元，成本100万元，企业已将成本和增值税销项税额的金额计入营业外支出，增值税税率为13%。假定不存在其他纳税调整事项，计算该企业2020年应纳企业所得税。

（1）视同销售纳税调整：视同销售收入调增所得120万元；视同销售成本调减所得100万元。

（2）公益性捐赠纳税调整：税收限额＝300×12%＝36（万元）；会计发生＝100＋120×13%＝115.6（万元）；调增所得＝115.6－36＝79.6（万元）。

（3）应纳税所得额＝300＋120－100＋79.6＝399.6（万元）。

（4）应纳企业所得税＝399.6×25%＝99.9（万元）。

8. 业务招待费支出。

（1）扣除比例。企业发生的与生产经营活动有关的业务招待费支出，按照发生额的60%扣除，但最高不得超过当年销售（营业）收入的5‰。

（2）计算基数。业务招待费扣除限额的计算基数包括主营业务收入、其他业务收入以及视同销售收入，不包括营业外收入和投资收益。其中，主营业务收入和其他业务收入来自《一般企业收入明细表》的相关数据，视同销售收入来自《视同销售和房地产开发企业特定业务纳税调整明细表》的相关数据。

【案例·计算题】

某商场（增值税一般纳税人）2021年实际发生的业务招待费为50万元，2021年收入情况如下：商品零售收入3 510万元（含税）；出租房屋取得租赁收入120万元（含税）；转让一项专利的所有权取得收入18万元；将一批价值58.5万元（含税）的商品作为福利发给职工，该批商品的成本价为40万元；购买国债取得利息收入80万元。计算该商场2021年业务招待费的纳税调整额。

（1）税收限额：实际发生额的60%＝50×60%＝30（万元）；销售收入的5‰＝[(3 510＋58.5)÷(1＋13%)＋120÷(1＋9%)]×5‰＝16.34（万元）。准予扣除16.34万元。

（2）会计发生＝50（万元）。

（3）调增所得＝50－16.34＝33.66（万元）。

9. 广告费和业务宣传费支出。

（1）扣除比例。企业发生的符合条件的广告费和业务宣传费支出，除国务院财政、税务主管部门另有规定外，不超过当年销售（营业）收入15%的部分，准予扣除；超过部分，准予在以后纳税年度结转扣除。

对化妆品制造与销售、医药制造和饮料制造（不含酒类制造）企业发生的广告费和业务宣传费支出，不超过当年销售（营业）收入30%的部分，准予扣除；超过部分，准予在以后纳税年度结转扣除。

烟草企业的烟草广告费和业务宣传费支出，一律不得在计算应纳税所得额时扣除。

关联企业可按分摊协议扣除。对签订广告费和业务宣传费分摊协议（以下简称“分摊协议”）的关联企业，其中一方发生的不超过当年销售（营业）收入税前扣除限额比例内的广告费和业务宣传费支出可以在本企业扣除，也可以将其中的部分或全部按照分摊协议归集至另一方扣除。另一方在计算本企业广告费和业务宣传费支出企业所得税税前扣除限额时，可将按照上述办法归集至本企业的广告费和业务宣传费不计算在内。

（2）计算基数。广告费和业务宣传费扣除限额的计算基数包括主营业务收入、其他业务收入以及视同销售收入，不包括营业外收入和投资收益。

【案例·计算题】

某贸易公司2021年有关财务资料如下：销售产品收入200万元；销售材料收入12万元；将自产产品用于对外捐赠，售价5万元，成本价4万元；转让专利使用权收入6万元；出售固定资产取得净收益21万元；2021年实际发生广告费和业务宣传费共计36万元。计算该公司2021年广告费和业务宣传费的纳税调整额。

应税计算：

（1）税收限额 = 223 × 15% = 33.45（万元）；

（2）会计发生 = 36（万元）；

（3）调增所得 = 36 − 33.45 = 2.55（万元）。

想一想：如果该贸易公司为化妆品公司，则2021年广告费和业务宣传费该如何扣除？

10. 保险费和住房公积金支出。

（1）企业依照国务院有关主管部门或者省级人民政府规定的范围和标准为职工缴纳的基本养老保险费、基本医疗保险费、失业保险费、工伤保险费、生育保险费等基本社会保险费和住房公积金，准予扣除。

（2）企业根据国家有关政策规定，为在本企业任职或者受雇的全体员工支付的补充养老保险费、补充医疗保险费，分别在不超过职工工资总额5%标准内的部分，在计算应纳税所得额时准予扣除；超过的部分，不予扣除。

（3）企业参加财产保险，按照规定缴纳的保险费，准予扣除。

（4）企业依照国家有关规定为特殊工种职工支付的人身安全保险费准予扣除。企业为投资者或者职工支付的商业保险费，不得扣除。

此外，企业参加雇主责任险、公众责任险等责任保险，按照规定缴纳的保险费，准予在企业所得税税前扣除。企业职工因公出差乘坐交通工具发生的人身意外保险费支出，准予企业在计算应纳税所得额时扣除。

11. 手续费及佣金支出。企业发生与生产经营有关的手续费及佣金支出，不超过以下规定计算限额以内的部分，准予扣除；超过部分，不得扣除。

（1）保险企业：保险企业发生与其经营活动有关的手续费及佣金支出，不超过当年全部保费收入扣除退保金等后余额的18%（含本数）的部分，在计算应纳税所得额时准予扣除；超过部分，允许结转以后年度扣除。

（2）其他企业：按与具有合法经营资格的中介服务机构或个人（不含交易双方及其雇员、代理人和代表人等）所签订服务协议或合同确认的收入金额的5%计算限额。

应用提示

手续费及佣金支出税前扣除的特殊规定：

（1）企业已计入固定资产、无形资产等相关资产的手续费及佣金支出，应当通过折旧、摊销等方式分期扣除，不得在发生当期直接扣除。

（2）除委托个人代理外，企业以现金等非转账方式支付的手续费及佣金不得在税前扣除；企业为发行权益性证券支付给有关证券承销机构的手续费及佣金不得在税前扣除。

【案例·计算题】

某电信公司委托一批商家代为销售电话充值卡，并按销售额的1‰支付手续费。2021年该公司共支付给代办商手续费500万元，公司当年收入总额为1.25亿元。计算该公司税前准予扣除的手续费支出。

应税计算：

（1）税收限额=12 500×5%=625（万元）；

（2）会计发生500万元；

（3）准予扣除500万元。

12. 资产损失。

（1）资产损失的扣除范围。资产损失是指企业在生产经营活动中实际发生的、与取得应税收入有关的资产损失，包括现金损失，存款损失，坏账损失，贷款损失，股权投资损失，固定资产和存货的盘亏、毁损、报废、被盗损失，自然灾害等不可抗力因素造成的损失以及其他损失。

准予税前扣除的资产损失需区分实际资产损失与法定资产损失。实际资产损失是企业在实际处置、转让资产过程中发生的合理损失。实际资产损失应当在其实际发生且会计上已作损失处理的年度申报扣除。法定资产损失是指企业虽未实际处置、转让资产，但符合规定条件计算确认的损失。法定资产损失应当在企业向主管税务机关提供证据资料证明该项资产已符合法定资产损失确认条件，且会计上已作损失处理的年度申报扣除。

（2）资产损失的扣除金额。企业发生的资产损失，减除责任人赔偿和保险赔款后的余额，依照国务院财政、税务主管部门的规定扣除。

企业因存货盘亏、毁损、报废、被盗等原因不得从增值税销项税额中抵扣的进项税额，可以与存货损失一起在计算应纳税所得额时扣除。

【案例·计算题】

某家具厂2021年11月因管理不善发生一起被盗事件。具体损失：被盗原材料40万元；被盗产成品60万元（其中外购原材料占60%）。增值税税率为13%，计算该厂2021年所得税前可扣除的资产损失。

应税计算：

（1）原材料损失：40 +40 ×13% =45.2（万元）；

（2）产成品损失：60 +60 ×60% ×13% =64.68（万元）；

可扣除的资产损失合计：45.2 +64.68 =109.88（万元）。

（3）收回的资产损失应计入应纳税所得额。已扣除的资产损失，在以后年度收回时，其收回部分应当作为收入计入收回当期的应纳税所得额。

（4）以前年度未扣除的资产损失可追补扣除。企业以前年度发生的实际资产损失未能在当年税前扣除的，准予追补至该项损失发生年度扣除，其追补确认期限一般不得超过5年。法定资产损失不得追补扣除。

企业因以前年度实际资产损失未在税前扣除而多缴的企业所得税税款，可在追补确认年度企业所得税应纳税款中予以抵扣，不足抵扣的，向以后年度递延抵扣。

企业实际资产损失发生年度扣除追补确认的损失后出现亏损的，应先调整资产损失发生年度的亏损额，再按弥补亏损的原则计算以后年度多缴的企业所得税税款，并按上述办法进行税务处理。

【案例·计算题】

某家电公司2020年应纳税所得额为10万元，2021年应纳税所得额为44万元，2021年发现2020年有实际资产损失18万元符合税法规定但是未扣除。计算该公司2021年实际应纳所得税额。

（1）2020年未扣的实际损失18万元可追补扣除。追补后2020年亏损8万元（18 –10）；

（2）2020年多缴所得税 =10 ×25% =2.5（万元）；

（3）2021年应缴所得税 =(44 –8) ×25% =9（万元）；

（4）2021年实际应纳所得税 =9 –2.5 =6.5（万元）。

13. 其他费用的扣除。

（1）企业融资费用支出。企业通过发行债券、取得贷款、吸收保户储金等方式融资而发生的合理的费用支出，符合资本化条件的，应计入相关资产成本；不符合资本化条件的，应作为财务费用，准予在企业所得税前据实扣除。

（2）固定资产的租赁费。企业根据生产经营活动需要租入固定资产支付的租赁费，按照以下方法扣除：以经营租赁方式租入固定资产发生的租赁费支出，按照租赁期限均匀扣除；以融资租赁方式租入固定资产发生的租赁费支出，按照规定构成融资租入固定资产价值的部分应当提取折旧费用，分期扣除。

（3）企业接受外部劳务派遣用工支出。应分两种情况按规定在税前扣除：按照协议（合同）约定直接支付给劳务派遣公司的费用，应作为劳务费支出；直接支付给员工个人的费用，应作为工资薪金支出和职工福利费支出。其中属于工资薪金支出的费用，准予计入企业工资薪金总额的基数，作为计算其他各项相关费用扣除的依据。

（4）汇兑损失。企业在货币交易中，以及纳税年度终了时将人民币以外的货币性资产、负债按照期末即期人民币汇率中间价折算为人民币时产生的汇兑损失，除已经计入有关资产成本以及与向所有者进行利润分配相关的部分外，准予扣除。

（5）环保专项资金。企业依照法律、行政法规有关规定提取的用于环境保护、生态恢复等方面的专项资金，准予扣除。上述专项资金提取后改变用途的，不得扣除。

（6）劳动保护支出。企业发生的合理的劳动保护支出，准予扣除。劳动保护支出是指确因工作需要为雇员配备或提供工作服、手套、安全保护用品、防暑降温用品等所发生的支出。

（7）转让资产的净值。企业转让资产，该项资产的净值，准予在计算应纳税所得额时扣除。资产的净值是指有关资产的计税基础减除已经按照规定扣除的折旧、折耗、摊销、准备金等后的余额。

（8）依照有关法律、行政法规和国家有关税法规定准予扣除的其他项目。如会员费、合理的会议费、差旅费、违约金、诉讼费用等。

五、税前不得扣除的项目

在计算应纳税所得额时，下列支出不得扣除：

1. 向投资者支付的股息、红利等权益性投资收益款项。
2. 企业所得税税款。
3. 税收滞纳金，是指纳税人违反税收法规，被税务机关处以的滞纳金。
4. 罚金、罚款和被没收财物的损失，是指纳税人违反国家有关法律、法规规定，被有关部门处以的罚款，以及被司法机关处以的罚金和被没收财物。
5. 超过规定标准的捐赠支出。
6. 赞助支出，是指企业发生的与生产经营活动无关的各种非广告性质支出。
7. 未经核定的准备金支出，是指不符合国务院财政、税务主管部门规定的各项资产减值准备、风险准备等准备金支出。
8. 企业之间支付的管理费、企业内营业机构之间支付的租金和特许权使用费，以及非银行企业内营业机构之间支付的利息，不得扣除。
9. 与取得收入无关的其他支出。

【案例・分析题】

2021 年企业所得税汇算清缴时，某公司“营业外支出”账户记载罚款、违约金支出共计 10 万元。其中，因违反有关规章制度被工商部门处罚 5 万元；因未采取火灾防范措施被消防部门处罚 3 万元；因产品质量原因，经协商支付购货方违约金 2 万元。则，该企业 2021 年罚款、违约金支出税前扣除情况如下：

该企业被工商部门所处罚款 5 万元以及消防部门所处罚款 3 万元，均属于行政性罚款，不得在税前扣除，应当调增应纳税所得额 8 万元。违约金支出 2 万元，可以在税前扣除，无须纳税调整。

六、亏损弥补

（一）基本规定

亏损是指企业每一纳税年度的收入总额减除不征税收入、免税收入和各项扣除后小于零的数额。税法规定，企业纳税年度发生的亏损，准予向以后年度结转，用以后年度的所得弥补，但结转年限最长不得超过5年。而且，企业在汇总缴纳企业所得税时，其境外机构的亏损不得抵减境内机构的盈利。

［**知识链接**］高新技术企业和科技型中小企业亏损结转年限延长，请扫描二维码。

（二）年度亏损的确认

年度亏损，是指企业依照税收制度的规定将每一纳税年度的收入总额减除不征税收入、免税收入和各项扣除后小于零的数额。

【案例·分析题】

某企业2021年收入总额为1 000万元，其中，依法收取并纳入财政管理的行政事业性收费为200万元，取得国债利息收入30万元；全年实际发生的与取得收入有关的、合理的支出共计850万元，确认该企业2021年的年度亏损。

分析：2021年的年度亏损＝1 000－200－30－850＝－80（万元），即该企业2021年发生经营亏损80万元，可从2022年起5年内用应纳税所得额弥补。

（三）亏损弥补的方法

1. 确定亏损弥补期。税法规定中的“弥补期最长不得超过5年”，是指从发生亏损年度的下一纳税年度起连续不断地计算，5年内不论是盈利或亏损，都作为实际弥补期限计算。

2. 连续发生年度亏损的处理。按顺序连续计算各年的亏损弥补期，先亏先补。不得将每个亏损年度的连续弥补期相加，更不得断开计算。

【案例·分析题】

某纺织厂2013～2021年盈亏情况见表4－2。

表4－2　　某纺织厂2013～2021年盈亏情况　　单位：万元

项目	2013年	2014年	2015年	2016年	2017年	2018年	2019年	2020年	2021年
所得	－50	－30	10	－40	20	30	10	40	10

根据上述资料，分析该厂2013年、2014年、2016年亏损如何弥补。

（1）2013年的亏损50万元，可用2015年的所得10万元、2017年的20万元以及2018年的20万元弥补；

（2）2014年的亏损30万元，可用2018年所剩余的10万元以及2019年的10万元弥补，但2014年未弥补完的10万元不得再在2020年进行弥补（已经超过了连续5年的弥补期）；

（3）2016年的亏损40万元，可用2020年的所得40万元弥补；

（4）该企业2013～2020年均不需缴纳企业所得税，但2021年的10万元应依法缴纳企业所得税。

任务三　资产的税务处理

资产的税务处理实质上就是通过对资产的分类，正确区分资本性支出与收益性支出，准确计提和摊销各种资产的费用，从而正确计算应纳税所得额。

企业的各项资产，包括固定资产、生物资产、无形资产、长期待摊费用、投资资产、存货等，以企业取得该项资产时实际发生的支出，即历史成本为计税基础。企业持有各项资产期间资产增值或者减值，除国务院财政、税务主管部门规定可以确认损益外，不得调整该资产的计税基础。

一、固定资产的税务处理

固定资产是指企业为生产产品、提供劳务、出租或者经营管理而持有的、使用时间超过12个月的非货币性资产，包括房屋、建筑物、机器、机械、运输工具以及其他与生产经营活动有关的设备、器具、工具等。

（一）固定资产的计税基础

固定资产的计税基础见表4－3。

表4－3　固定资产的计税基础

固定资产的来源	计税基础
外购的固定资产	买价＋相关税费＋其他支出
自建的固定资产	竣工决算前发生的支出
融资租入的固定资产	合同约定付款总额的：付款总额＋相关费用； 合同未约定付款总额的：公允价值＋相关费用
盘盈的固定资产	同类固定资产的重置完全价
捐赠、投资、交换、债务重组等方式取得的固定资产	公允价值＋相关税费
改建的固定资产	以改良支出增加计税基础

（二）固定资产折旧的范围

在计算应纳税所得额时，企业按照规定计算的固定资产折旧，准予扣除。但下列固定资产不得计算折旧扣除：

1. 房屋、建筑物以外未投入使用的固定资产；
2. 以经营租赁方式租入的固定资产；
3. 以融资租赁方式租出的固定资产；
4. 已足额提取折旧仍继续使用的固定资产；
5. 与经营活动无关的固定资产；
6. 单独估价作为固定资产入账的土地；
7. 其他不得计算折旧扣除的固定资产。

（三）固定资产计算折旧的起止时间

企业应当自固定资产投入使用月份的次月起计算折旧；停止使用的固定资产，应当自停止使用月份的次月起停止计算折旧。

（四）合理确定固定资产的净残值

企业应当根据固定资产的性质和使用情况，合理确定固定资产的预计净残值。固定资产的预计净残值一经确定，不得变更。

（五）固定资产计算折旧的最低年限

除国务院财政、税务主管部门另有规定外，固定资产计算折旧的最低年限为：

1. 房屋、建筑物，为20年；
2. 飞机、火车、轮船、机器、机械和其他生产设备，为10年；
3. 与生产经营活动有关的器具、工具、家具等，为5年；
4. 飞机、火车、轮船以外的运输工具，为4年；
5. 电子设备，为3年。

（六）固定资产计算折旧的方法

固定资产按照直线法计算的折旧，准予扣除。

二、无形资产的税务处理

无形资产是指企业为生产产品、提供劳务、出租或者经营管理而持有的、没有实物形态的非货币性长期资产，包括专利权、商标权、著作权、土地使用权、非专利技术、商誉等。

（一）无形资产的计税基础

无形资产的计税基础见表4－4。

表 4-4 无形资产的计税基础

无形资产的来源	计税基础
外购的无形资产	买价 + 相关税费 + 其他支出
自行开发的无形资产	开发过程中发生的支出
捐赠、投资、交换、债务重组等方式取得的固定资产	公允价值 + 相关税费

（二）无形资产摊销的范围

在计算应纳税所得额时，企业按照规定计算的无形资产摊销费用，准予扣除。下列无形资产不得计算摊销费用扣除：

1. 自行开发的支出已税前扣除的无形资产；
2. 自创商誉；
3. 与经营活动无关的无形资产；
4. 其他不得摊销的无形资产。

（三）无形资产的摊销方法及年限

无形资产按照直线法计算的摊销费用，准予扣除。无形资产自取得的当月起摊销。

无形资产的摊销年限不得低于 10 年。作为投资或者受让的无形资产，有关法律规定或者合同约定了使用年限的，可以按照规定或者约定的使用年限分期摊销。

【案例·计算题】

某公司 2021 年外购一项专利权，使用期限为 6 年，该公司支付价款 100 万元，支付相关税费 12 万元，为了将该专利投入生产流程而发生支出 8 万元。另外，该企业当年自行开发一项商标权并进行了注册，共花费成本 80 万元。

要求：计算该企业专利权及商标权的计税基础和每年应摊销额。

应税计算：

（1）专利权的计税基础和每年应摊销额：

计税基础 = 100 + 12 + 8 = 120（万元）；每年应摊销额 = 120 ÷ 6 = 20（万元）。

（2）商标权的计税基础和每年应摊销额：

计税基础 = 80（万元）；每年应摊销额 = 80 ÷ 10 = 8（万元）。

三、生产性生物资产的税务处理

生产性生物资产是指为生产农林产品、提供劳务或者出租等而持有的生物资产，包括经济林、薪炭林、产畜和役畜等。

（一）生产性生物资产的计税基础

生产性生物资产的计税基础见表 4-5。

表 4-5　　生产性生物资产的计税基础

生产性生物资产的来源	计税基础
外购的生产性生物资产	买价+相关税费
捐赠、投资、交换、债务重组等方式取得的生产性生物资产	公允价值+相关税费

(二) 生产性生物资产的折旧方法和折旧年限

1. 生产性生物资产按照直线法计算的折旧，准予扣除。

2. 企业应当自生产性生物资产投入使用月份的次月起计算折旧；停止使用的生产性生物资产，应当自停止使用月份的次月起停止计算折旧。

3. 企业应当根据生产性生物资产的性质和使用情况，合理确定生产性生物资产的预计净残值。生产性生物资产的预计净残值一经确定，不得变更。

4. 生产性生物资产计算折旧的最低年限为：

(1) 林木类生产性生物资产，为 10 年；

(2) 畜类生产性生物资产，为 3 年。

四、长期待摊费用的税务处理

长期待摊费用是指企业发生的应在一个年度以上或几个年度进行摊销的费用。具体范围及摊销方法见表 4-6。

表 4-6　　长期待摊费用的范围及摊销方法

长期待摊费用的范围	摊销方法
1. 已足额提取折旧的固定资产的改建支出	按照固定资产预计尚可使用年限分期摊销
2. 租入固定资产的改建支出	按合同约定的剩余租赁期限分期摊销
3. 固定资产的大修理支出	按固定资产尚可使用年限分期摊销
4. 其他长期待摊费用	自支出发生月份的次月起分期摊销，摊销年限不得低于 3 年

应用提示

1. 固定资产的改建支出是指改变房屋或者建筑物结构、延长使用年限等发生的支出。

2. 固定资产的大修理支出，是指同时符合下列条件的支出：

(1) 修理支出达到取得固定资产时的计税基础 50% 以上；

(2) 修理后固定资产的使用年限延长 2 年以上。

【案例·分析题】

某贸易公司 2015 年租用某面粉厂的厂房和场地，租期 10 年，2021 年因为雨季时间长，场地及排水沟破损严重，因此进行维修，共发生维修费用23万元，这些费用能否直接计入管理费用中，并在企业所得税前扣除？

分析：对租入固定资产进行维修，属于长期待摊费用，应按合同约定的剩余租赁期限分期摊销，该贸易公司的剩余租赁期为3年，每年应摊销数 =23 ÷3≈7.67（万元）。

五、投资资产的税务处理

投资资产是指企业对外进行权益性投资和债权性投资形成的资产。

（一）投资资产的成本

投资资产按以下方法确定投资成本：

1. 现金方式取得的投资资产：购买价款；
2. 非现金方式取得的投资资产：公允价值 + 相关税费。

（二）投资资产成本的扣除方法

1. 企业对外投资期间：不得扣除投资资产成本；
2. 企业转让或者处置投资资产时：准予扣除投资资产成本。

（三）企业股权转让所得的税务处理

股权转让所得是指股权转让收入扣除为取得该股权所发生的成本后的差额。企业在计算股权转让所得时，不得扣除被投资企业未分配利润等股东留存收益中按该项股权所可能分配的金额。企业转让股权收入，应于转让协议生效且完成股权变更手续时确认收入的实现。

【案例·计算题】

A公司拥有B公司100%的股权，初始投资成本为100万元，B公司截至2020年6月底账面净资产200万元，其中注册资本100万元、盈余公积30万元、未分配利润70万元，现A公司按220万元出售给境内C企业。

要求：计算A公司应确认的股权转让所得。

分析：由于留存收益包括未分配利润和盈余公积两个部分，上述盈余公积30万元、未分配利润70万元不得扣减。所以，A公司应确认的股权转让所得为120万元（220 - 100），而不是20万元（220 - 100 - 30 - 70）。

（四）投资企业撤回或减少投资的税务处理

投资企业从被投资企业撤回或减少投资，其取得资产按下列方法进行所得税处理：相当于初始出资的部分，应确认为投资收回；相当于被投资企业累计未分配利润和累计盈余公积按减少实收资本比例计算的部分，应确认为股息所得；其余部分确认为投资资产转让所得。

【案例·计算题】

A公司于2020年7月向一服装公司投资500万元，成为该公司的股东，并持有该公司10%的股份。由于服装公司连续两年经营状况不佳，2021年7月，A公司决定将持有该公司10%的股份进行撤资。撤资时服装公司账面累计未分配利润为1 000万元，累计盈余公积为600万元，A公司实际分回现金800万元。

要求：计算A公司的撤资收入应纳的企业所得税。

应税计算：

（1）初始出资500万元属于投资收回，不计税；

（2）股息所得=（1 000+600）×10%=160（万元），可免税；

（3）投资资产转让所得=800-500-160=140（万元），应计税；

（4）应纳企业所得税=140×25%=35（万元）。

六、存货的税务处理

存货是指企业持有以备出售的产品或者商品、处在生产过程中的在产品、在生产或者提供劳务过程中耗用的材料和物料等。

（一）存货的计税基础

存货的计税基础根据不同的取得方式，按表4-7的方法确定。

表4-7　确定存货的计税基础

存货的取得方式	计税基础
1. 支付现金方式取得的存货	购买价款+相关税费
2. 支付现金以外的方式取得的存货	公允价值+相关税费
3. 生产性生物资产收获的农产品	材料费+人工费+分摊的间接费用

（二）存货的成本计算方法

企业使用或者销售的存货的成本计算方法，可以在先进先出法、加权平均法、个别计价法中选用一种。计价方法一经选用，不得随意变更。

任务四　企业所得税的税收优惠

一、免税收入、减计收入及加计扣除优惠

（一）免税收入优惠

企业的下列收入为免税收入：

1. 国债利息收入；

2. 符合条件的居民企业之间的股息、红利等权益性投资收益；

3. 在中国境内设立机构、场所的非居民企业从居民企业取得与该机构、场所有实际联系的股息、红利等权益性投资收益；

4. 符合条件的非营利组织的收入。

（二）减计收入优惠

企业以《资源综合利用企业所得税优惠目录》规定的资源作为主要原材料，生产国家非限制和禁止并符合国家和行业相关标准的产品取得的收入，减按 90% 计入收入总额。

【案例·计算题】

2021 年，某公司以《资源综合利用企业所得税优惠目录》规定的资源作主要原材料，生产国家非限制和禁止并符合国家和行业相关标准的产品，取得收入 10 000 万元，各项成本、费用、损失、税金等允许扣除的费用为 8 000 万元。假设该公司适用所得税税率为 25%，无其他纳税调整项目。计算该公司应纳企业所得税。

应纳企业所得税 =（10 000 ×90% －8 000）×25% ＝250（万元）。

（三）加计扣除优惠

1. 研究开发费加计扣除优惠。企业为开发新技术、新产品、新工艺发生的研究开发费用，未形成无形资产计入当期损益的，在按照规定据实扣除的基础上，按照研究开发费用的 75% 加计扣除；形成无形资产的，按照无形资产成本的 175% 摊销。

制造业企业开展研发活动中实际发生的研发费用，未形成无形资产计入当期损益的，在按规定据实扣除的基础上，自 2021 年 1 月 1 日起，再按照实际发生额的 100% 在税前加计扣除；形成无形资产的，自 2021 年 1 月 1 日起，按照无形资产成本的 200% 在税前摊销。

［**知识链接**］下列活动和行业不适用税前加计扣除政策，请扫描二维码。

【案例·计算题】

某非制造企业 2021 年全年发生符合规定的新技术研发费用 320 万元，其中 200 万元未形成无形资产直接计入当期管理费用，120 万元在 7 月份形成无形资产并投入使用，使用期限为 10 年。2021 年利润总额为 168 万元，假如不考虑其他纳税调整项目，计算该厂 2021 年应纳企业所得税。

（1）未形成无形资产的研发费用加计扣除额 =200 ×75% ＝150（万元）。

（2）形成无形资产的研发费用加计摊销：

税收摊销额 =［（120 ×175%）÷10 ÷12］×6 =10. 5（万元）；

会计摊销额 =（120 ÷10 ÷12）×6 =6（万元）；

加计摊销额 =10. 5 －6 =4. 5（万元）。

（3）应纳税所得额 =168 －154. 5 =13. 5（万元）。

（4）应纳企业所得税 = 13.5 × 25% = 3.375（万元）。

想一想：如果该企业为制造业企业，则2021年研发费用该如何加计扣除？

2. 支付残疾人员工资加计扣除优惠。企业安置残疾人员的，在按照支付给残疾职工工资据实扣除的基础上，按照支付给残疾职工工资的100%加计扣除。

【案例·计算题】

某机械厂2020年全年共支付给职工的工资支出为800万元，其中包括支付给残疾人员的工资36万元，计算该厂2020年税前准予扣除的工资支出。

税前准予扣除的工资 = 800 + 36 × 100% = 836（万元）。

二、加速折旧优惠

企业的固定资产由于技术进步等原因，确需加速折旧的，可以缩短折旧年限或者采取加速折旧的方法。可享受加速折旧法的固定资产包括两类：一是由于技术进步，产品更新换代较快的固定资产；二是常年处于强震动、高腐蚀状态的固定资产。

采取缩短折旧年限方法的，最低折旧年限不得低于固定资产最低折旧年限的60%；采取加速折旧方法的，可以采取双倍余额递减法或者年数总和法。

[**知识链接**] 特殊行业的加速折旧规定，请扫描二维码。

三、所得减免优惠

（一）农、林、牧、渔业项目所得减免税优惠

1. 企业从事下列项目的所得，免征企业所得税。

（1）蔬菜、谷物、薯类、油料、豆类、棉花、麻类、糖料、水果、坚果的种植；

（2）农作物新品种的选育；

（3）中药材的种植；

（4）林木的培育和种植；

（5）牲畜、家禽的饲养；

（6）林产品的采集；

（7）灌溉、农产品初加工、兽医、农技推广、农机作业和维修等农、林、牧、渔服务业项目；

（8）远洋捕捞。

2. 企业从事下列项目的所得，减半征收企业所得税。

（1）花卉、茶以及其他饮料作物和香料作物的种植；

（2）海水养殖、内陆养殖。

【案例·计算题】

A公司从事中药材的种植、香料作物的种植以及烟叶的种植。2021年度A公司种植中药材取得所得800万元；种植香料取得所得600万元；种植烟叶取得所得500万元。计算A公司2021年应纳企业所得税。

税法规定：中药材种植所得免税；香料作物种植所得减半征税；烟叶种植所得全额征税。

A公司2021年应纳企业所得税=（600×50%+500）×25%=200（万元）。

（二）公共基础设施项目所得减免税优惠

国家重点扶持的公共基础设施项目，是指《公共基础设施项目企业所得税优惠目录》规定的港口码头、机场、铁路、公路、电力、水利等项目。

企业从事国家重点扶持的公共基础设施项目的投资经营所得，自项目取得第一笔生产经营收入所属纳税年度起，第1年至第3年免征企业所得税，第4年至第6年减半征收企业所得税。

（三）环保、节能节水项目所得减免税优惠

环境保护、节能节水项目，包括公共污水处理、公共垃圾处理、沼气综合开发利用、节能减排技术改造、海水淡化等。

企业从事环境保护、节能节水项目的所得，自项目取得第一笔生产经营收入所属纳税年度起，第1年至第3年免征企业所得税，第4年至第6年减半征收企业所得税。

（四）技术转让所得减免税优惠

一个纳税年度内，居民企业技术转让所得不超过500万元的部分，免征企业所得税；超过500万元的部分，减半征收企业所得税。技术转让所得及减免所得税应按以下方法计算：

技术转让所得=技术转让收入-技术转让成本-相关税费

技术转让所得应纳企业所得税=（技术转让所得-500）×50%×25%

【案例·计算题】

A公司2021年10月将新型光电离子控制开关技术转让给B公司，取得收入1 620万元，经核实，A公司的此项技术的计税基础为410万元，已摊销扣除了90万元。技术转让过程中发生的相关税费累计80万元。计算A公司2021年技术转让所得应纳所得税。

（1）技术转让所得=1 620-（410-90）-80=1 220（万元）；

（2）应纳企业所得税=（1 220-500）×50%×25%=90（万元）。

四、创业投资抵扣应纳税所得额优惠

创业投资企业采取股权投资方式投资于未上市的中小高新技术企业2年以上的，可以按照其投资额的70%在股权持有满2年的当年抵扣该创业投资企业的应纳税所得额；当年不

足抵扣的，可以在以后纳税年度结转抵扣。

【案例·分析题】

某创业投资有限公司，2019 年 3 月向一家未上市的小型高新技术企业投资 1 000 万元，符合相关条件，2021 年实现应纳税所得额 500 万元。则该公司 2021 年计算企业所得税时可享受抵扣应纳税所得额的税收优惠。抵扣应纳税所得额 = 1 000 × 70% = 700（万元）。2021 年该公司实现应税所得额 500 万元，则当年可抵扣的应税所得额为 500 万元，抵扣后的应纳税所得额 = 500 − 700 = −200（万元），这部分尚未抵扣的可在以后纳税年度结转抵扣，直至抵扣完为止。

五、减免所得税优惠

（一）小型微利企业减免所得税优惠

自 2021 年 1 月 1 日至 2022 年 12 月 31 日，小型微利企业年应纳税所得额不超过 100 万元，减按 12.5% 计入应纳税所得额，按 20% 的税率缴纳企业所得税。年应纳税所得额超过 100 万元但不超过 300 万元部分，减按 50% 计入应纳税所得额，按 20% 的税率缴纳企业所得税。

应用提示

理解和运用小微企业所得税减免优惠需注意的细节：

1. 小型微利企业的条件。

（1）行业要求：国家非限制和禁止的行业；

（2）盈利水平：年应纳税所得额不超过 300 万元；

（3）从业人数：不超过 300 人；

（4）资产总额：不超过 5 000 万元。

注意事项：①从业人数包括与企业建立劳动关系的职工人数和企业接受的劳务派遣用工人数；②从业人数和资产总额按全年季平均值确定：

季度平均值 =（季初值 + 季末值）÷ 2

全年季度平均值 = 全年各季度平均值之和 ÷ 4

年度中间开业或者终止经营活动的，以其实际经营期作为一个纳税年度确定上述相关指标。

2. 小型微利企业按超额累进法计算企业所得税。

【案例·计算题】

A 公司为小型微利企业，2021 年资产总额为 2 500 万元，从业人数 220 人，应纳税所得额为 260 万元，计算 A 公司应缴纳的企业所得税。

应税计算：应纳企业所得税 = 100 × 12.5% × 20% +（260 − 100）× 50% × 20% = 18.5（万元）。

3. 小微企业享受所得税优惠不受征收方式的影响。小型微利企业，无论采取查账征收还是核定征收所得税方式，均可按规定享受低税率优惠政策和减半征税优惠政策。

4. 小型微利企业所得税统一实行按季度预缴。预缴申报时就可享受优惠。

（1）预缴企业所得税时，小微企业的资产总额、从业人数、年度应纳税所得额指标，暂按当年度截至本期申报所属期末的情况进行判断。

（2）企业预缴企业所得税时已享受小微企业所得税减免政策，汇算清缴企业所得税时不符合规定的，应当按照规定补缴企业所得税税款。

（二）高新技术企业减免所得税优惠

国家需要重点扶持的高新技术企业，减按15%的税率征收企业所得税。

［**知识链接**］国家重点扶持的高新技术企业需同时符合下列条件，请扫描二维码。

（三）技术先进性服务企业减免所得税优惠

技术先进性服务企业，减按15%的税率征收企业所得税。

［**知识链接**］享受优惠的技术先进型服务企业必须同时符合以下条件，请扫描二维码。

六、专用设备投资抵免所得税优惠

企业购置并实际使用环境保护、节能节水、安全生产等专用设备的，该专用设备投资额的10%可从当年的应纳税额中抵免，不足抵免的，可在以后5年内结转抵免。

应用提示

理解和运用专用设备投资抵免所得税优惠应注意的问题：

（1）专用设备进项税额根据不同情况确定是否计入投资额。如增值税进项税额允许抵扣，其专用设备投资额不再包括增值税进项税额；如增值税进项税额不允许抵扣，其专用设备投资额应为增值税专用发票上注明的价税合计金额。企业购买专用设备取得普通发票的，其专用设备投资额为普通发票上注明的金额。

（2）设备运输、安装和调试等费用不得计入专用设备投资额。

（3）财政拨款购置的专用设备不得享受抵免企业所得税的优惠。

（4）5年内转让、出租专用设备应补缴企业所得税。

【案例·计算题】

某食品加工企业2021年5月从某空调设备制造厂购置能效等级Ⅰ级的屋顶式空调机组

一套（该套设备为节能节水专用设备，属于税法规定的优惠目录范围），取得增值税专用发票，注明价款400万元，增值税68万元，支付运费0.5万元，安装调试费0.1万元。该套设备于2021年6月投入使用。该厂2021年应纳税所得额为200万元，计算该厂2021年实际应纳企业所得税。

（1）2021年应纳企业所得税 = 200 × 25% = 50（万元）；

（2）专用设备投资额 = 400（万元）；

（3）投资额抵免限额 = 400 × 10% = 40（万元）；

（4）准予抵免投资额 = 40（万元）；

（5）2021年实际应纳企业所得税 = 50 − 40 = 10（万元）。

想一想：如果该厂2021年应纳税所得额为100万元，其他条件不变，则该厂2021年应纳所得税是多少？

任务五　企业所得税应纳税额的计算

一、居民企业应纳税额的计算

居民企业应纳所得税额等于应纳税所得额乘以适用税率，基本计算公式为：

应纳税额 = 应纳税所得额 × 适用税率 − 减免税额 − 抵免税额

根据计算公式可以看出，应纳税额的多少，取决于应纳税所得额和适用税率两个因素。在实际工作中，应纳税所得额的计算一般有两种方法。

（一）直接计算法

在直接计算法下，企业每一纳税年度的收入总额减除不征税收入、免税收入、各项扣除以及允许弥补的以前年度亏损后的余额为应纳税所得额。计算公式为：

应纳税所得额 = 全年收入总额 − 不征税收入 − 免税收入 − 各项扣除
− 允许弥补的以前年度亏损

（二）纳税调整法

纳税调整法是指在会计利润总额的基础上，对会计核算与税法规定不一致的项目进行纳税调整后得出应纳税所得额。计算公式为：

应纳税所得额 = 会计利润总额 ± 纳税调整项目金额

应用提示

纳税调整法下企业所得税的计算步骤：

第1步：计算会计利润总额。

会计利润总额=营业收入-营业成本-营业税金及附加-期间费用+公允价值变动损益-资产减值损失+投资净收益+营业外收入-营业外支出

第2步：计算纳税调整项目金额。纳税调整项目金额包括纳税调增项目金额和纳税调减项目金额。

第3步：计算应纳税所得额。

应纳税所得额=会计利润总额+纳税调增额-纳税调减额

说明：填制企业所得税纳税申报表时，纳税调减额中的免税、减计收入及加计扣除单独列示。

第4步：计算应纳企业所得税。

应纳企业所得税=应纳税所得额×适用税率-减免税额-抵免税额

【案例·计算题】

某非制造企业2021年有关经营情况如下：

（1）产品销售收入3 150万元，其中150万元为综合利用资源生产符合国家产业政策规定产品的收入。

（2）从其他居民企业取得直接投资的股息收入80万元，记入“投资收益”；接受现金捐赠100万元，记入“营业外收入”。

（3）销售成本1 800万元；营业税金及附加95万元；销售费用400万元，其中包括260万元的广告费；管理费用400万元，包括研究开发费120万元、业务招待费50万元；财务费用80万元，包括向非金融机构借款一年的利息60万元（年息10%，银行同期同类贷款利率为8%）。

（4）计入成本、费用中的合理的实发工资120万元，拨缴工会经费3.5万元、支出职工福利费18万元、职工教育经费5万元。

（5）营业外支出30万元，包括通过民政局向贫困山区的捐款10万元。

要求：根据以上资料计算该企业2021年应纳的企业所得税。

计算分析：

（1）利润总额=3 150+80+100-1 800-95-400-400-80-30=525（万元）。

（2）纳税调整额：

①减计收入纳税调整：综合利用资源减计收入10%，调减所得=150×10%=15（万元）。

②免税收入纳税调整：股息收入免税，调减所得80万元。

③广告费纳税调整：税收限额=3 150×15%=472.5（万元），会计发生260万元，不需调整。

④研发费可加计扣除75%，调减所得90万元。

⑤业务招待费纳税调整：税收限额：发生额的60%=50×60%=30（万元）；销售收入的5‰=3 150×5‰=15.75（万元）；准予扣除15.75万元。会计发生50万元。调增所得=50-15.75=34.25（万元）。

⑥利息支出纳税调整：税收限额=（60÷10%）×8%=48（万元），会计发生60万元，调增所得=60-48=12（万元）。

⑦工会经费纳税调整：税收限额=120×2%=2.4（万元），会计发生3.5万元，调增所得=3.5-2.4=1.1（万元）。

⑧职工福利费纳税调整：税收限额=120×14%=16.8（万元），会计发生18万元，调增所得=18-16.8=1.2（万元）。

⑨职工教育经费纳税调整：税收限额 = 120 × 8% = 9.6（万元），会计发生 5 万元，不需调整。

⑩公益性捐赠支出纳税调整：税收限额 = 525 × 12% = 63（万元），会计发生 10 万元，不需调整。

（3）应纳税所得额 = 525 − 15 − 80 − 90 + 34.25 + 12 + 1.1 + 1.2 = 388.55（万元）。

（4）应纳所得税额 = 388.55 × 25% = 97.1375（万元）。

二、居民企业核定征收所得税的计算

（一）核定征收的适用范围

居民企业具有下列情形之一的，核定征收企业所得税：

1. 依照法律、行政法规的规定可以不设置账簿的；

2. 依照法律、行政法规的规定应当设置但未设置账簿的；

3. 擅自销毁账簿或者拒不提供纳税资料的；

4. 虽设置账簿，但账目混乱或者成本资料、收入凭证、费用凭证残缺不全，难以查账的；

5. 发生纳税义务，未按照规定的期限办理纳税申报，经税务机关责令限期申报，逾期仍不申报的；

6. 申报的计税依据明显偏低，又无正当理由的。

［**知识链接**］下列企业不能申请核定征收企业所得税，请扫描二维码。

（二）核定征收的办法

1. 核定应税所得率征收。

（1）适用情形：①能正确核算（查实）收入总额，但不能正确核算（查实）成本费用总额的；②能正确核算（查实）成本费用总额，但不能正确核算（查实）收入总额的；③通过合理方法，能计算和推定纳税人收入总额或成本费用总额的。

（2）应纳税所得额计算公式：

应纳税所得额 = 收入总额 × 应税所得率

或 = 成本费用支出总额 ÷（1 − 应税所得率）× 应税所得率

2. 核定应纳所得税额。

（1）适用情形：收入、成本费用都不准确的企业。

（2）核定应纳所得税额的方法（见表 4 − 8）：参照当地同类行业或者类似行业中经营规模和收入水平相近的纳税人的税负水平核定；按照应税收入额或成本费用支出额定率核定；按照耗用的原材料、燃料、动力等推算或测算核定；按照其他合理方法核定。

表 4-8　　各行业应税所得率幅度

行　业	应税所得率（%）
农、林、牧、渔业	3~10
制造业	5~15
批发和零售贸易业	4~15
交通运输业	7~15
建筑业	8~20
饮食业	8~25
娱乐业	15~30
其他行业	10~30

【案例·计算题】

某乡镇运输企业2021年职工人数为20人，资产总额为210万元，2021年实现营业收入66万元，各项支出81万元，全年发生亏损15万元。经主管税务机关核查，该企业支出项目不能准确核算，需要采用核定征收办法计算所得税，主管税务机关核定该企业的应税所得率为12%，计算该企业2020年应纳企业所得税。

（1）应纳税所得额 = 66 × 12% = 7.92（万元）；

（2）应纳企业所得税 = 7.92 × 12.5% × 20% = 0.0198（万元）。

三、境外所得已纳税额抵免的计算

（一）抵免范围

企业取得的下列所得已在境外缴纳的所得税税额，可以从其当期应纳税额中抵免，抵免限额为该项所得依照我国税法规定计算的应纳税额；超过抵免限额的部分，可以在以后五个年度内，用每年度抵免限额抵免当年应抵税额后的余额进行抵补。

1. 居民企业来源于中国境外的应税所得；

2. 非居民企业在中国境内设立机构、场所，取得发生在中国境外但与该机构、场所有实际联系的应税所得；

3. 居民企业从其直接或者间接控制的外国企业分得的来源于中国境外的股息、红利等权益性投资收益，外国企业在境外实际缴纳的所得税税额中属于该项所得负担的部分，可以作为该居民企业的可抵免境外所得税税额，在规定的抵免限额内抵免。

已在境外缴纳的所得税税额，是指企业来源于中国境外的所得依照中国境外税收法律以及相关规定应当缴纳并已经实际缴纳的企业所得税性质的税款。

（二）抵免限额

抵免限额，是指企业来源于中国境外的所得，依照我国税收制度规定计算的应纳税额。

企业可以选择按国（地区）别分别计算［即“分国（地区）不分项”］，或者不按国（地区）别汇总计算［即“不分国（地区）不分项”］其来源于境外的应纳税所得额，并按规定的税率，分别计算其可抵免境外所得税税额和抵免限额。上述方式一经选择，5 年内不得改变。

境外所得税抵免限额的计算公式为：

$$分国抵免法抵免限额 = 来源于某国(地区)的应纳税所得额 \times 我国法定税率$$

$$综合抵免法抵免限额 = \sum 来源于各国(地区)的应纳税所得额 \times 我国法定税率$$

（三）计算方法

第一步，计算境外税前所得。如果境外所得为税后所得，则必须先将境外所得还原为税前所得，还原公式为：

$$税前所得 = 税后所得 + 所得税$$

$$或 = 税后所得 \div (1 - 境外所得税率)$$

第二步，计算境外所得应纳税额（抵免限额）。

第三步，确定境外所得可抵税额。将境外所得应纳税额与境外所得已纳税额进行比较，按照“就低不就高”的原则确定可抵税额。

第四步，计算实际应纳所得税。

$$境内外所得实际应纳所得税 = 境内所得应纳税额 + 境外所得应纳税额 - 境外所得可抵税额$$

【案例·计算题】

某企业在 A、B 两国分别设有分支机构，2020 年取得境内所得 500 万元。在 A 国的分支机构取得生产经营所得 50 万元，A 国税率为 20%；在 B 国的分支机构取得生产经营所得 30 万元，B 国税率为 30%。两个分支机构已在 A、B 两国分别缴纳所得税 10 万元和 9 万元。要求分别计算该企业分国抵免法和综合抵免法 2020 年实际应纳所得税。

（1）分国抵免法：

①境内外所得应纳税额 = (500 + 50 + 30) × 25% = 145（万元）；

②A 国所得抵免限额 = 50 × 25% = 12.5（万元），已纳税额 10 万元，准予抵免 10 万元；

③B 国所得抵免限额 = 30 × 25% = 7.5（万元），已纳税额 9 万元，准予抵免 7.5 万元；

④境内外所得实际应纳税额 = 145 − 10 − 7.5 = 127.5（万元）。

（2）综合抵免法：

①境内外所得应纳税额 = (500 + 50 + 30) × 25% = 145（万元）；

②境外所得抵免限额 = (50 + 30) × 25% = 20（万元）；

③境外所得已纳税额 = 10 + 9 = 19（万元）；

④境外所得可抵税额 = 19（万元）；

⑤境内外所得实际应纳税额 = 145 − 19 = 126（万元）。

四、非居民企业应纳所得税的计算

对于在中国境内未设立机构、场所的，或者虽设立机构、场所但取得的所得与其所设机构、场所没有实际联系的非居民企业的所得，按照下列方法计算应纳税所得额及应纳税额。

（一）应纳税所得额的计算

1. 股息、红利等权益性投资收益和利息、租金、特许权使用费所得，以收入全额为应纳税所得额；

2. 转让财产所得，以收入全额减除财产净值后的余额为应纳税所得额；

3. 其他所得，参照前两项规定的方法计算应纳税所得额。

财产净值是指财产的计税基础减除已经按照规定扣除的折旧、折耗、摊销、准备金等后的余额。

（二）应纳税额的计算

$$应纳税额=应纳税所得额\times适用税率$$

应该说明的是，在中国境内未设立机构、场所的，或者虽设立机构、场所但取得的所得与其所设机构、场所没有实际联系的非居民企业，适用税率为20%，但实际征税时适用10%的税率。

对非居民企业在中国境内未设立机构、场所的，或者虽设立机构、场所但取得的所得与其所设机构、场所没有实际联系的，应缴纳的所得税，实行源泉扣缴，以支付人为扣缴义务人。税款由扣缴义务人在每次支付或者到期应支付时，从支付或者到期应支付的款项中扣缴。扣缴义务人每次代扣的税款，应当自代扣之日起7日内缴入国库，并向所在地的税务机关报送扣缴企业所得税报告表。

【案例·计算题】

某外国公司在中国境内未设立机构、场所，2021年将一项商标使用权提供给中国境内某企业使用，获特许权使用费180万元。另外，该公司还从中国境内某金融机构取得利息所得20万元，同时，该公司转让了其在中国境内的财产，转让收入为160万元，该财产的净值为120万元。计算该公司2021年度应纳所得税。

应纳所得税 $=[(180+20)+(160-120)]\times10\%=24$（万元）。

任务六　企业所得税申报缴纳

一、纳税年度

企业所得税是按纳税年度计算。企业所得税的纳税年度，自公历1月1日起至12月31日止。企业在一个纳税年度的中间开业，或者由于合并、关闭等原因终止经营活动，使该纳税年度的实际经营期不足 12 个月的，应当以其实际经营期为 1 个纳税年度。企业清算时，应当以清算期间作为 1 个纳税年度。

二、缴纳方法

企业所得税按年计征，分月或者分季预缴，年终汇算清缴，多退少补。

为了保证国家税收稳定、均衡地入库，企业所得税实行分月或者分季预缴。企业应当自月份或者季度终了之日起 15 天内，向税务机关报送预缴企业所得税纳税申报表，预缴税款。企业分月或者分季预缴企业所得税时，应当按照月度或者季度的实际利润额预缴；按照月度或者季度的实际利润额预缴有困难的，可以按照上一纳税年度应纳税所得额月度或者季度平均额预缴，或者按照税务机关认可的其他方法预缴。预缴方法一经确定，该纳税年度内不得随意变更。

企业应当自年度终了之日起 5 个月内，向税务机关报送年度企业所得税纳税申报表，并汇算清缴，结清应缴应退税款。

三、汇算清缴

企业所得税汇算清缴，是指企业在纳税年度终了后 5 个月内，依照税收制度的规定，自行计算全年应纳税所得额和应纳所得税额，根据月度或季度预缴所得税的数额，确定该年度应补或应退税额，并填写年度企业所得税纳税申报表，向主管税务机关办理年度企业所得税纳税申报、提供税务机关要求提供的有关资料、结清全年企业所得税税款的行为。

实行查账征收和实行核定应税所得率征收企业所得税的企业，无论是否在减税、免税期间，也无论盈利或亏损，都应按规定进行汇算清缴。实行核定定额征收企业所得税的企业，不进行汇算清缴。

企业在年度中间终止经营活动的，应当自实际经营终止之日起 60 日内，向税务机关办理当期企业所得税汇算清缴。

企业应当在办理注销登记前，就其清算所得向税务机关申报并依法缴纳企业所得税。

四、纳税地点

（一）居民企业的纳税地点

1. 居民企业以企业登记注册地为纳税地点；但登记注册地在境外的，以实际管理机构所在地为纳税地点。企业登记注册地，是指企业依照国家有关规定登记注册的住所地。

2. 居民企业在中国境内设立不具有法人资格的营业机构的，应当汇总计算并缴纳企业所得税。企业汇总计算并缴纳企业所得税时，应当统一核算应纳税所得额，具体办法由国务院财政、税务主管部门另行制定。

（二）非居民企业的纳税地点

1. 非居民企业在中国境内设立机构、场所来源于中国境内的所得以及发生在中国境外但与其所设机构、场所有实际联系的所得，以机构、场所所在地为纳税地点。

2. 非居民企业在中国境内设立两个或两个以上机构、场所的，经税务机关审核批准，可以选择由其主要机构、场所汇总缴纳企业所得税；主要机构、场所，应当同时符合下列条件：（1）对其他各机构、场所的生产经营活动负有监督管理责任；（2）设有完整的账簿、凭证，能够准确反映各机构、场所的收入、成本、费用和盈亏情况。

非居民企业经批准汇总缴纳企业所得税后，需要增设、合并、迁移、关闭机构、场所或者停止机构、场所业务的，应当事先由负责汇总申报缴纳企业所得税的主要机构、场所向其所在地税务机关报告；需要变更汇总缴纳企业所得税的主要机构、场所的，依照上述规定办理。

3. 非居民企业在中国境内未设立机构、场所，或者虽设立机构、场所但取得的所得与其所设机构、场所没有实际联系的，其来源于中国境内的所得，以扣缴义务人所在地为纳税地点。

五、纳税申报

企业在纳税年度内，无论盈利或亏损，都应当按照企业所得税规定的期限，向税务机关报送预缴企业所得税纳税申报表、年度企业所得税纳税申报表、财务会计报告和税务机关规定应当报送的其他有关资料。企业因不可抗力，不能按期办理纳税申报的，可按照《中华人民共和国税收征收管理法》及其实施细则的规定，办理延期纳税申报。

实行查账征收企业所得税的居民纳税人，包括跨地区经营汇总纳税企业的总机构和不汇总纳税的企业，均应填报《中华人民共和国企业所得税年度纳税申报表（A 类，2017 年版）》。企业所得税年度纳税申报表的体系共计 37 张，包括基础信息表（1 张）、主表（1 张）、一级明细表（6 张）、二级明细表（25 张）和三级明细表（4 张），表单数据逐级汇总，环环相扣。

任务七　企业所得税计税报税实务

一、企业概况

北京利民百货大楼为增值税一般纳税人，企业代码：7977510950008；纳税人识别号：420101778184888；地址：北京市海淀区人民路 997 号；法定代表人：黄志刚；企业经济类型：有限责任公司；电话号码：010—86755531；开户银行：中国建设银行北京海淀支行；银行账号：77763100894529；税务登记号：211136002195851；行业：百货零售（代码 6511）。

企业职工人数：30 人；注册资本：2 700 万元；资产总额：2 300 万元；适用的会计制度：企业会计制度；会计核算软件：用友财务核算软件；企业采用平均年限法计算折旧，采用先进先出法核算存货成本。2020 年已预缴企业所得税 15 000 元。

二、实训目的

通过该项目实训，使学生了解企业在实际工作过程中的企业所得税的相关涉税事宜，掌握每笔典型工作业务的企业所得税的税法依据及税务处理方法和技巧，熟悉企业所得税应纳税额的计算方法及申报表的填制方法。

三、实训要求

1. 根据资料计算填制《利润计算表》《企业所得税纳税调整工作底稿》。
2. 填写2020年度《企业所得税年度纳税申报表》及相关附表（除给定资料外不考虑其他调整因素，金额以元为单位）。

四、具体业务

北京市利民百货大楼2020年有关财务数据资料。

（一）收入情况资料

2020年度该企业主营业务收入、其他业务收入、营业外收入、投资收益等各项收入项目的具体情况见表4-9~表4-11。

表4-9　投资收益明细　单位：元

序号	投资项目	投资金额	收益金额	备注
1	国库券利息收入	1300 000	50 000	
合　计			50 000	

表4-10　营业收入明细　单位：元

序号	收入项目	入账金额	备注
1	南北干货销售收入	350 000	
2	香烟销售收入	300 000	
3	国产酒销售收入	350 000	
4	冷冻食品销售收入	600 000	
5	水果销售收入	450 000	
6	乳品饮料销售收入	500 000	
7	服装鞋帽销售收入	850 000	
8	家电销售收入	2 900 000	
9	出租门面收入	700 000	
合　计		7 000 000	

表 4－11　营业外收入明细　单位：元

序号	收入项目	入账金额	备注
1	处置固定资产净收益	180 000	
合　计		180 000	

（二）扣除项目资料

2020 年度该企业管理费用、销售费用、财务费用、营业成本、营业外支出、销售及费用税金等各个扣除项目的具体情况见表 4－12～表 4－18。

表 4－12　财务费用明细　单位：元

序号	扣除项目明细	入账金额	备注
1	向建设银行借款利息	50 000	2020 年 1 月，向建设银行借款 1 000 000 元，年利率 5%
2	银行罚息支出	2 000	
合　计		52 000	

表 4－13　管理费用明细　单位：元

序号	扣除项目明细	入账金额	备注
1	行政管理人员工资	200 000	
2	职工福利费	5 000	
3	职工工会经费	60 000	
4	职工教育经费	55 000	
5	业务招待费	20 000	
6	固定资产折旧费	45 000	2020 年 6 月购置汽车一辆，原值 20 万元，按 5% 保留残值，折旧年限按 3 年计算。税法规定，汽车的折旧年限不得低于 4 年
7	研究开发费	100 000	
8	补充养老保险费	90 000	
9	补充医疗保险费	83 000	
10	企业财产保险费	60 000	
11	其他费用	7 000	
合　计		725 000	

表 4-14　　销售费用明细　　单位：元

序号	扣除项目明细	入账金额	备注
1	销售人员工资	980 000	
2	职工福利费	100 000	
3	广告费和业务宣传费	800 000	
4	手续费及佣金支出	260 000	
合　计		2 140 000	

表 4-15　　营业外支出明细　　单位：元

序号	扣除项目明细	实际支出数额	备注
1	债务重组损失	15 000	2020 年 8 月，通过市民政局向洪涝灾区捐赠现金 8 万元
2	违约金支出	5 000	
3	捐赠支出	80 000	
合　　计		100 000	

表 4-16　　营业成本明细　　单位：元

序号	成本项目明细	实际发生数额	备注
1	南北干货销售成本	100 000	
2	香烟销售成本	200 000	
3	国产酒销售成本	300 000	
4	冷冻食品销售成本	550 000	
5	水果销售成本	350 000	
6	乳品饮料销售成本	450 000	
7	服装鞋帽销售成本	560 000	
8	家电销售成本	490 000	
9	出租门面成本	60 000	
10			
合　　计		3 060 000	

表 4－17　　税金明细　　单位：元

序号	税费项目	已计提税额	备注
1	增值税	120 000	
2	城建税	8 400	
3	教育费附加	3 600	
4	房产税	3 000	
5	城镇土地使用税	1 000	
6	印花税	3 500	
7	车船税	1 500	
8	企业所得税（1～11 月）	15 000	
	合　计	156 000	

表 4－18　　全年实发职工薪酬明细　　单位：元

序号	扣除项目明细	工资金额	三项经费	备注
1	销售人员工资	980 000		
2	行政管理人员工资	200 000		
3	福利部门人员工资	60 000		
4	工会管理人员工资	410 000		
5	合　计	1 650 000		
6	职工福利费支出		320 000	
7	职工工会经费支出		60 000	
8	职工教育费支出		55 000	
合　计		1 650 000	435 000	

五、根据资料填写相关表格

1. 填写《利润总额计算表》（见表 4－19）。

表 4－19　　利润总额计算表

编制单位：　　2020 年 12 月　　单位：元

项目	行次	本月数	本年累计数
一、营业收入	1		7 000 000
减：营业成本	2		3 060 000
营业税金及附加	3		21 000

续表

项目	行次	本月数	本年累计数
销售费用	4		2 140 000
管理费用	5		725 000
财务费用	6		52 000
资产减值损失	7		
加：公允价值变动收益	8		
投资收益	9		50 000
二、营业利润	10		1 052 000
加：营业外收入	11		180 000
减：营业外支出	12		100 000
三、利润总额	14		1 132 000

2. 填写《企业所得税纳税调整工作底稿》（见表 4－20）。

表 4－20　企业所得税纳税调整工作底稿

所属期限：2020 年　单位：元

序号	项目	计算过程	纳税调整增加额	纳税调整减少额	税收优惠扣减额
1	广告宣传费支出	账载金额 800 000 元 税收金额＝7 000 000×15%＝1 050 000（元）	0		
2	业务招待费支出	账载金额 20 000 元 税收金额＝20 000×60%＝12 000（元） 7 000 000×5‰＝35 000（元）	8 000		
3	捐赠支出	账载金额 80 000 元 税收金额＝1 132 000×12%＝135 840（元）	0		
4	职工福利费支出	账载金额 320 000 元 税收金额＝1 650 000×14%＝231 000（元）	89 000		
5	职工教育经费支出	账载金额 55 000 元 税收金额＝1 650 000×8%＝132 000（元）	0		
6	工会经费支出	账载金额 60 000 元 税收金额＝1 650 000×2%＝33 000（元）	27 000		

续表

序号	项目	计算过程	纳税调整增加额	纳税调整减少额	税收优惠扣减额
7	固定资产折旧费	账载折旧 = 200 000 × (1 – 5%) ÷ 36 × 6 = 31 666.67(元) 税收折旧 = 200 000 × (1 – 5%) ÷ 48 × 6 = 23 750(元)	7 916.67		
8	补充养老保险费	账载金额 90 000 元 税收金额 = 1 650 000 × 5% = 82 500(元)	7 500		
9	补充医疗保险费	账载金额 83 000 税收金额 = 1 650 000 × 5% = 82 500(元)	500		
10	手续费及佣金支出	账载金额 260 000 税收金额 = 7 000 000 × 5% = 350 000(元)	0		
11	国债利息收入	50 000 元免税			50 000
12	研究开发费	加计扣除 = 100 000 × 75% = 75 000(元)			75 000
合计			139 916.67		125 000

3. 填写 2020 年度企业所得税纳税申报表及其附表，请扫描二维码。

企业所得税技能训练题

一、应税选择（单选题）

1. 根据企业所得税法律制度的规定，下列各项中，属于企业所得税纳税人的是（　　）。

A. 个人合伙企业　　B. 个人独资企业　　C. 个体工商户　　D. 一人有限公司

2. 某企业（一般纳税人）因管理不善损失外购材料 50 万元（不含税）。保险公司审理后同意赔付 5 万元，相关管理人员赔付 5 万元，增值税税率为 13%，则该企业税前可扣除的损失为（　　）万元。

A. 46.5　　B. 50　　C. 53.5　　D. 58.5

3. 在计算企业所得税应纳税所得额时，下列支出按规定可以扣除的是（　　）。

A. 未经核准的准备金支出　　B. 企业所得税税款

C. 广告性质的赞助支出　　D. 企业之间支付的管理费

4. 下列各项中，能作为业务招待费税前扣除限额计算基数的是（　　）。

A. 让渡固定资产使用权的收入　　B. 转让无形资产所有权的收入

C. 因债权人原因确实无法支付的应付款项　　D. 出售固定资产的收入

5. 某企业2015年亏损34万元，2016年盈利6万元，2017年亏损5万元，2018年、2019年、2020年各盈利7万元，2021年盈利10万元，2021年企业申报缴纳的企业所得税是2.5万元，税务机关审核后认为，应（　　）。

A. 补缴所得税款0.6万元　　B. 补缴所得税款1.1万元

C. 退还所得税款1.25万元　　D. 退还所得税款2.7万元

6. 根据企业所得税法的规定，下列项目可以享受加计扣除的是（　　）。

A. 企业安置残疾人员所支付的工资　　B. 企业购置节水专用设备的投资

C. 企业从事国家重点扶持和鼓励的创业投资　　D. 企业对公共基础设施项目的投资

7. 甲公司2021年度销售收入为4 000万元，当期发生与经营活动有关的业务招待费为100万元，该公司当年税前准予扣除的业务招待费为（　　）万元。

A. 60　　B. 100　　C. 240　　D. 20

8. 某企业2021年度缴纳增值税340万元，消费税500万元，城建税60万元，教育费附加25万元，土地使用税50万元，房产税60万元。在计算企业所得税应纳税所得额时，准予扣除的税金及附加为（　　）万元。

A. 585　　B. 635　　C. 695　　D. 1 035

9. 企业下列处置资产的行为，不属于企业所得税视同销售的是（　　）。

A. 将资产用于市场推广　　B. 将资产用于职工福利

C. 将资产用于对外捐赠　　D. 将资产在总机构及其分支机构之间转移

10. 下列收入属于企业所得税不征税收入的是（　　）。

A. 转让财产收入　　B. 财政拨款收入

C. 国库券利息收入　　D. 居民企业之间的股息收入

11. 某企业2021年度境内所得应纳税所得额为400万元，全年已预缴税款25万元，来源于境外某国税前所得100万元，境外实纳税款20万元，该企业当年汇算清缴应补（退）的税款为（　　）万元。

A. 50　　B. 60　　C. 70　　D. 80

12. 企业从事国家重点扶持的公共基础设施项目的投资经营所得，自项目取得第一笔生产经营收入所属的纳税年度起，可享受的税收优惠是（　　）。

A. 三免两减半　　B. 两免三减半

C. 三免三减半　　D. 五免五减半

13. 下列各项中，按分配所得企业所在地确定所得来源地的是（　　）。

A. 销售货物所得　　B. 权益性投资所得

C. 动产转让所得　　D. 特许权使用费所得

14. 下列支出不属于长期待摊费用的是（　　）。

A. 固定资产的大修理支出　　B. 经营租入固定资产的改建支出

C. 外购房屋发生的装修费用　　D. 已足额提取折旧的固定资产的改建支出

15. 依据企业所得税相关规定，采取缩短折旧年限方法进行加速折旧时，最低折旧年限不得低于规定折旧年限的（　　）。

A. 40%　　B. 50%　　C. 60%　　D. 70%

16. 依据企业所得税法和税收征管法的相关规定，下列纳税人，适用核定征收企业所得税的是（　　）。

A. 停牌的上市公司　　B. 跨省界汇总纳税企业

C. 擅自销毁账簿的汽车修理厂　　D. 经营规模较小的税务师事务所

17. 根据企业所得税法的规定，不得提取折旧的固定资产的是（　　）。

A. 以经营租赁方式租出的固定资产　　B. 未投入使用的房屋、建筑物

C. 以融资租赁方式租入的固定资产　　D. 以经营租赁方式租入的固定资产

18. 下列企业公益性捐赠支出税前扣除的表述中，正确的是（　　）。

A. 在税前全额扣除

B. 在年度应纳税所得额 12% 以内的部分准予扣除

C. 在年度利润总额 12% 以内的部分准予扣除

D. 在年度应纳税所得额 30% 以内的部分准予扣除

19. 下列有关企业所得税税率说法不正确的是（　　）。

A. 居民企业适用税率为 25%

B. 国家重点扶持的高新技术企业减按 15% 的税率征税

C. 符合条件的小型微利企业适用税率为 20%

D. 未在中国境内设立机构、场所的非居民企业，取得中国境内的所得适用税率为 15%

20. 某企业 2021 年会计利润为 700 万元，其中符合条件的技术转让所得 600 万元。假设没有其他纳税调整事项，该企业 2021 年应缴纳企业所得税（　　）万元。

A. 25　　B. 50　　C. 37.5　　D. 175

二、应税选择（多选题）

1. 对（　　）企业发生的广告费和业务宣传费支出，不超过当年销售（营业）收入 30% 的部分，准予扣除；超过部分，准予在以后纳税年度结转扣除。

A. 化妆品制造　　B. 医药制造　　C. 饮料制造　　D. 酒类制造

2. 根据企业所得税法法律制度的规定，下列项目不得在企业所得税前扣除的有（　　）。

A. 税收滞纳金　　B. 业务招待费　　C. 行政性罚款　　D. 企业支付的财产保险费

3. 下列属于企业所得税纳税义务人的有（　　）。

A. 个人独资企业　　B. 股份有限公司　　C. 外商投资企业　　D. 一人有限公司

4. 依据企业所得税法的规定，判定所得税纳税人的标准有（　　）。

A. 登记注册地标准　　B. 所得来源地标准

C. 经营行为实际发生地标准　　D. 实际管理机构所在地标准

5. 企业发生的下列行为，应当视同销售，计算缴纳企业所得税的有（　　）。

A. 将自产货物用于非货币性资产交换　　B. 将自产货物用于捐赠

C. 将自产货物用于管理部门　　D. 将自产货物用于非生产性机构

6. 下列关于企业所得税收入确认的表述中，正确的有（　　）。

A. 股息收入按照投资方实际收到的日期确认收入实现

B. 利息收入以合同约定的应付费的日期确认收入实现

C. 接受捐赠收入按照实际收到捐赠资产的日期确认收入的实现

D. 分期收款方式销售货物按照发出货物的日期确认收入的实现

7. 企业缴纳的下列保险金，可以直接在税前扣除的有（　　）。

A. 为特殊工种职工支付的人身安全保险费

B. 为没有工作的董事长夫人缴纳的社会保险费用

C. 为投资者或职工支付的家庭财产保险费

D. 按国家规定标准为董事长缴纳的补充养老保险金

8. 下列各项中，当年超过税法规定的扣除限额，可以结转到以后年度扣除的有（　　）。

A. 职工教育经费　　B. 职工福利费　　C. 业务招待费　　D. 广告费和业务宣传费

9. 企业从事下列项目的所得，减半征收企业所得税的有（　　）。

A. 种植花卉　　B. 种植茶叶　　C. 海水养殖　　D. 远洋捕捞

10. 根据企业所得税法的规定，下列收入不属于免税收入的有（　　）。

A. 国债利息　　B. 存款利息　　C. 财政补贴　　D. 财政拨款

11. 根据企业所得税法的规定，下列支出不得税前扣除的有（　　）。

A. 向投资者支付的股息、红利　　B. 税收滞纳金

C. 企业所得税税款　　D. 经核定的准备金支出

12. 下列固定资产中，可计算折旧税前扣除的有（　　）。

A. 以经营租赁方式租入的固定资产　　B. 闲置的房屋、建筑物

C. 以融资租赁方式租入的固定资产　　D. 已足额提取折旧仍继续使用的固定资产

13. 企业享受小型微利企业的所得税优惠税率，必须同时符合的条件有（　　）。

A. 从事国家非限制和禁止行业　　B. 年度应纳税所得额不超过 300 万元

C. 从业人数不超过 300 人　　D. 资产总额不超过 5 000 万元

14. 下列可以在企业所得税税前扣除的费用有（　　）。

A. 按照经济合同规定支付的违约金　　B. 银行罚息

C. 环保罚款　　D. 诉讼费

15. 根据企业所得税法的规定，下列不属于企业所得税工资薪金范围的有（　　）。

A. 向雇员支付集资分红支出　　B. 雇员年终加薪支出

C. 按规定为雇员缴纳的社会保险支出　　D. 为雇员提供的劳动保护费支出

16. 根据企业所得税法律制度的规定，下列行业中，不适用研究开发费用税前加计扣除政策的有（　　）。

A. 住宿和餐饮业　　B. 烟草制造业

C. 租赁和商务服务业　　D. 批发和零售业

17. 固定资产大修理支出需同时符合的条件有（　　）。

A. 修理后固定资产被用于新的或不同的用途

B. 修理后固定资产的使用年限延长 2 年以上

C. 修理后固定资产的使用年限延长 1 年以上

D. 修理支出达到取得固定资产时计税基础的 50% 以上

18. 下列利息支出准予在企业所得税前据实扣除的有（　　）。

A. 非金融企业向金融企业借款的利息支出

B. 非金融企业向非金融企业借款的利息支出

C. 金融企业同业拆借的利息支出

D. 非金融企业经批准发行债券的利息支出

19. 根据企业所得税法的规定，计算广告宣传费的基数包括（　　）。

A. 主营业务收入　　B. 其他业务收入　　C. 视同销售收入　　D. 营业外收入

20. 依据企业所得税法的规定，下列所得来源地规定不正确的有（　　）。

A. 特许权使用费所得按照特许权的使用地确定

B. 股息、红利等权益性投资所得，按照分配所得的企业所在地

C. 权益性投资资产转让所得按照投资企业所在地确定

D. 不动产转让所得按照转让不动产的企业或者机构、场所所在地确定

三、判断题

1. 企业对外投资期间，投资资产的成本可在所得税前扣除。（　　）

2. 无形资产按照直线法计算摊销费用，摊销年限一律不得低于10年。（ ）

3. 企业发生的支出应当区分收益性支出和资本性支出。收益性支出在发生当期直接扣除；资本性支出则不得扣除。（ ）

4. 企业计提的未经核定的准备金，不得在所得税前扣除。（ ）

5. 企业从事林木的培育和种植项目所得免征企业所得税。（ ）

6. 甲企业是我国的非居民企业且未在我国境内设立机构、场所，其从中国境内取得的财产转让所得，以收入全额减除财产净值后的余额为应纳税所得额。（ ）

7. 企业综合利用资源，生产符合国家产业政策规定的产品所取得的收入，可以在计算应纳税所得额时减按70%计入收入总额。（ ）

8. 企业所得税法规定，应纳税所得额 = 收入总额 - 不征税收入 - 免税收入 - 各项扣除 - 允许弥补的以前年度亏损。（ ）

9. 企业将自产产品用于在建工程，不属于企业所得税视同销售。（ ）

10. 所有的外国企业都是我国的非居民企业。（ ）

11. 企业所得税按年计征，分月或者分季预缴，年终汇算清缴，多退少补。（ ）

12. 企业按照法律、行政法规有关规定提取的用于环境保护、生态恢复等专项资金，准予扣除。（ ）

13. 企业已经作为损失处理的资产，在以后纳税年度又全部收回或者部分收回时，应当计入当期的收入。（ ）

14. 未投入使用的房屋、建筑物不得计算折旧扣除。（ ）

15. 居民企业来源于中国境外的应税所得已在境外缴纳的所得税税额，可以从其当期应纳税额中抵免，抵免限额为该项所得依照企业所得税法规定计算的应纳税额；超过抵免限额的部分，可以在以后五个年度内，用每年度抵免限额抵免当年应抵税额后的余额进行抵补。（ ）

四、计算题

1. 某国家重点扶持的高新技术企业，2021年度有关财务资料如下：

（1）收入总额2 100万元（包括产品销售收入1 900万元、购买国债取得利息收入100万元、直接投资于国内另一企业取得股息100万元）。

（2）各项成本费用共1 000万元，其中合理的工资薪金200万元，业务招待费100万元，职工福利费50万元，职工教育经费20万元，工会经费10万元，税收滞纳金10万元，提取的各项减值和跌价准备金100万元。

（3）2021年5月用自有资金购置节能节水专用设备并投入使用。取得专用发票注明价款500万元，增值税65万元（已申报抵扣进项税额）。另支付运费2万元，安装调试费5万元。

要求计算：

（1）2021年度会计利润总额；

（2）2021年各项纳税调整额；

（3）2021年应纳税所得额；

（4）2021年应纳企业所得税额；

（5）专用设备投资实际抵免所得税额；

（6）2021年实际应纳所得税额。

2. 某电视机厂2021年度生产经营情况如下：

（1）主营业务收入4 500万元；主营业务成本2 000万元；缴纳增值税700万元，缴纳营业税金及附加80万元。

（2）其他业务收入300万元；其他业务成本100万元。

（3）销售费用1 500万元，其中广告费800万元，业务宣传费20万元。

（4）管理费用500万元，其中业务招待费50万元，新产品研发费用40万元。

（5）财务费用80万元，其中向非金融机构借款一年的利息50万元，年息10%（银行同期同类贷款利率为6%）。

（6）营业外支出30万元，其中向供货方支付违约金5万元，接受工商局罚款1万元，通过政府部门向灾区捐赠20万元。

（7）投资收益18万元，其中从直接投资外地居民公司分回的税后利润17万元，国债利息收入1万元。

要求计算：

（1）2021年度利润总额；

（2）2021年各项纳税调整额；

（3）2021年应纳税所得额；

（4）2021年应纳企业所得税额。

3. 某市一家居民企业为增值税一般纳税人，主要生产销售高档西服，假定2020年度有关经营业务如下：

（1）销售西服取得不含税收入8 600万元，与西服配比的销售成本5 660万元；

（2）转让技术所有权取得收入700万元，直接与技术所有权转让有关的成本和费用100万元；

（3）出租有形动产取得不含税租金收入200万元，取得国债利息收入30万元；

（4）缴纳增值税961. 4万元；缴纳城市维护建设税和教育费附加96. 14万元；

（5）销售费用1 650万元，其中广告费1 400万元；

（6）管理费用850万元，其中业务招待费90万元；

（7）财务费用80万元，其中含向非金融企业借款500万元所支付的年利息40万元（金融企业同期同类贷款的年利率为5. 8%）；

（8）实发工资540万元，拨缴工会经费15万元、实际发生职工福利费82万元、职工教育经费18万元，均已计入相关的成本、费用；

（9）营业外支出300万元，其中包括通过公益性社会团体向贫困山区的捐款150万元。

要求：计算该企业2020年应纳企业所得税。

4. 我国境内某居民企业，在甲国设有分支机构，2019年与2020年取得境内外所得情况如下：

（1）2019年度境内所得100万元人民币，来自甲国的生产经营所得折合人民币14万元（税后），特许权使用费所得折合人民币4万元（税后），甲国政府对其生产经营所得征税折合人民币6万元，对其特许权使用费所得征税折合人民币1万元。

（2）2020年度境内所得80万元人民币，来自甲国特许权使用费所得折合人民币16万元（税后），甲国政府对特许权使用费按20%的税率征收企业所得税。

要求计算：

（1）该企业2019年度在我国汇总缴纳的企业所得税。

（2）该企业2020年度在我国汇总缴纳的企业所得税。

项目五

个人所得税计算与缴纳

项目认知

个人所得税是以个人（自然人）取得的各类应税所得为征税对象征收的一种税。

个人所得税具有以下特点：

1. 实行综合与分类相结合的所得税制；
2. 累进税率与比例税率并用；
3. 计算简便；
4. 采取代扣代缴和自行申报两种征纳方法。

知识目标

1. 掌握个人所得税的纳税人、征税对象及适用税率规定；
2. 掌握个人所得税综合所得与分类所得应纳个人所得税的计算方法；
3. 掌握个人所得税的税收优惠；
4. 熟悉个人所得税的申报缴纳。

能力目标

1. 能正确判断居民个人和非居民个人；
2. 能根据资料正确计算个人所得税；
3. 能结合具体案例办理个人所得税的申报缴纳工作；
4. 能根据需要查阅相关资料。

任务一 个人所得税基本要素

一、个人所得税的纳税人

个人所得税的纳税人，包括中国公民、个体工商业户以及在中国有所得的外籍人员（包括无国籍人员，下同）和香港、澳门、台湾同胞。上述纳税人依据住所和居住时间两个标准，可分为居民个人和非居民个人，分别承担不同的纳税义务。

（一）居民个人

1. 居民个人的范围。在中国境内有住所，或者无住所而一个纳税年度内在中国境内居住累计满 183 天的个人，为居民个人。

在中国境内有住所的个人，是指因户籍、家庭、经济利益关系，而在中国境内习惯性居住的个人。而所谓的习惯性居住，是判定纳税义务人是居民或非居民的一个法律意义上的标准，不是指实际居住或在某一个特定时期内的居住地。如因学习、工作、探亲、旅游等而在中国境外居住的，在其原因消除之后，必须回到中国境内居住的个人，则中国即为该纳税人习惯性居住地。

在中国境内居住的时间按照在中国境内停留的时间计算。在中国境内停留的当天满 24 小时的，计入中国境内居住天数，在中国境内停留的当天不足 24 小时的，不计入中国境内居住天数。

【例题・分析题】

李先生为香港居民，在深圳工作，每周一早上来深圳上班，周五晚上回香港。周一和周五当天停留都不足 24 小时，因此不计入境内居住天数，再加上周六、周日 2 天也不计入，这样，每周可计入的天数仅为 3 天，按全年 52 周计算，李先生全年在境内居住天数为 156 天，未超过 183 天，不构成居民个人，李先生取得的全部境外所得，就可免缴个人所得税。

2. 居民个人的纳税义务。居民个人从中国境内和境外取得的所得，依照个人所得税法的规定向中国政府履行全面纳税义务，缴纳个人所得税。

（二）非居民个人

1. 非居民个人的范围。在中国境内无住所又不居住，或者无住所而一个纳税年度内在中国境内居住累计不满 183 天的个人，为非居民个人。

2. 非居民个人的纳税义务。非居民个人仅就来源于中国境内取得的所得，向我国政府履行有限纳税义务，缴纳个人所得税。

在中国境内无住所的个人，在中国境内居住累计满 183 天的年度连续不满 6 年的，经向主管税务机关备案，其来源于中国境外且由境外单位或者个人支付的所得，免予缴纳个人所得税；在中国境内居住累计满 183 天的任一年度中有一次离境超过 30 天的，其在中国境内居住累计满 183 天的年度的连续年限重新起算。

在中国境内无住所的个人，在一个纳税年度内在中国境内居住累计不超过90天的，其来源于中国境内的所得，由境外雇主支付并且不由该雇主在中国境内的机构、场所负担的部分，免予缴纳个人所得税。

【案例·分析题】

甲、乙、丙三个自然人均属于在中国境内无住所的个人，其中，外籍个人甲2021年9月1日入境，2021年10月1日离境；外籍个人乙2021年1月1日入境，2021年7月30日离境；外籍个人丙2021年1月1日入境，2021年3月20日离境至11月30日。请根据个人所得税法规定，分析判断他们2015年度是否属于中国的居民纳税人。

分析：2021年度只有外籍个人乙属于中国的居民个人。外籍个人甲和丙均属于中国的非居民个人，因为他们2021年度在中国实际居住均不满183天。

应用提示

除国务院财政、税务主管部门另有规定外，下列所得，不论支付地点是否在中国境内，均为来源于中国境内的所得：

（1）因任职、受雇、履约等在中国境内提供劳务取得的所得；

（2）将财产出租给承租人在中国境内使用而取得的所得；

（3）许可各种特许权在中国境内使用而取得的所得；

（4）转让中国境内的不动产等财产或者在中国境内转让其他财产取得的所得；

（5）从中国境内企业、事业单位、其他组织以及居民个人取得的利息、股息、红利所得。

二、个人所得税的征税对象

（一）工资、薪金所得

工资、薪金所得，是指个人因任职或者受雇取得的工资、薪金、奖金、年终加薪、劳动分红、津贴、补贴以及与任职或者受雇有关的其他所得。

下列补贴、津贴不属于工资、薪金所得项目，不予征税：（1）独生子女补贴；（2）执行公务员工资制度未纳入基本工资总额的补贴、津贴差额和家属成员的副食品补贴；（3）托儿补助费；（4）差旅费津贴、误餐补助。

应用提示

下列项目视为“工资、薪金所得”计征个人所得税：

（1）个人因与用人单位解除劳动关系、内部退养以及提前退休等从任职单位取得的一次性补偿收入；

（2）退休人员再任职取得的收入；

（3）公司职工取得的用于购买企业国有股权的劳动分红；

（4）对出租车不拥有所有权的出租车驾驶员从事客货营运取得的收入；

（5）个人从任职、受雇单位取得的股票期权所得；

（6）个人领取的企业年金或职业年金；

(7) 企业和单位对营销业绩突出的雇员给予的营销业绩奖励。

(二) 劳务报酬所得

劳务报酬所得，指个人从事劳务取得的所得，包括从事设计、装潢、安装、制图、化验、测试、医疗、法律、会计、咨询、讲学、新闻、广播、翻译、审稿、书画、雕刻、影视、录音、录像、演出、表演、广告、展览、技术服务、介绍服务、经纪服务、代办服务以及其他劳务取得的所得。

应用提示

下列项目视为“劳务报酬所得”计征个人所得税：

(1) 个人兼任董事职务取得的董事费收入；

(2) 在校学生参加勤工俭学活动取得的所得；

(3) 单位支付给非雇员的免费旅游费；

(4) 个人兼职取得的收入；

(5) 保险营销员和证券经纪人取得的佣金收入。

[知识拓展] 劳务报酬所得与工资薪金所得的区别，请扫描二维码。

(三) 稿酬所得

稿酬所得，是指个人因其作品以图书、报刊形式出版、发表而取得的所得。

作品，包括文学作品、书画作品、摄影作品，以及其他作品。作者去世后，财产继承人取得的遗作稿酬，也应征收个人所得税。

任职、受雇于报纸、杂志等单位的记者、编辑等专业人员，因在本单位的报刊、杂志上发表作品取得的所得，属于因任职、受雇而取的所得，应与其当月工资收入合并，按“工资、薪金所得”项目征税。除上述专业人员以外，其他人员在本单位的报刊、杂志上发表作品取得的所得，应按“稿酬所得”项目征税。

出版社的专业作者撰写、编写或翻译的作品，由本社以图书形式出版而取得的稿费收入，应按“稿酬所得”项目征税。

(四) 特许权使用费所得

特许权使用费所得，是指个人提供专利权、商标权、著作权、非专利技术以及其他特许权的使用权取得的所得。

提供著作权的使用权取得的所得，不包括稿酬所得。对于作者将自己的文学作品手稿原件或复印件公开拍卖（竞价）取得的所得，属于提供著作权的使用所得，故应按特许权使用费所得项目征税。

个人取得特许权的经济赔偿收入，应按“特许权使用费所得”项目缴纳个人所得税，税款由支付赔偿的单位或个人代扣代缴。

编剧从电视剧的制作单位取得的剧本使用费，按“特许权使用费所得”项目征收个人所得税。

（五）经营所得

经营所得是指：

1. 个人通过在中国境内注册登记的个体工商户、个人独资企业、合伙企业从事生产、经营活动取得的所得；
2. 个人依法取得执照，从事办学、医疗、咨询以及其他有偿服务活动取得的所得；
3. 个人承包、承租、转包、转租取得的所得；
4. 个人从事其他生产、经营活动取得的所得。

（六）利息、股息、红利所得

利息、股息、红利所得，是指个人拥有债权、股权而取得的利息、股息、红利所得。利息，是指个人拥有债权而取得的利息，包括存款利息、贷款利息和各种债券的利息。股息、红利，是指个人拥有股权取得的股息、红利。按照一定的比率对每股发给的息金，叫股息；公司、企业应分配的利润，按股份分配的叫红利。股息、红利所得，除另有规定外，都应当缴纳个人所得税。

应用提示

下列项目视为“利息、股息、红利所得”计征个人所得税：

（1）除个人独资企业、合伙企业以外的其他企业的个人投资者，以企业资金为本人、家庭成员及其相关人员支付与企业生产经营无关的消费性支出及购买汽车、住房等财产性支出。

（2）纳税年度内个人投资者从其投资企业（个人独资企业、合伙企业除外）借款，在该纳税年度终了后既不归还又未用于企业生产经营的，其未归还的借款。

（七）财产租赁所得

财产租赁所得，是指个人出租不动产、土地使用权、机器设备、车船以及其他财产而取得的所得。

个人取得的财产转租收入，属于“财产租赁所得”的征税范围，由财产转租人纳税。在确认纳税人时，应以产权凭证为依据；对无产权凭证的，由主管税务机关根据实际情况确定。产权所有人死亡，在未办理产权继承手续期间，该财产出租而有租金收入的，以领取租金的个人为纳税人。

（八）财产转让所得

财产转让所得，是指个人转让有价证券、股权、合伙企业中的财产份额、不动产、土地使用权、机器设备、车船以及其他财产取得的所得。

个人发生非货币性资产交换，以及将财产用于捐赠、偿债、赞助、投资等用途的，应当视同转让财产并缴纳个人所得税，但国务院财政、税务主管部门另有规定的除外。

（九）偶然所得

偶然所得，是指个人得奖、中奖、中彩以及其他偶然性质的所得。偶然所得应缴纳的个人所得税，一律由发奖单位或机构代扣代缴。得奖，是指参加各种有奖竞赛活动，取得名次获得的奖金；中奖、中彩，是指参加各种有奖活动，如有奖销售、有奖储蓄、有奖发票或购买彩票，经过规定程序，抽中、摇中号码而取得的奖金。

应用提示

下列收入按“偶然所得”缴纳个人所得税：

（1）个人为单位或他人提供担保获得的收入；

（2）房屋产权所有人将房屋产权无偿赠与他人的，受赠人因无偿受赠房屋取得的受赠收入；

（3）企业在业务宣传、广告等活动中，随机向本单位以外的个人赠送礼品（包括网络红包），以及企业在年会、座谈会、庆典以及其他活动中向本单位以外的个人赠送礼品，个人取得的礼品收入。

居民个人取得第（一）项至第（四）项所得（以下称综合所得），按纳税年度合并计算个人所得税；非居民个人取得前款第（一）项至第（四）项所得，按月或者按次分项计算个人所得税。纳税人取得前款第（五）项至第（九）项所得，依法分别计算个人所得税。

个人取得的所得，难以界定应纳税所得项目的，由主管税务机关确定。

个人所得的形式，包括现金、实物、有价证券和其他形式的经济利益。所得为实物的，应当按照取得的凭证上所注明的价格计算应纳税所得额；无凭证的实物或者凭证上所注明的价格明显偏低的，参照市场价格核定应纳税所得额。所得为有价证券的，根据票面价格和市场价格核定应纳税所得额。所得为其他形式的经济利益的，参照市场价格核定应纳税所得额。

三、个人所得税的税率

（一）综合所得适用3%～45%的七级超额累进税率

1. 综合所得年税率表，见表5－1。

表5－1　综合所得年税率

级数	全年应纳税所得额	税率（%）	速算扣除数（元）
1	不超过36 000元的部分	3	0
2	超过36 000元至144 000元的部分	10	2 520
3	超过144 000元至300 000元的部分	20	16 920

续表

级数	全年应纳税所得额	税率（%）	速算扣除数（元）
4	超过 300 000 元至 420 000 元的部分	25	31 920
5	超过 420 000 元至 660 000 元的部分	30	52 920
6	超过 660 000 元至 960 000 元的部分	35	85 920
7	超过 960 000 元的部分	45	181 920

注：（1）本表所称全年应纳税所得额是指依照税法规定，居民个人取得综合所得以每一纳税年度收入额减除费用 6 万元以及专项扣除、专项附加扣除和依法确定的其他扣除后的余额。

（2）非居民个人取得工资、薪金所得，劳务报酬所得，稿酬所得和特许权使用费所得，依照本表按月换算后计算应纳税额。

2. 综合所得月税率表，见表 5 –2。

表 5 –2　　综合所得月税率

级数	全月应纳税所得额	税率（%）	速算扣除数（元）
1	不超过 3 000 元的部分	3	0
2	超过 3 000 元至 12 000 元的部分	10	210
3	超过 12 000 元至 25 000 元的部分	20	1 410
4	超过 25 000 元至 35 000 元的部分	25	2 660
5	超过 35 000 元至 55 000 元的部分	30	4 410
6	超过 55 000 元至 80 000 元的部分	35	7 160
7	超过 80 000 元的部分	45	15 160

（二）经营所得适用 3% ~35% 的五级超额累进税率

五级超额累进税率，见表 5 –3。

表 5 –3　　五级超额累进税率

级数	全年应纳税所得额	税率（%）	速算扣除数（元）
1	不超过 30 000 元的部分	5	0
2	超过 30 000 元至 90 000 元的部分	10	1 500
3	超过 90 000 元至 300 000 元的部分	20	10 500
4	超过 300 000 元至 500 000 元的部分	30	40 500
5	超过 500 000 元的部分	35	65 500

注：本表所称全年应纳税所得额是指依照税法规定，以每一纳税年度的收入总额减除成本、费用以及损失后的余额。

（三）其他各项所得适用税率

利息、股息、红利所得，财产租赁所得，财产转让所得和偶然所得，适用比例税率，税率为20%。

对个人出租住房取得的所得减按10%税率征收个人所得税。

四、个人所得税的税收优惠

（一）工资、薪金所得项目的免税规定

1. 个人取得按照国务院规定发给的政府特殊津贴、院士津贴、资深院士津贴，以及国务院规定免纳个人所得税的其他补贴、津贴免征个人所得税。

2. 生育妇女按照县级以上人民政府根据国家有关规定制定的生育保险办法，取得的生育津贴、生育医疗费或其他属于生育保险性质的津贴、补贴，免征个人所得税。

3. 对外籍个人以非现金形式或实报实销形式取得的合理的住房补贴、伙食补贴和洗衣费暂免征个人所得税。

4. 按照国家统一规定发给干部、职工的安家费、退职费、退休工资、离休工资、离休生活补助费免征个人所得税。

离退休人员除按规定领取离退休工资或养老金外，另从原任职单位取得的各类补贴、奖金、实物，不属于免税的退休工资、离休工资、离休生活补助费。应按“工资、薪金所得”应税项目缴纳个人所得税。

5. 对延长退休年龄的高级专家从其劳动人事关系所在单位取得的，单位按国家有关规定向职工统一发放的工资、薪金、奖金、津贴、补贴等收入，视同离休、退休工资，免征个人所得税。从其劳动人事关系所在单位之外的其他地方取得的培训费、讲课费、顾问费、稿酬等各种收入，依法计征个人所得税。

6. 企业和个人按照省级以上人民政府规定的比例提取并缴付的住房公积金、医疗保险金、基本养老保险金、失业保险金，不计入个人当期的工资、薪金收入，免予征收个人所得税。超过规定的比例缴付的部分计征个人所得税。

个人领取原提存的住房公积金、医疗保险金、基本养老保险金时，免予征收个人所得税。

7. 对工伤职工及其近亲属按照《工伤保险条例》规定取得的工伤保险待遇，免征个人所得税。

8. 科技人员取得职务科技成果转化现金奖励，减按50%计入科技人员当月工资所得，缴纳个税。

（二）财产转让所得项目的免税规定

1. 个人转让上市公司股票取得的所得暂免征收个人所得税。所称上市公司是指在上海证券交易所、深圳证券交易所挂牌交易的上市公司。个人转让境外上市公司的股票而取得的所得，应按税法的规定计算应纳税所得额和应纳税额，依法缴纳税款。

2. 个人转让自用达5年以上并且是唯一的家庭居住用房取得的所得免征个人所得税。

3. 通过离婚析产的方式分割房屋产权是夫妻双方对共同共有财产的处置，个人因离婚

办理房屋产权过户手续，不征收个人所得税。

4. 个人互赠房产三种情形双方免征个人所得税：

（1）房屋产权所有人将房屋产权无偿赠与配偶、父母、子女、祖父母、外祖父母、孙子女、外孙子女、兄弟姐妹；

（2）房屋产权所有人将房屋产权无偿赠与对其承担直接抚养或者赡养义务的抚养人或者赡养人；

（3）房屋产权所有人死亡，依法取得房屋产权的法定继承人、遗嘱继承人或者受遗赠人。

（三）利息、股息、红利所得项目的免税规定

1. 个人取得的国债和国家发行的金融债券利息免征个人所得税。其中，国债利息，是指个人持有中华人民共和国财政部发行的债券而取得的利息所得；国家发行的金融债券利息，是指个人持有经国务院批准发行的金融债券而取得的利息所得。

2. 个人取得的储蓄存款利息所得暂免征个人所得税。

3. 对证券市场个人投资者取得的证券交易结算资金利息所得，暂免征收个人所得税。

4. 外籍个人从外商投资企业取得的股息红利所得免征个人所得税。

5. 个人取得地方政府债券利息所得免征个人所得税。

地方政府债券是指经国务院批准，以省、自治区、直辖市和计划单列市政府为发行和偿还主体的债券。

6. 个人从公开发行和转让市场取得的上市公司股票，持股期限在 1 个月以内（含 1 个月）的，其股息红利所得全额计入应纳税所得额；持股期限在 1 个月以上至 1 年（含 1 年）的，暂减按 50% 计入应纳税所得额；持股期限超过 1 年的，股息红利所得暂免征收个人所得税。

（四）奖金项目的免税规定

1. 个人取得省级人民政府、国务院部委和中国人民解放军军以上单位，以及外国组织、国际组织颁发的科学、教育、技术、文化、卫生、体育、环境保护等方面的奖金免征个人所得税。

2. 个人购买体育彩票、体育彩票、赈灾彩票一次中奖收入不超过 10 000 元（含 10 000 元），暂免征收个人所得税；超过 10 000 元的，应按税法规定全额征收个人所得税。

3. 个人取得单张有奖发票奖金所得不超过 800 元（含 800 元）的，暂免征收个人所得税；个人取得单张有奖发票奖金所得超过 800 元的，应全额按照个人所得税法规定的“偶然所得”项目征收个人所得税。

4. 为了鼓励广大群众见义勇为，维护社会治安，对乡镇（含乡镇）以上人民政府或经县（含县）以上人民政府主管部门批准成立的有机构、有章程的见义勇为基金会或类似组织，奖励见义勇为者的奖金或奖品，经主管税务机关核准，免予征收个人所得税。

5. 个人举报、协查各种违法、犯罪行为而获得的奖金，暂免征收个人所得税。

（五）其他减免税规定

1. 个人取得的福利费、抚恤金、救济金免征个人所得税。其中，福利费是指根据国家

有关规定，从企业、事业单位、国家机关、社会团体提留的福利费或者工会经费中支付给个人的生活补助费；抚恤金是指国家机关、企事业单位、集体经济组织对死者家属或伤残职工发给的费用；救济金，是指国家民政部门支付给个人的生活困难补助费。

2. 个人取得保险赔款免征个人所得税。

3. 个人取得军人的转业费、复员费免征个人所得税。

4. 依照我国有关法律规定应予免税的各国驻华使馆、领事馆的外交代表、领事官员和其他人员的所得。

5. 中国政府参加的国际公约、签订的协议中规定免税的所得。

6. 经国务院财政部门批准免税的所得。

7. 有下列情形之一的，经批准可以减征个人所得税：

（1）残疾、孤老人员和烈属的所得；

（2）因严重自然灾害造成重大损失的；

（3）其他经国务院财政部门批准减税的。

任务二 个人所得税应纳税额的计算

我国现行个人所得税实行的是综合与分类相结合的所得税制度，综合所得项目与分类所得项目的费用扣除、适用税率以及计算方法不尽相同。因此，各项所得的应纳税额应分别计算。

一、居民个人综合所得应纳税额的计算

居民个人综合所得包括工资薪金所得、劳务报酬所得、稿酬所得、特许权使用费所得。居民个人取得综合所得，按年计算个人所得税；有扣缴义务人的，由扣缴义务人按月或者按次预扣预缴税款；需要办理汇算清缴的，应当在取得所得的次年 3 月 1 日至 6 月 30 日内办理汇算清缴。

居民个人综合所得适用七级超额累进税率，按工资薪金收入额、劳务报酬收入额、稿酬收入额以及特许权使用费收入额之和扣除基本减除费用、专项扣除、专项附加扣除以及依法确定的其他扣除之后，就其余额作为应纳税所得额，按适用税率和速算扣除数计算应纳税额。计算公式为：

应纳税额 = 综合所得应纳税所得额 × 适用税率 − 速算扣除数

（一）专项附加扣除费用和标准

专项附加扣除是指个人所得税法规定的子女教育、继续教育、大病医疗、住房贷款利息或者住房租金、赡养老人 6 项专项附加扣除。现行税法依据遵循公平合理、利于民生、简便易行的原则，并根据教育、医疗、住房、养老等民生支出变化情况，制定了现行的专项附加扣除范围和标准。

1. 子女教育支出。纳税人的子女接受全日制学历教育的相关支出，按照每个子女每月

1 000 元的标准定额扣除。

2. 继续教育支出。纳税人在中国境内接受学历（学位）继续教育的支出，在学历（学位）教育期间按照每月 400 元定额扣除。同一学历（学位）继续教育的扣除期限不能超过 48 个月。纳税人接受技能人员职业资格继续教育、专业技术人员职业资格继续教育的支出，在取得相关证书的当年，按照 3 600 元定额扣除。

3. 大病医疗支出。在一个纳税年度内，纳税人发生的与基本医保相关的医药费用支出，扣除医保报销后个人负担（指医保目录范围内的自付部分）累计超过 15 000 元的部分，由纳税人在办理年度汇算清缴时，在 80 000 元限额内据实扣除。

4. 住房贷款利息。纳税人本人或者配偶单独或者共同使用商业银行或者住房公积金个人住房贷款为本人或者其配偶购买中国境内住房，发生的首套住房贷款利息支出，在实际发生贷款利息的年度，按照每月 1 000 元的标准定额扣除，扣除期限最长不超过 240 个月。纳税人只能享受一次首套住房贷款的利息扣除。

5. 住房租金。纳税人在主要工作城市没有自有住房而发生的住房租金支出，可以按照以下标准定额扣除：

（1）直辖市、省会（首府）城市、计划单列市以及国务院确定的其他城市，扣除标准为每月 1 500 元；

（2）除第（1）项所列城市以外，市辖区户籍人口超过 100 万的城市，扣除标准为每月 1 100 元；市辖区户籍人口不超过 100 万的城市，扣除标准为每月 800 元。

纳税人的配偶在纳税人的主要工作城市有自有住房的，视同纳税人在主要工作城市有自有住房。夫妻双方主要工作城市相同的，只能由一方扣除住房租金支出。住房租金支出由签订租赁住房合同的承租人扣除。纳税人及其配偶在一个纳税年度内不能同时分别享受住房贷款利息和住房租金专项附加扣除。

6. 赡养老人支出。纳税人赡养一位及以上被赡养人的赡养支出，统一按照以下标准定额扣除：

（1）纳税人为独生子女的，按照每月 2 000 元的标准定额扣除；

（2）纳税人为非独生子女的，由其与兄弟姐妹分摊每月 2 000 元的扣除额度，每人分摊的额度不能超过每月 1 000 元。可以由赡养人均摊或者约定分摊，也可以由被赡养人指定分摊。约定或者指定分摊的须签订书面分摊协议，指定分摊优先于约定分摊。具体分摊方式和额度在一个纳税年度内不能变更。

所称被赡养人是指年满 60 岁的父母，以及子女均已去世的年满 60 岁的祖父母、外祖父母。

（二）居民个人综合所得预扣预缴个人所得税的计算

1. 工资薪金所得预扣预缴个人所得税的计算。扣缴义务人向居民个人支付工资、薪金所得时，应当按照累计预扣法计算预扣税款，并按月办理全员全额扣缴申报。具体计算公式如下：

累计预扣预缴应纳税所得额 = 累计收入 − 累计免税收入 − 累计减除费用 − 累计专项扣除 − 累计专项附加扣除 − 累计依法确定的其他扣除

本期应预扣预缴税额 =（累计预扣预缴应纳税所得额 × 预扣率 − 速算扣除数）− 累计减免税额 − 累计已预扣预缴税额

上述公式中，计算居民个人工资、薪金所得预扣预缴税额的预扣率、速算扣除数，按《工资、薪金所得税预扣率表》执行（见表5－4）。

表5－4 工资、薪金所得预扣率表

级数	累计预扣预缴应纳税所得额	预扣率（%）	速算扣除数（元）
1	不超过36 000元的部分	3	0
2	超过36 000元至144 000元的部分	10	2 520
3	超过144 000元至300 000元的部分	20	16 920
4	超过300 000元至420 000元的部分	25	31 920
5	超过420 000元至660 000元的部分	30	52 920
6	超过660 000元至960 000元的部分	35	85 920
7	超过960 000元的部分	45	181 920

【例题・计算题】

张三为某单位职员，2021年每月应发工资均为10 000元，每月减除费用5 000元，“三险一金”等专项扣除为1 500元，从1月起享受子女教育专项附加扣除1 000元，假设没有减免收入及减免税额等情况。以前三个月为例，张三任职单位应按以下方法计算预扣预缴税额：

应税计算：1月份：(10 000－5 000－1 500－1 000)×3% ＝75（元）；

2月份：(10 000×2－5 000×2－1 500×2－1 000×2)×3%－75＝75（元）；

3月份：(10 000×3－5 000×3－1 500×3－1 000×3)×3%－75－75＝75（元）。

进一步计算可知，该纳税人全年累计预扣预缴应纳税所得额为30 000元，一直适用3%的税率，因此各月应预扣预缴的税款相同。

【例题・计算题】

李四为某单位职员，2021年每月应发工资均为30 000元，每月减除费用5 000元，“三险一金”等专项扣除为4 500元，享受子女教育、赡养老人两项专项附加扣除共计2 000元，假设没有减免收入及减免税额等情况。以前三个月为例，李四任职单位应按以下方法计算各月应预扣预缴税额：

应税计算：1月份：(30 000－5 000－4 500－2 000)×3% ＝ 555（元）；

2月份：(30 000×2－5 000×2－4 500×2－2 000×2)×10%－2 520－555 ＝625（元）；

3月份：(30 000×3－5 000×3－4500×3－2 000×3)×10%－2 520－555－625＝1 850（元）。

上述计算结果表明，由于2月份累计预扣预缴应纳税所得额为37 000元，已适用10%的税率，因此2月份和3月份应预扣预缴税款有所增加。

2. 劳务报酬所得、稿酬所得、特许权使用费所得预扣预缴个人所得税的计算。

居民个人劳务报酬所得、稿酬所得、特许权使用费所得按次或者按月预扣预缴个人所得税。其中，“每次”按下列方法确定：属于一次性收入的，以取得该项收入为一次；属于同一项目连续性收入的，以一个月内取得的收入为一次。

（1）劳务报酬所得预扣预缴个人所得税的计算。

①计算预扣预缴应纳税所得额：

A. 每次收入≤4 000 元：

预扣预缴应纳税所得额 = 每次收入 – 800

B. 每次收入 >4 000 元：

预扣预缴应纳税所得额 = 每次收入 ×（1 – 20%）

②计算预扣缴税额：

应预扣预缴税额 = 预扣预缴应纳税所得额 × 预扣率 – 速算扣除数

劳务报酬所得适用 20% ~40% 的超额累进预扣率（见表 5 – 5）。

表 5 – 5　　劳务报酬所得预扣率

级数	预扣预缴应纳税所得额	预扣率（%）	速算扣除数（元）
1	不超过 20 000 元的部分	20	0
2	超过 20 000 元至 50 000 元的部分	30	2 000
3	超过 50 000 元的部分	40	7 000

【例题 · 计算题】

陈某 2021 年 4 月取得劳务报酬收入 3 000 元，计算支付单位应预扣预缴个人所得税。

应税计算： 预扣预缴应纳税所得额 =（3 000 – 800）=2 200（元）；

预扣预缴税额 =2 200 ×20% =440（元）。

【例题 · 计算题】

某教授 2021 年 4 月为某企业进行员工培训，取得讲课费 15 000 元，计算该企业预扣预缴个人所得税。

应税计算： 预扣预缴应纳税所得额 =15 000 ×（1 –20%）=12 000（元）；

预扣预缴税额 =12 000 ×20% =2 400（元）。

（2）稿酬所得预扣预缴个人所得税的计算。

①计算预扣预缴应纳税所得额：

A. 每次收入≤4 000 元：

预扣预缴应纳税所得额 =（每次收入 – 800）×70%

B. 每次收入 >4 000 元：

预扣预缴应纳税所得额 = 每次收入 ×（1 –20%）×70%

②计算预扣预缴税额：

应预扣预缴税额＝预扣预缴应纳税所得额×预扣率

稿酬所得适用20%比例预扣率。

【例题·计算题】

某大学教授参编教材出版，出版社支付稿酬2 600元，计算出版社应预扣预缴个人所得税。

应税计算：预扣预缴应纳税所得额＝(2 600－800)×70%＝1 260（元）；
应预扣预缴税额＝1 260×20%＝252（元）。

（3）特许权使用费所得预扣预缴个人所得税的计算。

①计算预扣预缴应纳税所得额：

A. 每次收入≤4 000元：

预扣预缴应纳税所得额＝每次收入－800元

B. 每次收入＞4 000元：

预扣预缴应纳税所得额＝每次收入×(1－20%)

②计算预扣预缴税额：

应预扣预缴税额＝预扣预缴应纳税所得额×预扣率

特许权使用费所得适用20%比例预扣率。

【例题·计算题】

叶某2021年1月转让一项专利技术给A公司，取得转让费收入8 000元，计算A公司应预扣预缴个人所得税。

应税计算：预扣预缴应纳税所得额＝8 000×(1－20%)＝6 400（元）；
应预扣预缴税额＝6 400×20%＝1 280（元）。

（三）居民个人综合所得汇算清缴个人所得税的计算

1. 综合所得汇算清缴个人所得税的情形。取得综合所得且符合下列情形之一的纳税人，应当依法办理汇算清缴：

（1）从两处以上取得综合所得，且综合所得年收入额减除专项扣除后的余额超过6万元；

（2）取得劳务报酬所得、稿酬所得、特许权使用费所得中一项或者多项所得，且综合所得年收入额减除专项扣除的余额超过6万元；

（3）纳税年度内预缴税额低于应纳税额；

（4）纳税人申请退税。

需要办理汇算清缴的纳税人，应当在取得所得的次年3月1日至6月30日内，向任职、受雇单位所在地主管税务机关办理纳税申报，并报送《个人所得税年度自行纳税申报表》。

2. 综合所得汇算清缴个人所得税的计算。在具体计算汇算清缴应补（退）个人所得税时，可按下列步骤进行：

第一步：计算综合所得年收入额：

综合所得年收入额 = 工资薪金所得收入额 + 劳务报酬所得收入额
+ 稿酬所得收入额 + 特许权使用费所得收入额

特别提示：劳务报酬所得、稿酬所得、特许权使用费所得以收入减除20%的费用后的余额为收入额。稿酬所得的收入额减按70%计算。

第二步：计算综合所得应纳税所得额：

综合所得应纳税所得额 = 综合所得收入额 − 60 000 元 − “三险一金”等专项扣除
− 子女教育等专项附加扣除 − 依法确定的其他扣除
− 符合条件的公益慈善事业捐赠

第三步：计算综合所得应纳税额：

综合所得应纳税额 = 应纳税所得额 × 适用税率 − 速算扣除数

第四步：计算综合所得累计预扣预缴税额：

综合所得累计预扣预缴税额
$= \sum$ 工资薪金所得预扣预缴税额 + $\sum$ 劳务报酬所得预扣预缴税额
+ $\sum$ 稿酬所得预扣预缴税额 + $\sum$ 特许权使用费所得预扣预缴税额

第五步：计算综合所得汇算清缴应补（退）税额：

综合所得汇算清缴应补(退)税额 = 综合所得应纳税额 − 综合所得累计预扣预缴税额

【例题·计算题】

张先生在甲企业任职，2021 年 1～12 月每月在甲企业取得工资薪金收入 10 000 元，无免税收入；个人缴付“三险一金”2 000 元/月，享受子女教育专项附加扣除 1 000 元/月，无其他扣除。另外，2021 年 5 月为他人提供劳务，取得劳务报酬收入 10 000 元；2021 年 6 月在报刊上发表文章取得稿酬收入 3 000 元；2021 年 8 月通过提供个人专利权使用权取得特许权使用费收入 5 000 元。

要求：计算甲企业 2021 年预扣预缴个人所得税以及张先生年终汇算清缴应补退个人所得税。

应税计算： 1. 计算甲企业预扣预缴个人所得税。

（1）工资薪金所得预扣预缴个人所得税的计算：

1 月份：（10 000 − 5 000 − 2 000 − 1 000）× 3% = 60（元）；

2 月份：（10 000 × 2 − 5 000 × 2 − 2 000 × 2 − 1 000 × 2）× 3% − 60 = 60（元）；

3 月份：（10 000 × 3 − 5 000 × 3 − 2 000 × 3 − 1 000 × 3）× 3% − 60 − 60 = 60（元）。

进一步计算可知，该纳税人每月累计预扣预缴应纳税所得额为 2 000 元，一直适用 3% 的税率，因此各月应预扣预缴的税款相同。全年工资薪金所得累计预扣预缴个人所得税为

720 元。

（2）劳务报酬所得、稿酬所得、特许权使用费所得预扣预缴个人所得税计算。

①2021 年 5 月劳务报酬收入预扣预缴个人所得税：

预扣预缴应纳税所得额 =10 000 ×（1 -20%）=8 000（元）；

预扣预缴税额 =8 000 ×20% =1 600（元）。

②2021 年 6 月稿酬收入 3 000 元预扣预缴个人所得税：

预扣预缴应纳税所得额 =（3 000 -800）×70% =1 540（元）；

预扣预缴税额 =1540 ×20% =308（元）。

③2021 年 8 月特许权使用费收入 5 000 元预扣预缴个人所得税：

预扣预缴应纳税所得额 =5 000 ×（1 -20%）=4 000（元）；

预扣预缴税额 =4 000 ×20% =800（元）。

2. 汇算清缴个人所得税的计算。

（1）年收入额 = 工资、薪金所得收入 + 劳务报酬所得收入 + 稿酬所得收入 + 特许权使用费所得收入 =10 000 ×12 +10 000 ×（1 -20%） +3 000 ×（1 -20%）×70% +5 000 ×（1 -20%）=133 680（元）；

（2）综合所得应纳税所得额 =133 680 -60 000 -2 000 ×12 -1 000 ×12 =37 680（元）；

（3）综合所得应纳税额 =37 680 ×10% -2 520 =1 248（元）；

（4）全年累计预扣预缴税额 =720 +1 600 +308 +800 =3 428（元）；

（5）年度汇算应补退税额 =1 248 -3 428 = -2 180（元）。

即汇算清缴应退税额 2 180 元。

二、非居民个人四项所得应纳税额的计算

非居民个人四项所得包括工资、薪金所得，劳务报酬所得，稿酬所得，特许权使用费所得。非居民个人取得的四项所得，按月或者按次分项计算个人所得税。

（一）非居民个人工资、薪金所得应纳税额的计算

1. 应纳税所得额的计算。非居民个人的工资、薪金所得，以每月收入额减除费用 5 000 元后的余额为应纳税所得额。计算公式为：

应纳税所得额 = 月工资、薪金收入 -5 000 元

2. 应纳税额的计算。非居民个人的工资、薪金所得适用七级超额累进税率（月税率），按每月收入定额扣除 5 000 元，就其余额作为应纳税所得额，按适用税率和速算扣除数计算应纳税额。计算公式为：

应纳税额 = 应纳税所得额 × 适用税率 - 速算扣除数

【例题·计算题】

某外商投资企业中的外籍专家 2019 年 1 月取得工资收入 12 200 元。计算该外籍专家 1 月份应纳个人所得税税额。

应税计算：

（1）应纳税所得额 = 12 200 − 5 000 = 7 200（元）；

（2）应纳所得税额 = 7 200 × 10% − 210 = 510（元）。

（二）非居民个人劳务报酬所得、稿酬所得、特许权使用费所得应纳税额的计算

1. 应纳税所得额的计算。非居民个人的劳务报酬所得、稿酬所得、特许权使用费所得，以每次收入额为应纳税所得额。计算公式为：

应纳税所得额 = 每次收入额

劳务报酬所得、稿酬所得、特许权使用费所得以收入减除 20% 的费用后的余额为收入额。稿酬所得的收入额减按 70% 计算。

2. 应纳税额的计算。非居民个人的劳务报酬所得、稿酬所得、特许权使用费所得计算应纳税所得额后，按七级超额累进税率（月税率）和速算扣除数计算应纳税额。计算公式为：

应纳税额 = 应纳税所得额 × 适用税率 − 速算扣除数

【例题·计算题】

某外籍教授 9 月份应邀讲学取得酬金 8 000 元，计算该外籍教授应纳个人所得税。

应税计算：

（1）应纳税所得额 = 8 000 ×（1 − 20%）= 6 400（元）；

（2）应纳个人所得税 = 6 400 × 10% − 210 = 430（元）。

【例题·计算题】

某外籍作家写了一本书交付出版，取得稿酬收入 30 000 元，计算该作家应纳个人所得税。

应税计算：

（1）应纳税所得额 = 30 000 ×（1 − 20%）× 70% = 16 800（元）；

（2）应纳个人所得税 = 16 800 × 20% − 1 410 = 1 950（元）。

【例题·计算题】

某非居民个人发明一项自动化专利技术，2019 年 10 月转让给 A 公司，转让价 1.5 万元，A 公司 10 月支付使用费 6 000 元，11 月支付使用费 9 000 元；11 月叶某将该项使用权转让给 D 公司，获得转让费收入 8 000 元。计算该非居民个人转让特许权使用费所得应纳个人所得税。

应税计算：

（1）转让给 A 公司应纳税额 =（6 000 + 9 000）×（1 − 20%）× 10% − 210 = 990（元）；

（2）转让给 D 公司应纳税额 = 8 000 ×（1 − 20%）× 10% − 210 = 430（元）；

应纳个人所得税合计：990 + 430 = 1 420（元）。

三、经营所得应纳税额的计算

（一）应纳税所得额的确定

经营所得，以每一纳税年度的收入总额减除成本、费用以及损失后的余额，为应纳税所得额。

成本、费用，是指个体工商户、个人独资企业、合伙企业以及个人从事其他生产、经营活动发生的各项直接支出和分配计入成本的间接费用以及销售费用、管理费用、财务费用；所称损失，是指个体工商户、个人独资企业、合伙企业以及个人从事其他生产经营活动发生的固定资产和存货的盘亏、毁损、报废损失，转让财产损失、坏账损失，自然灾害等不可抗力因素造成的损失以及其他损失。

取得经营所得的个人，没有综合所得的，计算其每一纳税年度的应纳税所得额时，应当减除费用6万元、专项扣除、专项附加扣除以及依法确定的其他扣除。专项附加扣除在办理汇算清缴时减除。

从事其他生产、经营活动，未提供完整、准确的纳税资料，不能正确计算应纳税所得额的，由主管税务机关核定其应纳税所得额。

（二）应纳税额的计算

经营所得适用五级超额累进税率，以其应纳税所得额按适用税率计算应纳税额。计算公式为：

$$应纳税额=应纳税所得额\times适用税率-速算扣除数$$

应用提示

个体工商户生产经营所得税前扣除的特殊规定：

（1）从事生产经营活动的业主个人的工资薪金支出不得税前扣除，但可根据实际经营月数每月扣除5 000元费用扣除标准。

（2）个体工商户本人缴纳工会经费、职工福利费支出、职工教育经费支出以及补充养老保险费、补充医疗保险费以当地（地级市）上年度社会平均工资的3倍为计算基数，在规定比例内据实扣除。

（3）个体工商户通过公益性社会团体或者县级以上人民政府及其部门，用于《中华人民共和国公益事业捐赠法》规定的公益事业的捐赠，捐赠额不超过其应纳税所得额30%的部分可以据实扣除。个体工商户直接对受益人的捐赠不得扣除。

（4）个体工商户生产经营活动中，应当分别核算生产经营费用和个人、家庭费用。对于生产经营与个人、家庭生活混用难以分清的费用，其40%视为与生产经营有关费用，准予扣除。

（5）个体工商户其他项目的扣除参照企业所得税的规定。

【案例·计算题】

某酒楼为个体经营，会计核算健全。2021年营业额为295 000元，购进各种原料、酒水的费用为35 800元，缴纳房租、水电、煤气费23 600元，缴纳税金及附加16 500元，支付厨师、服务员工资145 000元，支付业主本人工资60 000元，提取设备折旧费2 000元，被工商局罚款 3 000 元，其他管理费 5800 元。

要求：计算该酒楼 2021 年应纳个人所得税。

应税计算：

（1）应纳税所得额 =295 000 – 35 800 – 236 00 – 16 500 – 145 000 – 2 000 – 5 800 – 5 000 × 12 =6 300（元）；

（2）应纳个人所得税 =6 300 ×5% =315（元）。

四、财产租赁所得应纳税额的计算

（一）应纳税所得额的确定

财产租赁所得一般以个人每次取得的收入，定额或定率减除规定费用后的余额为应纳税所得额。每次收入不超过 4 000 元的，定额减除费用 800 元；每次收入在 4 000 元以上的，定率减除 20% 的费用。财产租赁所得以一个月内取得的收入为一次。计算公式为：

（1）每次（月）收入不足 4 000 元的：

应纳税所得额 = 每次收入 – 可扣除的税费 – 允许扣除的修缮费用 –800 元

（2）每次（月）收入超过 4 000 元的：

应纳税所得额 =［每次收入 – 可扣除的税费 – 允许扣除的修缮费用］×（1 –20%）

（二）应纳税额的计算

财产租赁所得适用 20% 的比例税率。但对个人按市场价格出租的居民住房取得的所得，减按 10% 的税率征收个人所得税。应纳税额的计算公式为：

应纳税额 = 应纳税所得额 × 适用税率

应用提示

财产租赁所得计算个人所得税需注意的细节：

（1）个人出租房屋个人所得税应税收入不含增值税。

（2）可扣除的税费包括城建税、教育费附加、印花税、房产税；计算房屋出租所得可扣除的税费不包括本次出租缴纳的增值税。个人转租房屋，其向房屋出租方支付的租金及增值税额，在计算转租所得时予以扣除。

（3）允许扣除的修缮费用，以每次 800 元为限。一次扣除不完的，准予在下一次继续扣除，直到扣完为止。

（4）个人出租住房可享受税收优惠：其中增值税按 5% 征收率减按 1.5% 计算，月租金收入≤15 万元（季收入≤45 万元），免征增值税。房产税减按 4% 计算；印花税免征；个人所得税减按 10% 计算。

【例题·计算题】

某市居民王某 5 月份出租自有商铺，收取租金 108 000 元，计算王某 5 月份应纳个人所得税。

（1）应纳增值税 =108 000 ÷（1 +5%）×5% =5 142.86（元）；

（2）应纳城建税及附加 = 5 142.86 ×（7% + 3% + 2%）= 514.29（元）；

（3）应纳房产税 = 108 000 ÷（1 + 5%）× 12% = 12 342.86（元）；

（4）应纳印花税 = 108 000 ÷（1 + 5%）× 0.1% = 102.86（元）；

（5）应纳个人所得税 = [108 000 ÷（1 + 5%）- 514.29 - 12 342.86 - 102.86] ×（1 - 20%）× 20% = 14 383.54（元）。

【例题·计算题】

某市居民陈某出租自有住房，出租期限为 1 年，收取租金 126 万元，计算陈某应纳个人所得税。

应用提示

其他个人出租不动产一次性收取租金的，可在对应的租赁期内平均分摊，分摊后的月租金收入不超过 15 万元的，可享受小规模纳税人免税政策。

（1）分摊后的月租金 = 1 260 000 ÷（1 + 5%）÷ 12 = 100 000（元），未超过 15 万元，可免征增值税、城建税及教育费附加。

（2）应纳房产税 = 100 000 × 12 × 4% = 48 000（元）。

（3）免征印花税。

（4）应纳个人所得税 =（100 000 - 48 000 ÷ 12）×（1 - 20%）× 10% × 12 = 92 160（元）。

静心思考：假如 9 月份发生房屋修缮费 2 000 元，由陈某承担，则陈某应如何缴纳应纳个人所得税？

五、财产转让所得应纳税额的计算

（一）应纳税所得额的确定

财产转让所得以个人每次转让财产取得的收入额减除财产原值和相关税、费后的余额为应纳税所得额。其中“每次”，是指以一件财产的所有权一次转让取得的收入为一次。计算公式为：

应纳税所得额 = 每次收入额 - 财产原值 - 合理税费

财产原值，按照下列方法计算：

（1）有价证券，为买入价以及买入时按照规定交纳的有关费用；

（2）不动产，为建造费或者购进价格以及其他有关费用；

（3）土地使用权，为取得土地使用权所支付的金额、开发土地的费用以及其他有关费用；

（4）机器设备、车船，为购进价格、运输费、安装费以及其他有关费用。其他财产，参照前款规定的方法确定财产原值。

纳税人未提供完整、准确的财产原值凭证，不能正确计算财产原值的，由主管税务机关核定其财产原值。

合理费用，是指卖出财产时按照规定支付的有关税费，包括税金及附加、中介服务费、资产评估费、过户手续费等。

应用提示

个人转让房屋计税依据有关规定：

（1）个人转让房屋的个人所得税应税收入不含增值税，其取得房屋时所支付价款中包含的增值税计入财产原值，计算转让所得时可扣除的税费不包括本次转让缴纳的增值税。

（2）个人住房转让的合理费用除一般项目外，还可扣除实际支付的住房装修费用、住房贷款利息、手续费、公证费等费用。其中，住房装修费用限额扣除：经济适用房不超过房屋原值的15%，商品房及其他住房不超过房屋原值的10%。

（二）应纳税额的计算

财产转让所得适用20%的比例税率，计算公式为：

$$应纳税额=应纳税所得额\times 适用税率$$

【案例·计算题】

张某2020年建房一幢，造价360 000元，支付费用20 000元。2021年张某转让房屋，售价600 000元，在卖房过程中按规定支付交易费等有关费用25 000元，计算张某转让房屋所得应纳个人所得税。

（1）应纳税所得额=600 000÷(1+5%)-(360 000+20 000)-25 000=166 428.57（元）；

（2）应纳个人所得税=166 428.57×20%=33 285.71（元）。

六、利息股息红利所得应纳税额的计算

（一）应纳税所得额的确定

利息、股息、红利所得以个人每次收入额为应纳税所得额，不得从收入额中扣除任何费用。利息、股息、红利所得，以支付利息、股息、红利时取得的收入为一次。计算公式为：

$$应纳税所得额=每次收入额$$

（二）应纳税额的计算

利息、股息、红利所得适用20%的比例税率。计算公式为：

$$应纳税额=应纳税所得额(每次收入额)\times 适用税率$$

【案例·计算题】

中国公民吴某1月份取得下列收入：

（1）取得国家发行的金融债券利息收入3 000元；

（2）持有境内某上市公司的股票9个月，取得股息收入10 000元；

(3) 取得单位集资款的利息收入 15 000 元。

计算吴某 1 月份应纳个人所得税。

应税计算:

(1) 国家发行的金融债券利息收入免税;

(2) 股息收入应纳税额 = 10 000 × 50% × 20% = 1 000 (元);

(3) 集资利息收入应纳税额 = 15 000 × 20% = 3 000 (元);

(4) 吴某 1 月份应纳个人所得税合计 = 1 000 + 3 000 = 4 000 (元)。

七、偶然所得应纳税额的计算

(一) 应纳税所得额的确定

偶然所得以个人每次收入额为应纳税所得额,不得扣除任何费用。即每次收入额就是应纳税所得额,以每次取得该项收入为一次。计算公式为:

应纳税所得额 = 每次收入额

(二) 应纳税额的计算

偶然所得适用 20% 的比例税率,计算公式为:

应纳税额 = 应纳税所得额(每次收入额) × 适用税率

【案例·计算题】

王某参加电视台举办的有奖竞猜活动中奖,获一台价值 6 000 元的笔记本电脑,计算胡某应纳个人所得税。

应税计算: 应纳税额 = 6 000 × 20% = 1 200 (元)。

八、个人所得税的其他特殊计税方法

(一) 个人从任职单位取得一次性补偿收入的计税方法

1. 个人因与用人单位解除劳动关系而取得一次性补偿收入的计税方法。个人与用人单位解除劳动关系取得一次性补偿收入(包括用人单位发放的经济补偿金、生活补助费和其他补助费),在当地上年职工平均工资 3 倍数额以内的部分,免征个人所得税;超过 3 倍数额的部分,不并入当年综合所得,单独适用综合所得税率表,计算纳税。

【案例·计算题】

王先生与单位解除劳动关系,取得一次性补偿收入 90 000 元,当地上年职工平均工资为 10 000 元,王先生已经在该公司工作 18 年。计算王先生应纳个人所得税。

应税计算: 应纳税所得额 = 90 000 - 10 000 × 3 = 60 000 (元)

对应税率及年速算扣除数分别为 10%、2 520 元。

应纳税额 $=60\ 000\times10\%-2\ 520=3\ 480$（元）。

温馨提示：解除劳动关系补偿收入计算个税应注意的问题

（1）不需考虑职工的工作年数，直接计算出应税收入后按照全年（12个月）综合所得税税率表计算。

（2）应税收入不得扣除基本费用，而是仅按照综合所得税税率表计算应纳税额。

（3）个人领取一次性补偿收入时按照国家和地方政府规定的比例实际缴纳的住房公积金、医疗保险费、基本养老保险费、失业保险费，可以在计征其一次性补偿收入的个人所得税时予以扣除。

（4）扣缴义务人应在次月15日内缴入国库，并向税务机关报送《个人所得税扣缴申报表》。

（5）企业依照国家有关法律规定宣告破产，企业职工从该破产企业取得的一次性安置费收入，免征个人所得税。

2. 个人因“提前退休”取得的一次性补贴收入的计税方法。个人办理提前退休手续而取得的一次性补贴收入，应按照办理提前退休手续至法定离退休年龄之间实际年度数平均分摊，确定适用税率和速算扣除数，单独适用综合所得税率表，计算纳税。计算公式：

应纳税额 ={〔(一次性补贴收入 ÷ 办理提前退休手续至法定退休年龄的实际年度数)
－费用扣除标准〕× 适用税率 － 速算扣除数}
× 办理提前退休手续至法定退休年龄的实际年度数

【例题·计算题】

某单位员工李某，因身体方面的原因，其所在单位在2020年12月按照程序批准其提前退休，并按照“统一规定”一次性给予其补贴120 000元（李某至法定离退休年龄还有1年零6个月）；李某当月领取工资6 700元，其中包括法定应当扣缴的住房公积金695元、养老保险和医疗保险505元；单位发放过年费（包括购物券、现金及实物）价值5 000元。计算李某应纳个人所得税。

应税计算：

（1）工资所得应纳税额 $=(6\ 700+5\ 000-695-505-5\ 000)\times3\%-0=165$（元）。

（2）提前退休补贴应纳税额：适用税率 $=(120\ 000\div1.5-5\ 000\times12)=20\ 000$（元），适用税率为3%，速算扣除数为0。

应纳税额 $=(20\ 000\times3\%-0)\times1.5=900$（元）。

（3）应纳个人所得税合计 $=165+900=1\ 065$（元）。

3. 个人因“内部退养”取得的一次性补贴收入的计税方法。个人因内部退养从任职单位取得的一次性补偿收入应按下列方法计算缴纳个人所得税：

（1）企业减员增效和行政、事业单位、社会团体在机构改革过程中未达到离退休年龄提前离岗且未办理离退休手续（内部退养）的职工，从原任职单位取得的工资、薪金，不属于离退休工资，应按“工资、薪金所得”项目计征个人所得税。

（2）个人在办理内部退养手续后从原任职单位取得的一次性收入，应按办理内部退养手续后至法定离退休年龄之间的所属月份进行平均，并与领取当月的“工资、薪金”所得合并后减除当月费用扣除标准，以余额为基数确定适用税率，再将当月工资、薪金加上取得的一次性收入，减去费用扣除标准，按适用税率计征个人所得税。

应纳个人所得税额 =〔(当月工资、薪金所得 + 一次性内部退养收入) - 费用扣除标准〕× 适用税率 - 速算扣除数

（3）个人在办理内部退养手续后至法定离退休年龄之间重新就业取得的“工资、薪金”所得，应与其从原任职单位取得的同一月份的“工资、薪金”所得合并，并依法自行向主管税务机关申报缴纳个人所得税。

【例题·计算题】

某酒厂因减员增效对部分职工实行内部退养办法，2020 年 10 月，该厂职工王某办理内退，王某离法定退休年龄相差 50 个月，因内退取得一次性收入 45 000 元，10 月份王某的工资收入为 4 200 元，计算王某 2020 年 10 月应纳个人所得税。

应税计算：

（1）确定适用税率：

10 月份应纳税所得额为 =45 000 ÷ 50 + 4 200 - 5 000 = 100（元），税率为 3%，速算扣除数为 0。

（2）计算应纳税额：

应纳税额 = (45 000 + 4 200 - 5 000) × 3% - 0 = 1 326（元）。

（二）个人领取企业年金、职业年金的计税方法

个人达到国家规定的退休年龄，领取的企业年金、职业年金不并入综合所得，全额单独计算应纳税款，无须办理汇算清缴。具体计税方法如下：

1. 按月领取的，适用月度税率表计算纳税；
2. 按季领取的，平均分摊计入各月，按每月领取额适用月度税率表计算纳税；
3. 按年领取的，适用综合所得税率表计算纳税。

个人因出境定居而一次性领取的年金，或者个人死亡后，其指定的受益人或法定继承人一次性领取的年金个人账户余额，适用综合所得税率表计算纳税。对个人除上述特殊原因外一次性领取年金个人账户资金或余额的，适用月度税率表计算纳税。

【案例·计算题】

王先生在 2020 年 8 月满 60 岁，正式退休。王先生退休后每月可领取年金 2 000 元，计算王先生应纳个人所得税。

解析：王先生退休时，可选择按月、按季或按年领取年金。

如果是按月领取，假设王先生每月领取 2 000 元，适用按月换算后的综合所得税率表（以下简称月度税率表）计算纳税。则王先生每月应纳税额 = 2 000 × 3% = 60（元）。

如果按季领取，即王先生每季领取 6 000 元，那么应平均分摊计入各月，按每月领取额适用月度税率表计算纳税。则王先生每季应纳税额 = (6 000 ÷ 3) × 3% × 3 = 180（元）。

如果按年领取，即王先生每年领取 24 000 元，那么王先生每年应纳税额 = 24 000 × 3% = 720（元）。

（三）个人取得股权激励的计税方法

居民个人取得股票期权、股票增值权、限制性股票、股权奖励等股权激励（以下简称股权激励），符合《财政部 国家税务总局关于个人股票期权所得征收个人所得税问题的通知》、《财政部国家税务总局关于股票增值权所得和限制性股票所得征收个人所得税有关问题的通知》、《财政部 国家税务总局关于将国家自主创新示范区有关税收试点政策推广到全国范围实施的通知》第四条、《财政部国家税务总局关于完善股权激励和技术入股有关所得税政策的通知》第四条第（一）项规定的相关条件的，在 2021 年 12 月 31 日前，不并入当年综合所得，全额单独适用综合所得税率表，计算纳税。计算公式为：

应纳税额 = 股权激励收入 × 适用税率 − 速算扣除数

居民个人一个纳税年度内取得两次以上（含两次）股权激励的，应合并计算纳税。

【例题 · 计算题】

李先生 2021 年 1 月取得某上市公司授予的股票期权 15 000 股，授予日股票价格为 10 元/股，施权价为 8 元/股，该股票期权自 2021 年 2 月起可行权。假定李先生于 2021 年 2 月 28 日行权 10 000 股，行权当天股票市价为 16 元/股，那么李先生此次行权应缴纳多少个人所得税？

应税计算：应纳税所得额 =（16 − 8）× 10 000 = 80 000（元）。

应纳个人所得税额 = 80 000 × 10% − 2 520 = 5 480（元）。

依上例，假设李先生于 2021 年 10 月 31 日再次行使股票期权 5 000 股，施权价为 8 元/股，行权当日股票市价为 23 元/股，则李先生该次行权又该如何计算缴纳个人所得税？

分析：李先生的第二次行使股票期权是 2021 年 10 月 31 日，与 2 月 28 日第一次行权在同一个纳税年度内，因此，李先生的第二次股权激励所得，应当与第一次合并计税。

第二次股权激励工资薪金应纳税所得额 =（23 − 8）× 5 000 = 75 000（元），合并二次股权激励应纳税所得额 = 80 000 + 75 000 = 155 000（元）。

第二次股权激励应申报纳税 = 155 000 × 20% − 16 920 − 5 480 = 8 600（元）。

（四）保险营销员、证券经纪人取得佣金收入的计税方法

保险营销员、证券经纪人取得的佣金收入，属于劳务报酬所得，以不含增值税的收入减除 20% 的费用后的余额为收入额，收入额减去展业成本以及附加税费后，并入当年综合所得，计算缴纳个人所得税。保险营销员、证券经纪人展业成本按照收入额的 25% 计算。

扣缴义务人向保险营销员、证券经纪人支付佣金收入时，应按照累计预扣法计算预缴税款。结合个人所得税法及其实施条例有关规定，累计预扣法预扣预缴个人所得税的具体计算公式为：

累计预扣预缴应纳税所得额 = 累计收入额 − 累计减除费用 − 累计其他扣除

其中，收入额按照不含增值税的收入减除 20% 的费用后的余额计算；累计减除费用按照 5 000 元/月乘以纳税人当年截至本月在本单位的从业月份数计算；其他扣除按照展业成

本、附加税费和依法确定的其他扣除之和计算，其中展业成本按照收入额的 25% 计算；专项扣除和专项附加扣除，在预扣预缴环节暂不扣除，待年度终了后汇算清缴申报时办理。

本期应预扣预缴税额 =（累计预扣预缴应纳税所得额 × 预扣率 – 速算扣除数）
– 累计减免税额 – 累计已预扣预缴税额

上述公式中的预扣率、速算扣除数，比照《个人所得税扣缴申报管理办法（试行）》所附的《个人所得税预扣率表一》执行。

（五）扣除公益性捐赠支出的计税方法

1. 公益性捐赠的界定。个人公益性捐赠是指个人通过中国境内的公益性社会组织、县级以上人民政府及其部门等国家机关，向教育、扶贫、济困等公益慈善事业的捐赠。这里的"境内公益性社会组织"，包括依法设立或登记并按规定条件和程序取得公益性捐赠税前扣除资格的慈善组织、其他社会组织和群众团体。

2. 公益性捐赠支出金额的确定。个人发生的公益捐赠支出金额，按照以下规定确定：捐赠货币性资产的，按照实际捐赠金额确定；捐赠股权、房产的，按照个人持有股权、房产的财产原值确定；捐赠除股权、房产以外的其他非货币性资产的，按照非货币性资产的市场价格确定。

3. 公益性捐赠的扣除标准。个人将其所得对教育、扶贫、济困等公益慈善事业进行捐赠，捐赠额未超过纳税人申报的应纳税所得额 30% 的部分，可以从其应纳税所得额中扣除；超过部分不得扣除。国务院规定对公益慈善事业捐赠实行全额税前扣除的，从其规定。

应纳税所得额，是指计算扣除捐赠额之前的应纳税所得额。

比较：个人所得税和企业所得税中公益性捐赠扣除的区别！

4. 公益捐赠扣除顺序。居民个人发生的公益捐赠支出可在分类所得、综合所得或者经营所得中扣除。在当期一个所得项目扣除不完的公益捐赠支出，可以按规定在其他所得项目中继续扣除；居民个人自行决定在综合所得、分类所得、经营所得中扣除公益捐赠支出的顺序。

5. 公益捐赠的扣除方式。

（1）在综合所得中扣除公益捐赠。取得工资薪金所得的，可选择在预扣预缴时扣除，也可选择在年度汇算清缴时扣除。取得劳务报酬所得、稿酬所得、特许权使用费所得的，预扣预缴时不扣除公益捐赠支出，统一在汇算清缴时扣除。

（2）在分类所得中扣除公益捐赠。发生的公益捐赠支出，可在捐赠当月取得的分类所得中扣除；捐赠当月有多项多次分类所得的，应先在其中一项一次分类所得中扣除，已经在分类所得中扣除的公益捐赠支出，不再调整到其他所得中扣除。

（3）在经营所得中扣除公益捐赠。可以选择在预缴税款时扣除，也可以选择在汇算清缴时扣除。

6. 非居民个人公益捐赠支出的扣除。非居民个人发生的公益捐赠支出，先在按月或者按次分项计算个人所得税的各项所得中扣除，未超过其在公益捐赠支出发生当月的应纳税所得额 30% 的部分，可以从其工资、薪金所得，劳务报酬所得，稿酬所得和特许权使用费所得，利息、股息、红利所得，财产租赁所得，财产转让所得和偶然所得的应纳税所得额中扣除。扣除不完的公益捐赠支出，可以再在经营所得中继续扣除。

【案例·计算题】

某供电公司的员工邓女士2020年每月取得工资12 000元，每月允许减除的费用及专项附加扣除等常规扣除合计7 000元。1月份应纳税所得额为5 000元，公司预扣预缴了邓女士的个人所得税150元；2月份，邓女士发生一般公益捐赠支出2 000元，邓女士选择在预扣预缴时通过扣缴义务人享受公益捐赠支出扣除政策，按规定向公司提供了相关捐赠票据复印件。要求计算准予扣除公益捐赠金额及供电公司应预扣预缴邓女士的个人所得税。

（1）2月份累计应纳税所得额 = 12 000 × 2 − 7 000 × 2 = 10 000（元）；

（2）公益捐赠扣除限额 = 10 000 × 30% = 3 000（元）；

（3）准予扣除的公益捐赠 = 2 000（元）；

（4）供电公司应预扣预缴邓女士的个人所得税 =（12 000 × 2 − 7 000 × 2 − 2 000）× 3% − 150 = 90（元）。

应用提示

个人通过非营利性的社会团体和国家机关向农村义务教育事业、公益性青少年活动场所、红十字事业、福利性非营利性的老年服务机构以及地震灾区等捐赠可在税前全额扣除。

（六）境外所得已纳税额扣除的计算

为了避免发生国家间对同一所得的重复征税，同时维护我国的税收权益，税法规定，居民个人从中国境外取得的所得，可以从其应纳税额中抵免已在境外缴纳的个人所得税税额，但抵免额不得超过该纳税人境外所得依照税法规定计算的应纳税额。

1. 来源于中国境外所得的范围。下列所得，为来源于中国境外的所得：

（1）因任职、受雇、履约等在中国境外提供劳务取得的所得；

（2）中国境外企业以及其他组织支付且负担的稿酬所得；

（3）许可各种特许权在中国境外使用而取得的所得；

（4）在中国境外从事生产、经营活动而取得的与生产、经营活动相关的所得；

（5）从中国境外企业、其他组织以及非居民个人取得的利息、股息、红利所得；

（6）将财产出租给承租人在中国境外使用而取得的所得；

（7）转让中国境外的不动产、转让对中国境外企业以及其他组织投资形成的股票、股权以及其他权益性资产（以下简称“权益性资产”）或者在中国境外转让其他财产取得的所得；但转让对中国境外企业以及其他组织投资形成的权益性资产，该权益性资产被转让前3年（连续36个公历月份）内的任一时间，被投资企业或其他组织的资产公允价值50%以上直接或间接来自位于中国境内的不动产的，取得的所得为来源于中国境内的所得；

（8）中国境外企业、其他组织以及非居民个人支付且负担的偶然所得；

（9）财政部、税务总局另有规定的，按照相关规定执行。

2. 居民个人境外所得已纳税额的界定。可抵免的境外所得税税额，是指居民个人取得境外所得，依照该所得来源国（地区）税收法律应当缴纳且实际已经缴纳的所得税性质的税额。可抵免的境外所得税额不包括以下情形：

（1）按照境外所得税法律属于错缴或错征的境外所得税税额；

（2）按照我国政府签订的避免双重征税协定以及内地与香港、澳门签订的避免双重征税安排（以下统称税收协定）规定不应征收的境外所得税税额；

（3）因少缴或迟缴境外所得税而追加的利息、滞纳金或罚款；

（4）境外所得税纳税人或者其利害关系人从境外征税主体得到实际返还或补偿的境外所得税税款；

（5）按照我国个人所得税法及其实施条例规定，已经免税的境外所得负担的境外所得税税款。

需要说明的是，居民个人从与我国签订税收协定的国家（地区）取得的所得，按照该国（地区）税收法律享受免税或减税待遇，且该免税或减税的数额按照税收协定饶让条款规定应视同已缴税额在中国的应纳税额中抵免的，该免税或减税数额可作为居民个人实际缴纳的境外所得税税额按规定申报税收抵免。

3. 境内外所得应纳税额的计算。

（1）居民个人来源于中国境外的综合所得，应当与境内综合所得合并计算应纳税额。

（2）居民个人来源于中国境外的经营所得，应当与境内经营所得合并计算应纳税额。居民个人来源于境外的经营所得，按照个人所得税法及其实施条例的有关规定计算的亏损，不得抵减其境内或他国（地区）的应纳税所得额，但可以用来源于同一国家（地区）以后年度的经营所得按中国税法规定弥补。

（3）居民个人来源于中国境外的利息、股息、红利所得，财产租赁所得，财产转让所得和偶然所得（以下称其他分类所得），不与境内所得合并，应当分别单独计算应纳税额。

4. 境外所得抵免限额的计算。

来源于一国（地区）综合所得的抵免限额

=中国境内和境外综合所得应纳税额×来源于该国（地区）的综合所得收入额÷中国境内和境外综合所得收入额合计

来源于一国（地区）经营所得的抵免限额

=中国境内和境外经营所得应纳税额×来源于该国（地区）的经营所得应纳税所得额÷中国境内和境外经营所得应纳税所得额合计

来源于一国（地区）其他分类所得的抵免限额

=该国（地区）的其他分类所得应纳税额

来源于一国（地区）所得的抵免限额

=来源于该国（地区）综合所得抵免限额+来源于该国（地区）经营所得抵免限额+来源于该国（地区）其他分类所得抵免限额

5. 境外所得可抵税额的确定。

确定可抵税额时按分国从低的原则确定，比较某国（地区）内的抵免限额与实缴该国家（地区）的税额，取数额较小者作为可抵税额。

居民个人一个纳税年度内来源于一国（地区）的所得实际已经缴纳的所得税税额，低于来源于该国（地区）该纳税年度所得的抵免限额的，应以实际缴纳税额作为抵免额进行抵免；超过来源于该国（地区）该纳税年度所得的抵免限额的，应在限额内进行抵免，超过部分可以在以后五个纳税年度内结转抵免。

【案例·计算题】

居民个人杨某是境内A公司职员，2021年取得收入如下：

（1）取得境内A公司支付年度工资薪金收入165 000元。

（2）2021年3月，杨某承揽境外甲国B公司的一项设计业务，在甲国境内工作了1个月完成，2019年全年取得B公司支付劳务报酬收入折合人民币200 000元；已按甲国税法缴纳所得税15 000元、其他税收10 000元。

（3）2021年5月，杨某的一本著作被境外乙国C出版社出版，取得稿酬所得收入折合人民币80 000元。已按乙国税法缴纳所得税9 600元，其他税收7 000元。

（4）其他资料：杨某个人承担的全年的三险一金25 000元，A公司预扣预缴时已扣除。杨某有一独生子女，2019年分别在小学六年级、初中一年级读书，由杨某扣除100%子女教育专项附加。杨某自己也是独生子女，父母在2018年均超过60岁。此外，2021年杨某无其他按规定可申报的专项附加扣除。

要求：计算杨某2021年3~6月汇算清缴时，应补（退）个人所得税。

【解析】杨某在境外甲国、乙国取得的综合所得，按照来源国家（地区）税法缴纳的所得税，可以限额抵免。但是在甲国、乙国缴纳的其他税收不得抵免。

1. 杨某境内、境外全部综合所得应纳税额。

（1）计算综合所得年收入额：

来源于境内工资薪金收入额 = 165 000（元）；

来源于甲国的劳务报酬收入额 = 200 000 ×（1 − 20%）= 160 000（元）；

来源于乙国的稿酬收入额 = 80 000 ×（1 − 20%）× 70% = 44 800（元）；

境内外全部综合所得收入额 = 165 000 + 160 000 + 44 800 = 369 800（元）。

（2）计算综合所得应纳税所得额 = 369 800 − 60 000 − 25 000 −（1 000 + 2 000）× 12 = 248 800（元）。

（3）计算综合所得应纳税额 = 248 800 × 20% − 16 920 = 32 840（元）。

2. 杨某在境内已预缴税额 = [165 000 − 60 000 − 25 000 −（1 000 + 2 000）× 12] × 10% − 2 520 = 1 880（元）。

3. 杨某甲国、乙国所得税抵免限额。

（1）甲国抵免限额 = 32 840 ×（160 000 ÷ 369 800）= 14 208.76（元）；

（2）乙国抵免限额 = 32 840 ×（44 800 ÷ 369 800）= 3 978.45（元）。

4. 杨某甲国、乙国所得税可抵税额。

（1）甲国抵免限额14 208.76元小于甲国已缴税额15 000元，准予抵免14 208.76元。甲国未抵免税额 = 15 000 − 14 208.76 = 791.24（元），可在以后5年内杨某从甲国取得的所得抵免限额有余额时抵免。

（2）乙国抵免限额3 978.45元小于乙国已缴税额9 600元，准予抵免3 978.45元。乙国未抵免税额 = 9 600 − 3 978.45 = 5 621.55（元），可在以后5年内杨某从乙国取得的所得抵免限额有余额时抵免。

5. 杨某汇算清缴应补（退）税额。

应补税额 =32 840 - 1 880 - 14 208.76 - 3 978.45 =12 772.79（元）。

任务三　个人所得税申报缴纳

一、纳税申报方式

我国现行的个人所得税，采取由支付单位代扣代缴和纳税人自行申报两种纳税方式。

（一）代扣代缴纳税方式

代扣代缴是指按照税收制度规定负有扣缴税款义务的单位或个人，在向个人支付应纳税所得时，应计算应纳税额，从其所得中扣出并缴入国库，同时向税务机关报送扣缴个人所得税报告表。这种方法有利于控制税源，防止漏税和逃税。

凡支付个人应纳税所得的企业（公司）、事业单位、机关、社团组织、军队、驻华机构、个体户等单位或者个人，为个人所得税的扣缴义务人。税务机关应根据扣缴义务人所扣缴的税款，付给2%的手续费，由扣缴义务人用于代扣代缴费用开支和奖励代扣代缴工作做得较好的办税人员。

（二）自行申报纳税方式

自行申报纳税，是由纳税人自行在规定的纳税期限内，向税务机关申报取得的应税所得项目和数额，如实填写个人所得税纳税申报表，并按照规定计算应纳税额，据此缴纳个人所得税的一种方法。凡有下列情形之一的，纳税人应该到主管税务机关办理纳税申报并缴纳税款：

（1）取得综合所得需要办理汇算清缴；

（2）取得应税所得没有扣缴义务人；

（3）取得应税所得，扣缴义务人未扣缴税款；

（4）取得境外所得；

（5）因移居境外注销中国户籍；

（6）非居民个人在中国境内从两处以上取得工资、薪金所得；

（7）国务院规定的其他情形。

扣缴义务人应当按照国家规定办理全员全额扣缴申报，并向纳税人提供其个人所得和已扣缴税款等信息。

综合所得需要办理汇算清缴，包括下列情形：一是在两处或者两处以上取得综合所得，且综合所得年收入额减去专项扣除的余额超过6万元；二是取得劳务报酬所得、稿酬所得、特许权使用费所得中一项或者多项所得，且综合所得年收入额减去专项扣除的余额超过6万元；三是纳税年度内预缴税额低于应纳税额的。

二、纳税期限

个人所得税的扣缴义务人和自行申报纳税人，必须按照规定的期限向税务机关进行纳税申报和缴纳税款，扣缴义务人每月所扣的税款和自行申报纳税人每月应纳的税款，都应当在次月 15 日内缴入国库，并向主管税务机关报送纳税申报表。

居民个人取得综合所得，按年计算个人所得税；有扣缴义务人的，由扣缴义务人按月或者按次预扣预缴税款；需要办理汇算清缴的，应当在取得所得的次年 3 月 1 日至 6 月 30 日内办理汇算清缴。预扣预缴办法由国务院税务主管部门制定。

居民个人向扣缴义务人提供专项附加扣除信息的，扣缴义务人按月预扣预缴税款时应当按照规定予以扣除，不得拒绝。

非居民个人取得工资、薪金所得，劳务报酬所得，稿酬所得和特许权使用费所得，有扣缴义务人的，由扣缴义务人按月或者按次代扣代缴税款，不办理汇算清缴。

纳税人取得经营所得，按年计算个人所得税，由纳税人在月度或者季度终了后 15 日内向税务机关报送纳税申报表，并预缴税款；在取得所得的次年 3 月 31 日前办理汇算清缴。

纳税人取得利息、股息、红利所得，财产租赁所得，财产转让所得和偶然所得，按月或者按次计算个人所得税，有扣缴义务人的，由扣缴义务人按月或者按次代扣代缴税款。

纳税人取得应税所得没有扣缴义务人的，应当在取得所得的次月 15 日内向税务机关报送纳税申报表，并缴纳税款。

纳税人取得应税所得，扣缴义务人未扣缴税款的，纳税人应当在取得所得的次年 6 月 30 日前，缴纳税款；税务机关通知限期缴纳的，纳税人应当按照期限缴纳税款。

居民个人从中国境外取得所得的，应当在取得所得的次年 3 月 1 日至 6 月 30 日内申报纳税。

非居民个人在中国境内从两处以上取得工资、薪金所得的，应当在取得所得的次月 15 日内申报纳税。

纳税人因移居境外注销中国户籍的，应当在注销中国户籍前办理税款清算。

扣缴义务人每月或者每次预扣、代扣的税款，应当在次月 15 日内缴入国库，并向税务机关报送扣缴个人所得税申报表。

纳税人办理汇算清缴退税或者扣缴义务人为纳税人办理汇算清缴退税的，税务机关审核后，按照国库管理的有关规定办理退税。

三、纳税调整

有下列情形之一的，税务机关有权按照合理方法进行纳税调整：

1. 个人与其关联方之间的业务往来不符合独立交易原则而减少本人或者其关联方应纳税额，且无正当理由；

2. 居民个人控制的，或者居民个人和居民企业共同控制的设立在实际税负明显偏低的国家（地区）的企业，无合理经营需要，对应当归属于居民个人的利润不作分配或者减少分配；

3. 个人实施其他不具有合理商业目的的安排而获取不当税收利益。

税务机关依照前款规定作出纳税调整，需要补征税款的，应当补征税款，并依法加收利息。

四、纳税地点

个人所得税的纳税地点一般为收入来源地的主管税务机关。但是，纳税人从两处或两处以上取得工资、薪金所得的，可选择并固定在其中一地税务机关申报纳税；从境外取得所得的，应向境内户籍所在地或经常居住地税务机关申报纳税。

五、部门协同管理

公安、人民银行、金融监督管理等相关部门应当协助税务机关确认纳税人的身份、金融账户信息。教育、卫生、医疗保障、民政、人力资源社会保障、住房城乡建设、公安、人民银行、金融监督管理等相关部门应当向税务机关提供纳税人子女教育、继续教育、大病医疗、住房贷款利息、住房租金、赡养老人等专项附加扣除信息。

个人转让不动产的，税务机关应当根据不动产登记等相关信息核验应缴的个人所得税，登记机构办理转移登记时，应当查验与该不动产转让相关的个人所得税的完税凭证。个人转让股权办理变更登记的，市场主体登记机关应当查验与该股权交易相关的个人所得税的完税凭证。

有关部门依法将纳税人、扣缴义务人遵守本法的情况纳入信用信息系统，并实施联合激励或者惩戒。

个人所得税技能训练题

一、应税选择（单选题）

1. 在中国境内无住所但有来源于境内所得的下列外籍个人中，属于居民纳税人的是（　　）。

A. M 国甲，在华工作 3 个月

B. N 国乙，2021 年 1 月 10 日入境，2021 年 4 月 10 日离境

C. X 国丙，2021 年 1 月 1 日入境，2021 年 7 月 31 日离境

D. Y 国丁，2021 年 10 月 1 日入境，2021 年 5 月 1 日离境

2. 根据个人所得税法律制度的规定，下列所得中，应缴纳个人所得税的是（　　）。

A. 加班工资　　B. 独生子女补贴　　C. 差旅费津贴　　D. 国债利息收入

3. 2020 年 4 月中国公民李某从公开发行和转让市场取得了上市公司股票，并向注册会计师王某咨询其所取得的股息、红利所得个人所得税的税务处理。根据个人所得税法律制度的规定，王某的下列说法中，不正确的是（　　）。

A. 李某持股期限在 1 个月以内（含 1 个月）的，其股息红利所得全额计入应纳税所得额计算纳税

B. 李某持股期限在 1 个月以上至 1 年（含 1 年）的，其股息红利所得暂减按 50% 计入应纳税所得额计算纳税

C. 李某持股期限超过 1 年的，其股息、红利所得暂免征收个人所得税

D. 李某持股期限超过1年的，其股息、红利所得暂减按25%计入应纳税所得额计算纳税

4. 某歌手与卡拉OK厅签约，2020年一年内每天到歌厅演唱一次，每次付酬100元，则每次收入的确定方法应按（　　）。

A. 每天　　B. 每周　　C. 每月　　D. 每季

5. 根据个人所得税法律制度的规定，下列从事非雇用劳动取得的收入中，应按“稿酬所得”税目预扣预缴个人所得税的是（　　）。

A. 审稿收入　　B. 翻译收入　　C. 题字收入　　D. 出版作品收入

6. 陈某从法国获得中奖收入10万元，已在法国缴纳个人所得税1万元，在我国需要补缴的个人所得税税额为（　　）元。

A. 10 000　　B. 20 000　　C. 0　　D. 15 000

7. 根据个人所得税法律制度的规定，居民个人的下列各项所得中，按次计征个人所得税的是（　　）。

A. 特许权使用费所得　　B. 财产租赁所得

C. 稿酬所得　　D. 劳务报酬所得

8. 根据个人所得税法律制度的规定，下列个人所得中，免征个人所得税的是（　　）。

A. 劳动分红　　B. 出版科普读物的稿酬所得

C. 年终奖金　　D. 转让自用6年唯一家庭生活用房所得

9. 股份制企业的投资者李某以企业资金为本人购买汽车和住房，该财产购置支出应按（　　）计征个人所得税。

A. 工资、薪金所得　　B. 偶然所得

C. 经营所得　　D. 利息、股息、红利所得

10. 根据个人所得税法律制度的规定，个体工商户发生的下列支出中，在计算个人所得税应纳税所得额时不得扣除的是（　　）。

A. 非广告性的赞助支出

B. 合理的劳动保护支出

C. 实际支付给从业人员的合理的工资薪金支出

D. 按规定缴纳的财产保险费

11. 根据个人所得税法的规定，居民个人取得综合所得需要办理汇算清缴的，应当在法定期限内办理。该法定期限为（　　）。

A. 当年12月31日前　　B. 次年1月1日至5月31日

C. 次年1月1日至6月30日　　D. 次年3月1日至6月30日

12. 居民个人张三有姊妹两人，父母均在老家，由在老家的妹妹负责日常照料。以下关于赡养老人支出分摊方法正确的是（　　）。

A. 张三跟其妹妹约定，每人每月均摊扣除1 000元

B. 张三跟其妹妹约定，由张三全部扣除2 000元

C. 老人指定张三分摊1 500元，其妹妹分摊500元

D. 老人指定张三分摊500元，其妹妹分摊1 500元

13. 子女教育专项附加扣除的标准是（　　）。

A. 每孩每月1 500元　　B. 每孩每月800元

C. 每孩每月1 200元　　D. 每孩每月1 000元

14. 纳税人接受技能人员职业资格继续教育、专业技术人员职业资格继续教育支出，在取得证书的当年，可按照（　　）元的标准定额扣除。

A. 2 400　　B. 3 000　　C. 3 600　　D. 4 800

15. 享受住房贷款利息专项附加扣除的时间为贷款合同约定开始还款的当月至贷款全部归还或贷款合

同终止的当月，扣除期限最长不得超过规定时间，这个规定时间是（ ）个月。

A. 120 B. 180 C. 240 D. 300

16. 2021年4月，个人张某接受其父亲无偿赠送的一处房产，原房屋的取得成本为100万元，赠与合同中标明房屋市值300万元，张某办理相关过户手续，自行支付相关费用12万元。2021年8月，张某将此处房产转让，转让价格400万元，转让过程中支付相关税费50万元（不考虑增值税）。下列关于上述业务个人所得税的表述，正确的是（ ）。

A. 张某接受无偿受赠的房产不交个税

B. 张某取得受赠房产时，应纳税所得额为100万元

C. 张某受赠房产的应纳税所得额为300万元

D. 张某将受赠房产转让时，应纳税所得额为18万元

17. 演员张某受邀参加文艺演出，按照合同规定取得劳务报酬50 000元，则应预扣预缴张某的个人所得税是（ ）元。

A. 10 000 B. 13 157.89 C. 13 210.52 D. 13 235.30

18. 2021年初曾某将自有商铺对外出租，不含税租金8 200元/月。在不考虑其他税费的情况下，曾某每月租金应缴纳个人所得税（ ）元。

A. 528 B. 656 C. 1 312 D. 1 640

19. 李先生为香港居民，在深圳工作，每周一早上来深圳上班，周五晚上回香港，周末均在香港，2021年在深圳和香港均取得收入（由当地支付），按全年52周计算，在境内如何缴纳个人所得税？（ ）

A. 对来源于深圳和香港的所有收入在境内均需缴纳个人所得税

B. 对来源于深圳和香港的所有收入在境内免于缴纳个人所得税

C. 来源于深圳的收入需缴纳个人所得税，来源于香港的收入免缴个人所得税

D. 来源于香港的收入需缴纳个人所得税，来源于深圳的收入免缴个人所得税

20. 小王2021年每月应发工资均为20 000元，“三险一金”等专项扣除为1 500元，有一独生女正在上中学，2021年使用住房公积金贷款购买首套住房，每月支付贷款利息2 000元，子女教育由夫妻双方各按50%扣除，赡养老人每月分摊金额1 000元。则小王1月份应预扣预缴税额为（ ）元。

A. 330 B. 270 C. 890 D. 900

二、应税选择（多选题）

1. 下列表述中，属于我国现行个人所得税特点的有（ ）。

A. 实行综合与分类相结合所得税制 B. 超额累进税率与比例税率并用

C. 实行综合所得税制 D. 采取代扣代缴和自行申报两种征纳方法

2. 根据个人所得税法律制度的规定，下列各项中，属于非居民纳税人的有（ ）。

A. 在中国境内无住所，但一个纳税年度中在境内居住不满183天的个人

B. 在中国境内无住所且不居住的个人

C. 在中国境内无住所，而在境内居住超过6个月不满1年的个人

D. 在中国境内有住所的个人

3. 下列情形中，按“利息、股息、红利所得”缴纳个人所得税的有（ ）。

A. 个人独资企业为个人投资者购买汽车并将汽车所有权登记到个人名下

B. 个人独资企业对外投资分回的利息、股息、红利

C. 股份有限公司为投资者家庭成员购买房产

D. 个人从任职的上市公司取得的股票期权所得

4. 根据个人所得税法律制度的规定，下列个人所得中，应按“劳务报酬所得”预扣预缴个人所得税的有（ ）。

A. 某大学教授从甲企业取得咨询费

B. 某公司高管从乙大学取得的讲课费

C. 某设计院设计师从丙家装公司取得的设计费

D. 某编剧从丁电视剧制作单位取得的剧本使用费

5. 个人通过境内非营利社会团体进行的下列捐赠中，在计算缴纳个人所得税时，准予税前全额扣除的有（　　）。

A. 向红十字事业的捐赠　　B. 向农村义务教育的捐赠

C. 向贫困地区的捐赠　　D. 向公益性青少年活动场所的捐赠

6. 根据个人所得税法律制度的规定，下列个人所得中，免征个人所得税的有（　　）。

A. 军人领取的转业费　　B. 教师工资所得

C. 作家拍卖手稿所得　　D. 工人取得的保险赔款

7. 国内某高校退休职工周某2020年11月取得的下列收入中，应缴纳个人所得税的有（　　）。

A. 退休工资3 700元　　B. 稿酬收入1 000元

C. 咨询费收入1 600元　　D. 省政府颁发的环保奖金2 000元

8. 下列各项中，以每次收入全额为应纳税所得额计征个人所得税的有（　　）。

A. 利息、股息、红利所得　　B. 稿酬所得

C. 偶然所得　　D. 财产转让所得

9. 根据个人所得税法的规定，下列情形中，纳税人应当依法办理纳税申报的有（　　）。

A. 取得综合所得需要办理汇算清缴的

B. 取得应税所得，扣缴义务人未扣缴税款的

C. 取得境外所得的

D. 因移居境外注销中国户籍的

10. 根据个人所得税法的规定，下列各项居民个人所得中，属于综合所得的有（　　）。

A. 特许权使用费所得　　B. 劳务报酬所得

C. 稿酬所得　　D. 财产租赁所得

11. 个人所得税的下列各项中，适用超额累进税率计征个人所得税的有（　　）。

A. 偶然所得　　B. 综合所得　　C. 经营所得　　D. 财产转让所得

12. 根据个人所得税法律制度的规定，下列表述正确的有（　　）。

A. 个人提供商标权的使用权取得的所得，按"稿酬所得"缴纳个人所得税

B. 编剧从电视剧的制作单位取得的剧本使用费，按"特许权使用费所得"缴纳个人所得税

C. 个人提供专利权的使用权取得的所得按"特许权使用费所得"缴纳个人所得税

D. 作者将自己的文字作品手稿原件或复印件公开拍卖取得的所得，按"财产转让所得"缴纳个人所得税

13. 个体工商户王某聘请工人李某从事食品加工，在按"经营所得"计算王某应缴纳的个人所得税时，下列各项可以扣除的有（　　）。

A. 王某支取的工资　　B. 李某支取的工资

C. 为王某缴纳的基本社会保险　　D. 为李某缴纳的基本社会保险

14. 下列房产处置应缴纳个人所得税的有（　　）。

A. 将房产赠与子女　　B. 转让无偿受赠的房产

C. 转让离婚析产房屋　　D. 居民个人出售自用3年的生活用房

15. 纳税人享受子女教育专项附加扣除政策的，其子女接受学历教育的范围包括（　　）。

A. 小学和初中　　B. 普通高中　　C. 中等职业教育　　D. 大学本科

16. 下列各项中，适用5%～35%的五级超额累进税率征收个人所得税的有（　　）。

A. 出租汽车经营单位将出租车所有权转移给驾驶员的，出租车驾驶员从事客货运营取得的收入

B. 个体工商户对外投资的所得

C. 个人依法从事办学、医疗、咨询以及其他有偿服务活动取得的所得

D. 个人对企业、事业单位承包经营、承租经营以及转包、转租取得的所得

17. 下列选项中，不征或免征个人所得税的有（　　）。

A. 个人取得的保险赔款　　B. 个人取得教育储蓄存款利息

C. 个人转让机器设备的所得　　D. 个人转让境内上市公司股票所得

18. 居民个人应就其来源于中国境内、境外的所得缴纳个人所得税；非居民个人仅就来源于中国境内的所得缴纳个人所得税。下列收入中属于中国境内所得的有（　　）。

A. 因任职、受雇、履约等在中国境内提供劳务取得的所得

B. 因任职、受雇、履约等而在中国境外提供各种劳务取得的劳务报酬所得

C. 将财产出租给承租人在中国境外使用而取得的所得

D. 转让中国境内的不动产等财产或者在中国境内转让其他财产取得的所得

19. 以下关于赡养老人专项附加扣除的说法中，正确的有（　　）

A. 纳税人为独生子女的，按照每年 24 000 元（每月 2 000 元）的标准定额扣除

B. 纳税人为非独生子女的，应当与其兄弟姐妹分摊每年 24 000 元（每月 2 000 元）的扣除额度

C. 分摊方式包括平均分摊、被赡养人指定分摊或者赡养人约定分摊，具体分摊方式在一个纳税年度内不得变更

D. 采取指定分摊或约定分摊方式的，每一纳税人分摊的扣除额最高不得超过每年 12 000 元（每月 1 000 元），并签订书面分摊协议

20. 下列有关大病医疗支出扣除的叙述，正确的有（　　）。

A. 未成年子女的大病医疗支出由父母按比例分摊扣除

B. 纳税人的大病医疗支出可以由配偶扣除

C. 未成年子女的大病医疗支出由父母一方扣除

D. 纳税人的大病医疗支出可以由本人扣除

三、判断题

1. 个人取得不同项目劳务报酬所得的，应当合并为一次所得预扣预缴个人所得税。（　　）

2. 个人取得的应缴纳个人所得税的所得只包括现金和有价证券，而不包括实物。（　　）

3. 个人转让自用 2 年以上并且是唯一的家庭居住用房的所得，免征个人所得税。（　　）

4. 我国个人所得税法规定的居民纳税人是指在中国境内有住所并且居住时间满 183 天的个人。（　　）

5. 作者将自己的文字作品手稿原件或复印件拍卖取得的所得，按照“财产转让所得”缴纳个人所得税。（　　）

6. 作者去世后，财产继承人取得的遗作稿酬，不征收个人所得税。（　　）

7. 刘某彩票中奖所得 100 万元，其中 50 万元通过县民政局捐赠给家乡农村义务教育。则刘某应纳税所得额 = 100 − 50 = 50（万元）。（　　）

8. 企业和个人按照省级人民政府规定的比例提取缴付的基本养老金、失业保险金，免予征收个人所得税。（　　）

9. 个人将承租房屋转租取得的租金收入不再缴纳个人所得税。（　　）

10. 个人财产租赁所得中所说的减除“修缮费用”，以每次允许减除 800 元为限，一次减除不完的，准予在下一次继续减除，但最多不能超过五次。（　　）

11. 个人独资企业和合伙企业既是个人所得税的纳税义务人，又是企业所得税的纳税义务人。（　　）

12. 王某设立甲个人独资企业，2021 年甲企业出资为王某购买房屋，房屋产权证书上产权人为王某，

但该房屋一直用于甲企业生产经营。根据个人所得税法律制度的规定，该房屋属于甲企业的固定资产，王某无须就此缴纳个人所得税。（ ）

13. 个体工商户生产经营活动中，应当分别核算生产经营费用和个人、家庭费用对于生产经营与个人、家庭生活混用难以分清的费用，计算“经营所得”的个人所得税时，不得扣除。（ ）

14. 企业或个人取得的国债利息收入和国家发行的金融债券利息收入，分别免征企业所得税和个人所得税。（ ）

15. 对个人购买福利彩票、赈灾彩票、体育彩票，一次性中奖收入在1万元以下的（含1万元），暂免征收个人所得税，超过1万元的，按超出部分计算征收个人所得税。（ ）

四、计算题

1. 中国公民王先生为某大学教授，同时是甲公司（非上市公司）的股东，2021年1月取得的收入情况如下：

（1）取得当月工资收入6 000元、托儿补助费500元、住房补贴1 000元、差旅费津贴300元；

（2）取得甲公司为其购买的价值120万元的小轿车一辆，该车所有权登记在王先生名下；

（3）取得其月初购入的A上市公司股票红利0.2万元（该股票于本月28日转让）；

（4）将其持有的B上市公司股票（非限售股）转让，转让净收入3万元；

（5）购买福利彩票中奖5万元，发生领奖交通费0.5万元、餐费0.1万元

要求计算：

（1）工资收入预扣预缴税额；

（2）小轿车所得应纳税额；

（3）股票红利应纳税额；

（4）股票转让所得应纳税额；

（5）中奖所得应纳税额。

2. 中国公民王某是国内甲公司工程师。2021年全年有关收支情况如下：

（1）每月工资、薪金收入10 000元，公司代扣代缴社会保险费共840元，住房公积金960元。

（2）每月到乙公司开展技术培训取得报酬3 800元。

（3）出版技术专著取得稿酬收入15 000元，发生材料费支出4 000元。

（4）取得企业债券利息300元，取得机动车保险赔款4 000元，参加有奖竞赛活动取得奖金2 000元，电台抽奖获得价值5 000元免费旅游一次。

已知：王某正在偿还首套住房贷款及利息；王某为独生女，其独生子正在就读大学3年级；王某父母均已年过60岁。王某夫妻约定由王某扣除住房贷款利息和子女教育费。

要求计算：

（1）综合所得预扣预缴税额；

（2）综合所得年终汇算清缴应补（退）税额；

（3）利息所得应纳税额；

（4）保险赔款应纳税额；

（5）中奖所得应纳税额。

3. 张某任职于国内某软件公司，2021年1月取得的收入如下：

（1）当月工资、薪金收入8 000元，托儿补助费500元，加班补贴200元。

（2）在某大学授课，取得讲学收入3 500元。

（3）取得省级人民政府颁发的文化奖金13 000元。

（4）取得特许权的经济赔偿收入2 000元。

（5）按市场价格出租住房，当月取得不含税租金收入15 000元，当月出租住房过程中缴纳的可以税前

扣除的税费合计为900元，由张某负担的修缮费用600元，均取得合法票据。

已知：劳务报酬所得、稿酬所得、特许权使用费所得以收入减除20%的费用后的余额为收入额，稿酬所得的收入额减按70%计算；个人出租住房取得的所得按10%的税率征收个人所得税，每次收入超过4 000元的，减除20%的费用。

要求计算：

（1）工资、薪金收入预扣预缴个人所得税；

（2）讲学收入预扣预缴个人所得税；

（3）文化奖金收入预扣预缴个人所得税；

（4）特许权经济赔偿收入预扣预缴个人所得税；

（5）出租住房收入缴纳的个人所得税。

4. 居民个人李某是境内A公司职员，2021年全年收入情况如下：

（1）每月取得境内A公司支付的工资薪金收入14 000元（已预扣预缴个人所得税1 880元）。

（2）2021年3月，李某在网上承揽境外甲国B公司的一项设计业务，通过互联网远程工作，2021年全年取得B公司支付劳务报酬折合人民币200 000元。李某的劳务报酬所得已按甲国税法缴纳所得税15 000元、其他税收10 000元。

（3）2021年5月，李某的一本著作被乙国C出版社出版，取得稿酬所得折合人民币80 000元。李某的稿酬所得已按乙国税法缴纳所得税9 600元，其他税收7 000元。

其他资料：李某有一独生子女，2021年在初中二年级读书。李某自己也是独生子女，父母在2021年均超过60岁。此外，2021年李某无其他按规定可申报的专项附加扣除。

要求：计算李某2022年3月份汇算清缴时应补（退）的个人所得税。

5. 某个体工商户2021年生产经营情况如下：全年取得与生产、经营活动有关的收入30万元，业主本人的工资支出为10万元，业主本人向当地工会组织拨缴的工会经费、实际发生的职工福利费支出、职工教育经费支出分别为3万元、4万元、2万元。发生费用3万元，无法分清家庭支出和生产经营支出的具体数额。当地上年度社会平均工资为4万元，无其他项目所得。计算2021年该个体工商户应纳个人所得税。

项目六

其他税费计算与缴纳

知识目标

1. 熟悉其他税费的征税范围、纳税人、税率等基本要素规定；

2. 掌握其他税费的计算方法；

3. 熟悉其他税费的优惠政策；

4. 了解其他税费的申报缴纳。

能力目标

1. 能根据资料判断是否征收其他税费；

2. 能根据资料正确计算其他税费；

3. 能独立完成其他税费的申报缴纳工作；

4. 能根据需要查阅相关资料。

任务一 城市维护建设税和教育费附加计算与缴纳

城市维护建设税和教育费附加认知

城市维护建设税是对从事工商经营、缴纳增值税、消费税的单位和个人征收的一种税。

城市维护建设税具有以下特点：

（1）征收范围较广；

（2）具有附加税性质；

（3）税款专款专用；

（4）根据城市规模设计税率。

教育费附加是对缴纳增值税、消费税的单位和个人，就其实际缴纳的税额为计算依据征收的一种附加费。教育费附加是为加快地方教育事业、扩大地方教育经费的资金而征收的一项专用基金。

一、城市维护建设税

（一）城市维护建设税基本要素

1. 纳税人。在中华人民共和国境内缴纳增值税、消费税的单位和个人，为城市维护建设税的纳税人。包括国有企业、集体企业、私有企业、股份制企业、其他企业和行政单位、事业单位、军事单位、社会团体、其他单位，以及个体工商户及其他个人。

对进口货物或者境外单位和个人向境内销售劳务、服务、无形资产缴纳的增值税、消费税税额，不征收城市维护建设税。

增值税和消费税的代扣代缴、代收代缴义务人，同时也是城市维护建设税的代扣代缴、代收代缴义务人。

2. 税率。城市维护建设税实行地区差别比例税率，按纳税人所在地的不同，税率分别规定为7%、5%、1%三个档次，具体规定为：纳税人所在地在市区的，税率为7%；纳税人所在地在县城、镇的，税率为5%；纳税人所在地不在市区、县城或者镇的，税率为1%。

城市维护建设税的适用税率，应当按纳税人所在地的规定税率执行。但是，对下列两种情况，可按缴纳增值税、消费税所在地的适用税率就地缴纳城市维护建设税：

（1）由受托方代扣代缴、代收代缴增值税、消费税的单位和个人，其代扣代缴、代收代缴的城市维护建设税按受托方所在地适用税率执行；

（2）流动经营等无固定纳税地点的单位和个人，在经营地缴纳增值税、消费税的，其城市维护建设税的缴纳按经营地适用税率执行。

3. 税收优惠。由于城市维护建设税具有附加税性质，当增值税、消费税发生减免时，城市维护建设税相应发生税收减免。但对于一些特殊情况，财政部和国家税务总局作了特案税收优惠规定：

(1) 城市维护建设税按减免后实际缴纳的增值税、消费税税额计征，即随增值税、消费税的减免而减免。

(2) 对于因减免税而需进行增值税、消费税退库的，城市维护建设税也可同时退库。但对出口货物、劳务和跨境销售服务、无形资产以及因优惠政策退还增值税、消费税的，不退还已缴纳的城市维护建设税。

(3) 对增值税、消费税实行先征后返、先征后退、即征即退办法的，除另有规定外，对随增值税、消费税附征的城市维护建设税和教育费附加，一律不予退（返）还。

(4) 对实行增值税期末留抵退税的纳税人，允许其从城市维护建设税的计税依据中扣除退还的增值税税额。

(二) 城市维护建设税的计算

1. 计税依据。城市维护建设税的计税依据为纳税人实际缴纳的增值税、消费税税额，以及出口货物、劳务或者跨境销售服务、无形资产增值税免抵税额。

纳税人违反增值税、消费税有关税法而加收的滞纳金和罚款，不作为城市维护建设税的计税依据，但纳税人在被查补增值税、消费税和被处以罚款时，应同时对其偷漏的城市维护建设税进行补税、征收滞纳金和罚款。

城市维护建设税以增值税、消费税税额为计税依据并同时征收，如果要免征或者减征增值税、消费税，也就要同时免征或者减征城市维护建设税。

2. 应纳税额的计算。城市维护建设税的应纳税额按照纳税人实际缴纳的增值税、消费税税额和出口货物、劳务或者跨境销售服务、无形资产增值税免抵税额乘以税率计算。计算公式为：

应纳税额 = 实际缴纳的增值税、消费税税额和出口环节免抵税额 × 适用税率

【案例·计算题】

某县城一生产企业为增值税一般纳税人。5 月份进口原材料一批，向海关缴纳进口环节增值税 10 万元；当月在国内销售甲产品缴纳增值税 30 万元、消费税 50 万元，由于缴纳消费税时超过纳税期限，被罚滞纳金 1 万元；本期出口乙产品一批，按规定退回增值税 5 万元。要求计算该企业本期应纳的城市维护建设税。

应纳城市维护建设税 = (30 + 50) × 5% = 4（万元）。

(三) 城市维护建设税的申报缴纳

城市维护建设税由税务机关依照《中华人民共和国城市维护建设税法》和《中华人民共和国税收征收管理法》的有关规定征收管理。

1. 城市维护建设税纳税义务发生时间为缴纳增值税、消费税的当日。城市维护建设税扣缴义务发生时间为扣缴增值税、消费税的当日。

2. 城市维护建设税纳税地点为实际缴纳增值税、消费税的地点。扣缴义务人应当向其机构所在地或者居住地的主管税务机关申报缴纳其扣缴的税款。

3. 城市维护建设税按月或者按季计征。不能按固定期限计征的，可以按次计征。实行

按月或者按季计征的，纳税人应当于月度或者季度终了之日起 15 日内申报并缴纳税款。实行按次计征的，纳税人应当于纳税义务发生之日起 15 日内申报并缴纳税款。

扣缴义务人解缴税款的期限，依照上述规定执行。

二、教育费附加

（一）教育费附加基本要素

1. 征收范围和缴纳人。教育费附加对缴纳增值税、消费税的单位和个人征收，分别与增值税、消费税同时缴纳。

教育费附加的缴纳人包括国有企业、集体企业、私有企业、股份制企业、其他企业和行政单位、事业单位、军事单位、社会团体、其他单位，以及个体工商户及其他个人。

2. 计征依据和征收率。教育费附加以纳税人实际缴纳的增值税、消费税税额为计征依据，纳税人因违反增值税、消费税有关的规定而加收的滞纳金和罚款，不作为教育费附加计算依据。

教育费附加的征收率为 3%；地方教育附加的征收率为 2%。

比较：教育费附加与城市建设维护税有哪些内容不同？

（二）教育费附加的计算

应缴教育费附加额 = 实际缴纳的增值税、消费税税额 × 征收率

【案例 · 计算题】

地处市区的某日化厂，属于增值税一般纳税人，本月缴纳增值税 20 万元，消费税 30 万元，补缴上月应纳增值税 10 万元，缴纳消费税 2 万元。计算本月应缴纳的教育费附加。

应纳教育费附加 = (20 + 30 + 10 + 2) × 3% = 1.86（万元）；

应纳地方教育附加 = (20 + 30 + 10 + 2) × 2% = 1.24（万元）。

任务二　资源税计算与缴纳

资源税认知

资源税是以自然资源为课税对象征收的一种税。我国资源税是对在我国境内从事开采应税矿产品及生产盐的单位和个人，就其应税产品的销售额或者销售数量所征收的一种税。

资源税具有以下特点：

（1）征税范围较窄；

（2）具有受益税的性质；

（3）实行一次课征制。

一、资源税基本要素

（一）资源税的征税范围

我国目前资源税的征税范围包括五大类，具体包括：

1. 能源矿产。包括原油、天然气、煤炭等。
2. 金属矿产。包括黑色金属、有色金属等。
3. 非金属矿产。包括矿物类、岩石类和宝玉石类。
4. 水气矿产。包括二氧化碳气、硫化氢气、矿泉水等。
5. 盐。包括钠盐、钾盐、天然卤水、海盐等。

应用提示

理解资源税征税范围需注意的问题

（1）纳税人开采或者生产应税产品，自用于连续生产应税产品的，不缴纳资源税；自用于其他方面的，视同销售，缴纳资源税。

（2）进口应税产品不征收资源税，出口不免征也不退还已纳资源税。

（3）纳税人以自采原矿（经过采矿过程采出后未进行选矿或者加工的矿石）直接销售，或者自用于应当缴纳资源税情形的，按照原矿计征资源税。纳税人以自采原矿洗选加工为选矿产品（通过破碎、切割、洗选、筛分、磨矿、分级、提纯、脱水、干燥等过程形成的产品，包括富集的精矿和研磨成粉、粒级成型、切割成型的原矿加工品）销售，或者将选矿产品自用于应当缴纳资源税情形的，按照选矿产品计征资源税，在原矿移送环节不缴纳资源税。对于无法区分原生岩石矿种的粒级成型砂石颗粒，按照砂石税目征收资源税。

（二）资源税的纳税人

资源税的纳税人是指在中华人民共和国领域及管辖海域开采应税矿产品或者生产盐的单位和个人。其中，单位是指企业、行政单位、事业单位、军事单位、社会团体及其他单位。个人是指个体工商户和其他个人。

（三）资源税的扣缴义务人

为了加强资源税的源泉控制，防止资源税的流失，对税源小、零星分散、不定期开采，税务机关难以控制，容易发生漏税的单位和个人，由扣缴义务人在收购矿产品时代扣代缴资源税。

收购未税矿产品的单位为资源税的扣缴义务人。收购未税矿产品的单位是指独立矿山、联合企业和其他单位。

（四）资源税的税目与税率

资源税的税目包括能源矿产、金属矿产、非金属矿产、水气矿产以及盐五大类类及若干子目，主要是根据资源税应税产品类别和纳税人开采资源的行业特点设置的。

现行资源税根据不同的应税资源产品，分别规定了幅度比例税率和幅度定额税率。具体税率幅度见表6－1。

表 6－1　　资源税税目税率

税目			征税对象	税率
能源矿产		原油	原矿	6%
		天然气、页岩气、天然气水合物	原矿	6%
		煤	原矿或者选矿	2%～10%
		煤成（层）气	原矿	1%～2%
		铀、钍	原矿	4%
		油页岩、油砂、天然沥青、石煤	原矿或者选矿	1%～4%
		地热	原矿	1%～20%或者每立方米1～30元
金属矿产	黑色金属	铁、锰、铬、钒、钛	原矿或者选矿	1%～9%
	有色金属	铜、铅、锌、锡、镍、锑、镁、钴、铋、汞	原矿或者选矿	2%～10%
		铝土矿	原矿或者选矿	2%～9%
		钨	选矿	6.50%
		钼	选矿	8%
		金、银	原矿或者选矿	2%～6%
		铂、钯、钌、锇、铱、铑	原矿或者选矿	5%～10%
		轻稀土	选矿	7%～12%
		中重稀土	选矿	20%
		铍、锂、锆、锶、铷、铯、铌、钽、锗、镓、铟、铊、铪、铼、镉、硒、碲	原矿或者选矿	2%～10%
非金属矿产	矿物类	高岭土	原矿或者选矿	1%～6%
		石灰岩	原矿或者选矿	1%～6%或者每吨（或者每立方米）1～10元
		磷	原矿或者选矿	3%～8%
		石墨	原矿或者选矿	3%～12%
		萤石、硫铁矿、自然硫	原矿或者选矿	1%～8%
		天然石英砂、脉石英、粉石英、水晶、工业用金刚石、冰洲石、蓝晶石、硅线石（矽线石）、长石、滑石、刚玉、菱镁矿、颜料矿物、天然碱、芒硝、钠硝石、明矾石、砷、硼、碘、溴、膨润土、硅藻土、陶瓷土、耐火黏土、铁钒土、凹凸棒石黏土、海泡石黏土、伊利石黏土、累托石黏土	原矿或者选矿	1%～12%

续表

税目			征税对象	税率
非金属矿产	矿物类	叶蜡石、硅灰石、透辉石、珍珠岩、云母、沸石、重晶石、毒重石、方解石、蛭石、透闪石、工业用电气石、白垩、石棉、蓝石棉、红柱石、石榴子石、石膏	原矿或者选矿	2% ~12%
		其他黏土（铸型用黏土、砖瓦用黏土、陶粒用黏土、水泥配料用黏土、水泥配料用红土、水泥配料用黄土、水泥配料用泥岩、保温材料用黏土）	原矿或者选矿	1% ~5% 或者每吨（或者每立方米）0.1 ~5 元
	岩石类	大理岩、花岗岩、白云岩、石英岩、砂岩、辉绿岩、安山岩、闪长岩、板岩、玄武岩、片麻岩、角闪岩、页岩、浮石、凝灰岩、黑曜岩、霞石正长岩、蛇纹岩、麦饭石、泥灰岩、含钾岩石、含钾砂页岩、天然油石、橄榄岩、松脂岩、粗面岩、辉长岩、辉石岩、正长岩、火山灰、火山渣、泥炭	原矿或者选矿	1% ~10%
		砂石	原矿或者选矿	1% ~5% 或者每吨（或者每立方米）0.1 ~5 元
	宝玉石类	宝石、玉石、宝石级金刚石、玛瑙、黄玉、碧玺	原矿或者选矿	4% ~20%
水气矿产		二氧化碳气、硫化氢气、氦气、氡气	原矿	2% ~5%
		矿泉水	原矿	1% ~20% 或者每立方米 1 ~30 元
盐		钠盐、钾盐、镁盐、锂盐	选矿	3% ~15%
		天然卤水	原矿	3% ~15% 或者每吨（或者每立方米）1 ~10 元
		海盐		2% ~5%

1. 纳税人具体适用税率的规定。纳税人具体适用的税率，在《资源税税目税率表》规定的税率幅度内，根据纳税人所开采或者生产应税产品的资源品位、开采条件等情况，由财政部商国务院有关部门确定；对《资源税税目税率幅度表》中列举名称的资源品目，由省级人民政府在规定的税率幅度内提出具体适用税率建议，报财政部、国家税务总局确定核准。资源税税目、税率的调整由国务院确定。

2. 扣缴义务人适用税额的规定。

（1）独立矿山、联合企业收购未税矿产品的单位，按照本单位应税产品税额标准，依据收购的数量代扣代缴资源税。

（2）其他收购单位收购的未税矿产品，按主管税务机关核定的应税产品税额标准，依据收购的数量代扣代缴资源税。

3. 资源税税率的其他特殊规定。

（1）纳税人开采或者生产不同税目应税产品的，应当分别核算不同税目应税产品的销售额或者销售数量；未分别核算或者不能准确提供不同税目应税产品的销售额或者销售数量的，从高适用税率。

（2）纳税人开采或者生产同一税目下适用不同税率应税产品的，应当分别核算不同税率应税产品的销售额或者销售数量；未分别核算或者不能准确提供不同税率应税产品的销售额或者销售数量的，从高适用税率。

（3）为促进共伴生矿的综合利用，纳税人开采销售共伴生矿，共伴生矿与主矿产品销售额分开核算的，对共伴生矿暂不计征资源税；没有分开核算的，共伴生矿按主矿产品的税目和适用税率计征资源税。

（4）对未列举名称的其他金属和非金属矿产品，由省级人民政府根据实际情况确定具体税目和适用税率，报财政部、国家税务总局备案。

（五）资源税的税收优惠

1. 有下列情形之一的，免征资源税：

（1）开采原油以及在油田范围内运输原油过程中用于加热的原油、天然气；

（2）煤炭开采企业因安全生产需要抽采的煤成（层）气。

2. 有下列情形之一的，减征资源税：

（1）从低丰度油气田开采的原油、天然气，减征20%资源税；

（2）高含硫天然气、三次采油和从深水油气田开采的原油、天然气，减征30%资源税；

（3）稠油、高凝油减征40%资源税；

（4）从衰竭期矿山开采的矿产品，减征30%资源税。

根据国民经济和社会发展需要，国务院对有利于促进资源节约集约利用、保护环境等情形可以规定免征或者减征资源税，报全国人民代表大会常务委员会备案。

3. 有下列情形之一的，省、自治区、直辖市可以决定免征或者减征资源税：

（1）纳税人开采或者生产应税产品过程中，因意外事故或者自然灾害等原因遭受重大损失；

（2）纳税人开采共伴生矿、低品位矿、尾矿。

上述规定的免征或者减征资源税的具体办法，由省、自治区、直辖市人民政府提出，报同级人民代表大会常务委员会决定，并报全国人民代表大会常务委员会和国务院备案。

纳税人的免税、减税项目，应当单独核算销售额或者销售数量；未单独核算或者不能准确提供销售额或者销售数量的，不予免税或者减税。

二、资源税应纳税额的计算

（一）从价定率征收的计税依据

1. 销售额的基本确定。销售额为纳税人销售应税产品向购买方收取的全部价款和价外费用，但不包括收取的增值税销项税额和运杂费用。

（1）价外费用，包括价外向购买方收取的手续费、补贴、基金、集资费、返还利润、奖励费、违约金、滞纳金、延期付款利息、赔偿金、代收款项、代垫款项、包装费、包装物租金、储备费、优质费、运输装卸费以及其他各种性质的价外收费。但不包括同时符合两个条件的代垫运费和同时符合三个条件代收的政府性基金或行政事业性收费。

（2）运杂费用的扣减。对同时符合以下条件的运杂费用，纳税人在计算应税产品计税销售额时，可予以扣减：

①包含在应税产品销售收入中；

②属于纳税人销售应税产品环节发生的运杂费用，具体是指运送应税产品从坑口或者洗选（加工）地到车站、码头或者购买方指定地点的运杂费用；

③取得相关运杂费用发票或者其他合法有效凭据；

④将运杂费用与计税销售额分别进行核算。

2. 视同销售额的确定。

（1）视同销售的情形。

①纳税人以自采原矿直接加工为非应税产品的，视同原矿销售；

②纳税人以自采原矿洗选（加工）后的精矿连续生产非应税产品的，视同精矿销售；

③以应税产品投资、分配、抵债、赠与、以物易物等，视同应税产品销售。

（2）视同销售的销售额。

①按纳税人最近时期同类产品的平均销售价格确定。

②按其他纳税人最近时期同类产品的平均销售价格确定。

③按应税产品组成计税价格确定：

$$组成计税价格=成本\times(1+成本利润率)\div(1-资源税税率)$$

④按后续加工非应税产品销售价格，减去后续加工环节的成本利润后确定。

⑤按其他合理方法确定。

3. 原矿销售额与精矿销售额的换算和折算。

（1）征税对象为精矿的，纳税人销售原矿时，应将原矿销售额换算为精矿销售额缴纳资源税；

（2）征税对象为原矿的，纳税人销售自采原矿加工的精矿，应将精矿销售额折算为原矿销售额缴纳资源税。

应用提示

原矿销售额与精矿销售额的换算方法

（1）成本法：

$$精矿销售额=原矿销售额+原矿加工为精矿的成本\times(1+成本利润率)$$

（2）市场法：

$$精矿销售额=原矿销售额\times换算比$$

$$换算比=同类精矿销售价格\div(原矿单位价格\times选矿比)$$

$$选矿比=加工精矿耗用的原矿数量\div精矿数量$$

4. 应税煤炭销售额。

（1）纳税人开采原煤直接对外销售的，以原煤销售额作为应税煤炭销售额计算缴纳资源税。原煤销售额不含增值税以及从坑口到车站、码头等的运输费用。

（2）纳税人将其开采的原煤加工为洗选煤销售的，以洗选煤销售额乘以折算率作为应税煤炭销售额计算缴纳资源税。

洗选煤销售额包括洗选副产品的销售额，不含增值税以及从洗选煤厂到车站、码头等的运输费用。

（3）纳税人将其开采的原煤，自用于连续生产洗选煤的，在原煤移送使用环节不缴纳资源税；自用于其他方面的，视同销售原煤，计算缴纳资源税。纳税人将其开采的原煤加工为洗选煤自用的，视同销售洗选煤。

［**知识链接**］洗选煤折算率的计算公式，请扫描二维码。

【案例 · 多选题】

下列关于煤炭资源税的表述中，正确的有（　　）。

A. 纳税人将其开采的原煤，自用于除连续生产洗选煤的，在原煤移送使用环节不缴纳资源税

B. 将其开采的原煤加工为洗选煤销售的，以洗选煤销售额乘以折算率作为应税煤炭销售额，计算缴纳资源税

C. 洗选煤销售额包括洗选副产品的销售额，不包括洗选煤从洗煤厂到车站、码头等的运输费用

D. 纳税人将其开采的原煤自用于其他方面和将其开采的原煤加工为洗选煤自用的，均视同销售缴纳资源税

E. 销售已税原煤加工的洗选煤应按洗选煤的销售额计税

正确答案为 BCD。选项 A，纳税人将其开采的原煤，自用于连续生产洗选煤的，在原煤移送使用环节不缴纳资源税；自用于其他方面的，视同销售原煤，计算缴纳资源税；选项 E，销售已税原煤加工的洗选煤不应计算资源税。

5. 其他情形销售额的确定。

（1）纳税人开采应税产品由其关联单位对外销售的，按其关联单位的销售额征收资源税。

（2）纳税人既有对外销售应税产品，又有将应税产品自用于除连续生产应税产品以外的其他方面的，则自用的这部分应税产品，按纳税人对外销售应税产品的平均价格计算销售额征收资源税。

（3）纳税人将其开采的应税产品直接出口的，按其离岸价格（不含增值税）计算销售额征收资源税。

（4）已税产品扣减的处理。纳税人以自采未税产品和外购已税产品混合销售或者混合

加工为应税产品销售的，在计算应税产品计税销售额时，准予扣减已单独核算的已税产品购进金额；未单独核算的，一并计算缴纳资源税。已税产品购进金额当期不足扣减的可结转下期扣减。

（二）从量定额征收的计税依据

1. 纳税人开采或者生产应税产品销售的，以实际销售数量为销售数量；

2. 纳税人开采或者生产应税产品自用的，以移送时的自用数量为销售数量（自产自用包括生产自用和非生产自用）；

3. 纳税人不能准确提供应税产品销售数量或者移送使用数量的，以应税产品的产量或按主管税务机关确定的折算比换算成的数量为计征资源税的销售数量。

4. 纳税人以自产的液体盐加工固体盐，按固体盐税额征税，以加工的固体盐数量为课税数量。纳税人以外购的液体盐加工成固体盐的，其加工固体盐所耗用液体盐的已纳税额准予抵扣。

（三）资源税应纳税额的计算

资源税的应纳税额，按照从价定率或者从量定额的办法，分别以应税产品的销售额乘以纳税人具体适用的比例税率或者以应税产品的销售数量乘以纳税人具体适用的定额税率计算。计算公式如下：

1. 从价定率计税的应税产品：

应纳资源税 = 应税产品的销售额 × 适用的比例税率

2. 从量定额计税的应税产品：

应纳资源税 = 应税产品的销售数量 × 适用的定额税率

3. 扣缴义务人代扣代缴资源税的计算：

代扣代缴资源税 = 收购未税矿产品的数量 × 适用的定额税率

【案例 · 计算题】

某煤矿为增值税一般纳税人，2021 年 8 月对外销售原煤 60 000 吨，每吨售价 500 元（不含税），本月矿区生活用煤 90 吨，另外，使用本矿生产的原煤 2 000 吨生产洗煤，原煤 6 000 吨生产其他煤制品。已知洗煤销售量 1 000 吨，每吨售价 800 元（不含税），煤制品销售量 3 000 吨，每吨售价 1 100 元（不含税），该地区煤炭资源税税率 5%，洗煤的折算率 90%，计算该煤矿 8 月份应纳资源税。

（1）销售原煤应纳资源税额 = 60 000 × 500 × 5% = 150（万元）；

（2）矿区生活用煤应纳资源税额 = 90 × 500 × 5% = 0.225（万元）；

（3）销售洗煤应纳资源税额 = 1 000 × 800 × 90% × 5% = 3.6（万元）；

（4）生产其他煤制品移送原煤应纳资源税额 = 6 000 × 500 × 5% = 15（万元）；

（5）应纳资源税额合计 = 150 + 0.225 + 3.6 + 15 = 168.83（万元）。

【案例·计算题】

某砂石开采企业2021年3月开采砂石5 000立方米，对外销售4 000立方米，当地砂石资源税税率为3元/立方米，计算该企业当月应纳的资源税。

该企业应纳资源税 = 4 000 × 3 = 12 000（元）。

三、资源税申报缴纳

（一）纳税义务发生时间

1. 纳税人销售应税产品，其纳税义务发生时间为：

（1）纳税人采取分期收款结算方式的，其纳税义务发生时间为销售合同规定的收款日期的当天。

（2）纳税人采取预收货款结算方式的，其纳税义务发生时间为发出应税产品的当天。

（3）纳税人采取其他结算方式的，其纳税义务发生时间为收讫销售款或者取得索取销售款凭据的当天。

2. 纳税人自产自用应税产品的纳税义务发生时间为移送使用应税产品的当天。

3. 扣缴义务人代扣代缴税款的纳税义务发生时间为支付货款的当天。

（二）纳税期限

资源税的纳税期限为1日、3日、5日、10日、15日或者1个月，具体纳税期限由主管税务机关根据实际情况核定。不能按固定纳税期限计算纳税的，可以按次计算纳税。

纳税人以1个月为一期纳税的，自期满之日起10日内申报纳税；以1日、3日、5日、10日或者15日为一期纳税的，自期满之日起5日内预缴税款，于次月1日起10日内申报纳税并结清上月税款。

扣缴义务人的解缴税款期限，比照上述规定执行。

（三）纳税环节和纳税地点

1. 纳税环节。

（1）资源税在应税产品的销售或自用环节计算缴纳。纳税人以自采原矿加工精矿产品的，在原矿移送使用时不缴纳资源税，在精矿销售或自用时缴纳资源税。

（2）纳税人以自采原矿直接加工为非应税产品或者以自采原矿加工的精矿连续生产非应税产品的，在原矿或者精矿移送环节计算缴纳资源税。

（3）以应税产品投资、分配、抵债、赠与、以物易物等，在应税产品所有权转移时计算缴纳资源税。

（4）纳税人以自采原矿加工金锭的，在金锭销售或自用时缴纳资源税。纳税人销售自采原矿或者自采原矿加工的金精矿、粗金，在原矿或者金精矿、粗金销售时缴纳资源税，在移送使用时不缴纳资源税。

2. 纳税地点。纳税人应当向应税产品的开采地或者生产地税务机关申报缴纳资源税。

四、水资源税改革试点实施办法

为全面贯彻落实党的十九大精神，按照党中央、国务院决策部署，加强水资源管理和保护，促进水资源节约与合理开发利用，自 2017 年 12 月 1 日起在北京、天津、山西、内蒙古、山东、河南、四川、陕西、宁夏 9 个省（自治区、直辖市）扩大水资源税改革试点。具体内容，请扫描二维码。

任务三　土地增值税计算与缴纳

土地增值税认知

土地增值税是对转让国有土地使用权、地上建筑物及其附着物并取得收入的单位和个人，就其转让房地产所取得的增值额征收的一种税。

土地增值税具有以下特点：

（1）以转让房地产取得的增值额为征税对象；

（2）征税面比较广；

（3）采用扣除法和评估法计算增值额；

（4）实行超率累进税率；

（5）实行按次征收。

一、土地增值税基本要素

（一）土地增值税的征税范围

1. 基本征税范围。土地增值税的基本征税范围包括下列两项行为：

（1）转让国有土地使用权。所谓国有土地使用权，是指土地使用人根据国家法律等规定，对国家所有的土地享有的使用权利。土地增值税只对企业、单位和个人等经济实体转让国有土地使用权的行为课税。对属于集体所有的土地，按现行规定须先由国家征用后才能转让。政府出让土地的行为及取得的收入不在土地增值税征税之列。

（2）地上的建筑物及其附着物连同国有土地使用权一并转让。所谓地上建筑物，是指建于土地上的一切建筑物，包括地上地下的各种附属设施。如厂房、仓库、商店、医院、住宅、地下室、围墙、烟囱、电梯、中央空调和管道等。所谓附着物是指附着于土地上的、不能移动，一经移动即遭损坏的种植物、养植物及其他物品。上述建筑物和附着物的所有者对自己的财产依法享有占有、使用、收益和处置的权利，即拥有排他性的全部产权。

2. 征税范围的判定标准。一项行为征收土地增值税应同时具备下列三个条件：

（1）转让的土地使用权属于国家所有。即只对转让国有土地使用权的行为课税，转让非国有土地和出让国有土地的行为均不征税。

（2）房地产的权属发生变更。即凡土地使用权、房产产权未转让的（如房地产的出租）行为，不征收土地增值税。

（3）转让房地产必须取得收入。即土地增值税只对有偿转让的房地产征税，对以继承、赠与等方式无偿转让的房地产，则不征土地增值税。

（二）土地增值税的纳税人

土地增值税的纳税人是转让国有土地使用权及地上的一切建筑物和其他附着物产权，并取得收入的单位和个人。包括机关、团体、部队、企业事业单位、个体工商业户及国内其他单位和个人；还包括外商投资企业、外国企业及外国机构、华侨、港澳台同胞及外国公民等。

（三）土地增值税的税率

为了体现“增值多的多征、增值少的少征、无增值的不征”的税率设计原则，土地增值税采用四级超率累进税率的形式。具体税率见表6－2。

表6－2　　土地增值税四级超率累进税率

级数	增值额与扣除项目金额的比率	税率（%）	速算扣除系数
1	不超过50%的部分	30	0
2	超过50%～100%的部分	40	5
3	超过100%～200%的部分	50	15
4	超过200%的部分	60	35

（四）土地增值税的税收优惠

1. 纳税人建造普通标准住宅出售，增值额未超过扣除项目金额20%的，免征土地增值税。增值额超过扣除项目金额20%的，应就其全部增值额计税。

对于纳税人既建普通标准住宅又从事其他房地产开发的，应分别核算增值额。不分别核算增值额或不能准确核算增值额的，其建造的普通标准住宅不能适用这一免税规定。

2. 因国家建设需要，依法征用、收回的房地产，免征土地增值税。

3. 企事业单位、社会团体以及其他组织转让旧房作为廉租住房、经济适用住房房源且增值额未超过扣除项目金额20%的，免征土地增值税。

4. 对居民个人转让住房免征土地增值税。

二、土地增值税应纳税额的计算

（一）土地增值税的计税依据

土地增值税的计税依据是纳税人转让房地产所取得的增值额，转让房地产的增值额，是纳税人转让房地产的收入减除税法规定的扣除项目金额后的余额。土地增值额的大小，取决于转让房地产的收入和扣除项目金额两个因素。计算公式为：

土地增值额 = 转让房地产收入 - 准予扣除项目金额

1. 转让房地产收入的确定。纳税人转让房地产所取得的收入，应包括转让房地产的全部价款及有关的经济利益。从收入的形式来看，包括货币收入、实物收入和其他收入。土地增值税纳税人转让房地产取得的收入为不含增值税收入。

2. 准予扣除项目金额的确定。准予纳税人从房地产转让收入中扣除的项目金额包括六项内容：

（1）取得土地使用权所支付的金额。取得土地使用权所支付的金额是指纳税人为取得土地使用权支付的地价款和按国家统一规定缴纳的有关费用之和。

（2）房地产开发成本。房地产开发成本指纳税人开发房地产项目实际发生的成本，包括土地征用及拆迁补偿费、前期工程费、建筑安装工程费、基础设施费、公共配套设施费、开发间接费用等。

（3）房地产开发费用。房地产开发费用是指与房地产开发项目有关的销售费用、管理费用、财务费用。根据会计制度的规定，与房地产开发有关的费用直接计入当年损益，不按房地产项目进行归集或分摊。但在计算土地增值税时，房地产开发费用并不是按照纳税人实际发生数进行扣除，应分别以下两种情况扣除：

①纳税人能够按转让房地产项目计算分摊利息支出，并能提供金融机构的贷款证明的，其允许扣除的房地产开发费用为：利息 +（取得土地使用权所支付的金额 + 房地产开发成本）×5% 以内。计算扣除的具体比例由省、自治区、直辖市人民政府规定。

②纳税人不能按转让房地产项目计算分摊利息支出或不能提供金融机构贷款证明的，其允许扣除的房地产开发费用为：（取得土地使用权所支付的金额 + 房地产开发成本）×10% 以内。计算扣除的具体比例由省、自治区、直辖市人民政府规定。

应用提示

计算扣除利息支出需注意三点：

（1）利息支出最高不能超过按商业银行同期贷款利率计算的金额。

（2）利息的上浮幅度按国家的有关规定执行，超过上浮幅度的部分不允许扣除。

（3）超过贷款期限的利息部分和加罚的利息不允许扣除。

（4）与转让房地产有关的税金。与转让房地产有关的税金，是指在转让房地产时缴纳的印花税、城市维护建设税，教育费附加也可视同税金扣除。其中，允许扣除的印花税，是指在转让房地产时缴纳的印花税。房地产开发企业按照会计制度规定，其缴纳的印花税列入管理费用，印花税不再单独扣除。房地产开发企业以外的其他纳税人在计算土地增值税时，允许扣除在转让房地产环节缴纳的印花税。

（5）财政部确定的其他扣除项目。对从事房地产开发的纳税人可按“取得土地使用权所支付金额”和“房地产开发成本”的金额之和，加计20%的扣除。此项扣除政策只适用于从事房地产开发的纳税人，除此之外的其他纳税人不适用。计算公式为：

加计扣除费用 =（取得土地使用权所支付的金额 + 房地产开发成本）×20%

（6）旧房及建筑物的评估价格。旧房及建筑物的评估价格是指在转让已使用的房屋及建筑物时，由政府批准设立的房地产评估机构评定的重置成本价乘以成新度折扣率后的价格。重置成本价的含义是：对旧房及建筑物，按转让时的建材价格及人工费用计算，建造同样面积、同样层次、同样结构、同样建设标准的新房及建筑物所需花费的成本费用。成新度折扣率的含义是，按旧房的新旧程度作一定比例的折扣。

【案例·计算题】

一栋房屋已使用近10年，建造时的造价为1 000万元，按转让时的建材及人工费用计算，建同样的新房需花费3 000万元，假定该房有六成新，则该房的评估价格为：3 000×60% =1 800（万元）。

应用提示

旧房及建筑物扣除项目区分三种情形

旧房及建筑物类型	扣除标准
能提供评估价格	评估价格 = 重置成本价 × 成新度折扣率 评估费用 土地金额 有关税金：城建税、教育费附加、印花税
不能提供评估价格但能提供购房发票	购房发票金额 加计扣除金额 有关税金：城建税、教育费附加、印花税、契税
既不能提供评估价格也不能提供购房发票	由税务机关核定征收

注：加计扣除金额 = 购房发票金额 ×5% × 购买年度起至转让年度止的年数。其中，“年数”按购房发票所载日期起至售房发票开具之日止，每满12个月计一年；超过一年，未满12个月但超过6个月的，可以视同为1年。

值得注意的是，土地增值税扣除项目涉及的增值税进项税额，允许在销项税额中计算抵扣的，不计入扣除项目，不允许在销项税额中计算抵扣的，可以记入扣除项目。

（二）土地增值税应纳税额的计算

土地增值税采用速算扣除法计算，计算公式为：

应纳税额＝土地增值额×适用税率－扣除项目金额×速算扣除系数

应用提示

土地增值税计算：

第1步：确定纳税人转让房地产所取得的收入。

第2步：分项确定准予扣除的项目金额。

第3步：计算土地增值额。

土地增值额＝转让房地产取得的收入－准予扣除的项目金额

第4步：计算土地增值率，确定适用税率及速算扣除系数。

土地增值率＝土地增值额÷扣除项目金额×100%

第5步：计算应纳土地增值税。

应纳土地增值税＝土地增值额×适用税率—扣除项目金额×速算扣除系数

【案例·计算题】

某房地产开发公司（增值税一般纳税人）5月份转让写字楼一栋，取得转让收入10 900万元（含税），公司按税法规定缴纳了有关税金（增值税税率9%，城建税税率7%，教育费附加征收率3%，印花税税率为0.5‰）。已知该公司为取得土地使用权支付地价款和按国家统一规定交纳的有关费用合计为2 300万元；投入房地产开发成本为3 700万元；房地产开发费用中利息支出为1 200万元（不能按转让房地产项目计算分摊利息支出，也不能提供金额机构证明）。当地政府规定的房地产开发费用的计算扣除比例为10%。

计算该公司转让此楼应缴纳的土地增值税。

（1）收入总额＝10 900÷（1＋9%）＝10 000（万元）。

（2）扣除项目金额：

①土地金额＝2 300（万元）；

②开发成本＝3 700（万元）；

③开发费用＝（2 300＋3 700）×10%＝600（万元）；

④有关税金＝10 000×9%×（7%＋3%）＋10 000×0.5‰＝95（万元）；

⑤加计扣除＝（2 300＋3 700）×20%＝1 200（万元）；

扣除项目金额合计＝2 300＋3 700＋600＋95＋1 200＝7 895（万元）。

（3）土地增值额＝10 000－7 895＝2 105（万元）。

（4）土地增值率＝2 105÷7 895＝26.66%，适用税率为30%，扣除系数为0。

（5）应纳土地增值税＝2 105×30%＝631.5（万元）。

三、土地增值税申报缴纳

（一）纳税申报

纳税人应在转让房地产合同签订后的7日内，到房地产所在地主管税务机关办理纳税申报，并向税务机关提交房屋及建筑物产权、土地使用权证书，土地转让、房产买卖合同，房地产评估报告及其他与转让房地产有关的资料。

对于纳税人预售房地产所取得的收入，凡当地税务机关规定预征土地增值税的，纳税人应当到主管税务机关办理纳税申报，并按规定比例预交，待办理决算后，多退少补；凡当地税务机关规定不预征土地增值税的，也应在取得收入时先到税务机关登记或备案。

（二）纳税地点

土地增值税的纳税人应向房地产所在地主管税务机关办理纳税申报，并在税务机关核定的期限内缴纳土地增值税。

这里所说的“房地产所在地”，是指房地产的坐落地。纳税人转让的房地产坐落在两个或两个以上地区的，应按房地产所在地分别申报纳税。

（三）清算管理

目前的土地增值税实行“预征＋清算”的管理模式。在项目全部竣工结算前转让房地产取得的收入（包括预售房收入），按规定预征率预征土地增值税，待该项目全部竣工、办理结算后再进行清算，多退少补。

1. 土地增值税清算的定义。土地增值税清算是指纳税人在符合土地增值税清算条件后，依照税收法律、法规及土地增值税有关政策规定，计算房地产开发项目应缴纳的土地增值税税额，并填写《土地增值税清算申报表》，向主管税务机关提供有关资料，办理土地增值税清算手续，结清该房地产项目应缴纳土地增值税税款的行为。

2. 土地增值税清算单位。准确确定清算单位（项目）是土地增值税清算工作的关键环节。纳税人不得将不同类型房地产、分期开发的项目和不同审批备案的项目合在一起清算。划分土地增值税的清算单位应遵循下列原则：

（1）以国家有关部门审批的房地产开发项目为单位进行清算；

（2）分期开发的项目，以分期项目为单位清算；

（3）开发项目中同时包含普通住宅和非普通住宅的，应分别计算增值额。

3. 土地增值税的清算条件。

（1）符合下列情形之一的，纳税人应进行土地增值税的清算：

①房地产开发项目全部竣工、完成销售的；

②整体转让未竣工决算房地产开发项目的；

③直接转让土地使用权的。

（2）符合下列情形之一的，主管税务机关可要求纳税人进行土地增值税清算：

①已竣工验收的房地产开发项目，已转让的房地产建筑面积占整个项目可售建筑面积的比例在85%以上，或该比例虽未超过85%，但剩余的可售建筑面积已经出租或自用的；

②取得销售（预售）许可证满3年仍未销售完毕的；

③纳税人申请注销税务登记但未办理土地增值税清算手续的；

④省税务机关规定的其他情况。

4. 土地增值税清算应报送的资料。

（1）房地产开发企业清算土地增值税书面申请、土地增值税纳税申报表；

（2）项目竣工决算报表、取得土地使用权所支付的地价款凭证和契税完税凭证、国有土地使用权出让合同、银行贷款利息结算通知单、项目工程合同结算单、商品房购销合同统计表、销售明细表、预售许可证等与转让房地产的收入、成本和费用有关的证明资料；

（3）纳税人委托税务中介机构审核鉴证的清算项目，还应报送中介机构出具的《土地增值税清算税款鉴证报告》。

5. 土地增值税的核定征收。房地产开发企业有下列情形之一的，税务机关可以核定征收土地增值税：

（1）依照法律、行政法规的规定应当设置但未设置账簿的；

（2）擅自销毁账簿或者拒不提供纳税资料的；

（3）虽设置账簿，但账目混乱或者成本资料、收入凭证、费用凭证残缺不全，难以确定转让收入或扣除项目金额的；

（4）符合土地增值税清算条件，未按照规定的期限办理清算手续，经税务机关责令限期清算，逾期仍不清算的；

（5）申报的计税依据明显偏低又无正当理由的。

任务四　城镇土地使用税计算与缴纳

城镇土地使用税认知

城镇土地使用税是以城镇土地为征税对象，以实际占用面积为计税依据，按规定税额对在城镇范围内使用土地的单位和个人征收的一种税。

城镇土地使用税具有以下特点：

（1）征税范围有所限定；

（2）实行差别幅度税额。

一、城镇土地使用税基本要素

（一）城镇土地使用税的征税范围

城镇土地使用税的征税范围，包括在城市、县城、建制镇和工矿区内的国家所有和集体所有的土地。

上述城市、县城、建制镇和工矿区的确认标准为：

1. 城市是指国务院批准设立的市，其征税范围包括市区和郊区；

2. 县城是指县人民政府所在地，其征税范围为县人民政府所在地的城镇；

3. 建制镇是指经省级人民政府批准设立的镇，其征税范围为镇人民政府所在地，但不包括镇政府所在地所辖行政村；

4. 工矿区是指工商业比较发达，人口比较集中，符合国务院规定的建制镇标准，但尚未设立建制镇的大中型工矿企业所在地，工矿区须经省、自治区、直辖市人民政府批准。

建立在城市、县城、建制镇和工矿区以外的工矿企业不需缴纳城镇土地使用税。

对在城镇土地使用税征税范围内单独建造的地下建筑用地，按规定征收城镇土地使用税。

（二）城镇土地使用税的纳税人

在城市、县城、建制镇、工矿区范围内使用土地的单位和个人，为城镇土地使用税的纳税人。单位包括国有企业、集体企业、私营企业、股份制企业、外商投资企业、外国企业，以及其他企业和事业单位、社会团体、国家机关、军队及其他单位；个人包括个体工商户以及其他个人。

城镇土地使用税的纳税人通常包括以下几类：

1. 拥有土地使用权的单位和个人。

2. 拥有土地使用权的单位和个人不在土地所在地的，其土地的实际使用人和代管人为纳税人。

3. 土地使用权未确定或权属纠纷未解决的，其实际使用人为纳税人。

4. 土地使用权共有的，共有各方都是纳税人，由共有各方分别纳税。

（三）城镇土地使用税的税率

城镇土地使用税采用分级的幅度定额税率，按大、中、小城市和县城、建制镇、工矿区分别规定每平方米土地的年税额。具体标准见表6－3。

表6－3 城镇土地使用税税率

级别	人口（人）	每平方米税额（元）
大城市	50万以上	1.5～30
中等城市	20万～50万	1.2～24
小城市	20万以下	0.9～18
县城、建制镇、工矿区		0.6～12

注：各省、自治区、直辖市人民政府可根据市政建设情况和经济繁荣程度在规定税额幅度内，确定所辖地区的适用税额幅度。经济落后地区，城镇土地使用税的适用税额标准可适当降低，但降低额不得超过上述规定最低税额的30%。经济发达地区的适用税额标准可以适当提高，但须报财政部批准。

（四）城镇土地使用税的税收优惠

城镇土地使用税的免税项目有：

1. 国家机关、人民团体、军队自用的土地，是指这些单位本身的办公用地和公务用地。如国家机关、人民团体的办公楼用地、军队的训练场用地等。

2. 由国家财政部门拨付事业经费的单位自用的土地，是指这些单位本身的业务用地。如学校的教学楼、操场、食堂等占用的土地。

3. 宗教寺庙、公园、名胜古迹自用的土地。宗教寺庙自用的土地，是指举行宗教仪式等的用地和寺庙内的宗教人员生活用地。公园、名胜古迹自用的土地，是指供公共参观游览的用地及其管理单位的办公用地。

以上单位的生产、经营用地和其他用地，不属于免税范围，应按规定缴纳土地使用税。如公园、名胜古迹中附设的营业单位，影剧院、饮食部、茶社、照相馆等使用的土地。

4. 市政街道、广场、绿化地带等公共用地。

5. 直接用于农、林、牧、渔业的生产用地，是指直接从事于种植、养殖、饲养的专业用地，不包括农副产品加工场地和生活、办公用地。

6. 经批准开山填海整治的土地和改造的废弃土地，从使用的月份起免缴土地使用税 5 ~ 10 年。

7. 对非营利性医疗机构、疾病控制机构和妇幼保健机构等卫生机构自用的土地，免征城镇土地使用税。

8. 企业办的学校、医院、托儿所、幼儿园，其用地能与企业其他用地明确区分的，免征城镇土地使用税。

9. 免税单位无偿使用纳税单位的土地，免征城镇土地使用税。纳税单位无偿使用免税单位的土地，纳税单位应缴纳城镇土地使用税。纳税单位与免税单位共同使用、共有使用权土地上的多层建筑，对纳税单位可按其占用的建筑面积占建筑总面积的比例计征城镇土地使用税。

10. 由财政部另行规定免税的能源、交通、水利用地和其他用地。

此外，对在城镇土地使用税征税范围内单独建造的地下建筑用地，暂按应征税款的 50% 征收城镇土地使用税。

二、城镇土地使用税应纳税额的计算

（一）城镇土地使用税的计税依据

城镇土地使用税以纳税人实际占用的土地面积为计税依据，土地面积以平方米为计量标准。具体按下列办法确定：

1. 凡由省、自治区、直辖市人民政府确定的单位组织测定土地面积的，以测定的面积为准；

2. 尚未组织测量，但纳税人持有政府部门核发的土地使用证书的，以证书确认的土地面积为准；

3. 尚未核发土地使用证书的，应由纳税人据实申报土地面积，据以纳税，待核发土地使用证以后再作调整。

（二）城镇土地使用税应纳税额的计算

城镇土地使用税的应纳税额依据纳税人实际占用的土地面积和适用的单位税额计算，计算公式为：

全年应纳土地使用税 = 实际占用的土地面积（平方米）× 适用税额

同一土地的土地使用权由几方共有的，由共有各方按照各自实际使用的土地面积的比例，分别计算其应缴纳的城镇土地使用税。

对在城镇土地使用税征税范围内单独建造的地下建筑用地，暂按应征税款的50%征收城镇土地使用税。

【案例·计算题】

某市食品厂实际占地面积为30 000平方米，其中5 000平方米为厂区内的绿化区，2 000平方米为企业自办幼儿园占地。该厂位于中等城市，当地政府核定的土地使用税单位税额为5元/平方米。计算该食品厂全年应纳的城镇土地使用税。

根据税法规定，企业自办幼儿园占地的土地可免缴土地使用税。该食品厂全年应纳的城镇土地使用税计算如下：

应税计算：应纳税额 =（30 000 − 2 000）×5 = 140 000（元）。

三、城镇土地使用税申报缴纳

（一）纳税义务发生时间

1. 购置新建商品房：房屋交付使用之次月起。
2. 购置存量房：房地产权属登记机关签发房屋权属证书之次月起。
3. 出租、出借房地产：交付出租出借房产之次月起。
4. 以出让或转让方式有偿取得土地使用权的：
（1）合同约定交付时间的：从合同约定交付时间的次月起；
（2）合同未约定交付时间的：从合同签订的次月起。
5. 新征用的耕地：批准征用之日起满1年时。
6. 新征用的非耕地：批准征用次月起。

（二）纳税期限

城镇土地使用税按年征收，分期缴纳。具体纳税期限由省、自治区、直辖市人民政府确定。

（三）纳税地点

城镇土地使用税在土地所在地缴纳。纳税人使用的土地不属于同一市（县）管辖的，由纳税人分别向土地所在地的税务机关缴纳土地使用税；在同一省、自治区、直辖市管辖范围内，纳税人跨地区使用的土地，其纳税地点由各省、自治区、直辖市税务局确定。

任务五　房产税计算与缴纳

房产税认知

房产税是以房产为征税对象，按房产的计税余值或租金收入为计税依据，向房屋产权所有人或经营管理人征收的一种财产税。

房产税具有以下特点：

（1）属于财产税中的个别财产税；

（2）征税范围限于城镇的经营性房屋；

（3）区别房屋的经营使用方式规定征税办法。

一、房产税的基本要素

（一）房产税的征税对象

房产税的征税对象是房屋。房屋则是指有屋面和围护结构（有墙或两边有柱），能够遮风避雨，可供人们在其中生产、工作、学习、娱乐、居住或储藏物资的场所。独立于房屋之外的建筑物，如围墙、烟囱、水塔、变电塔、油池油柜、酒窖菜窖、酒精池、糖蜜池、室外游泳池、玻璃暖房、砖瓦石灰窑以及各种油气罐等，不属于房产。

凡在房产税征收范围内的具备房屋功能的地下建筑，包括与地上房屋相连的地下建筑以及完全建在地面以下的建筑、地下人防设施等，均应当依照有关规定征收房产税。

【案例·分析题】

根据房产税法律制度的规定，请分析下列各项中，应缴纳房产税的有（　　）？

A. 某宾馆的围墙　　　　B. 某宾馆的室外游泳池

C. 某企业的办公楼　　　D. 某房地产公司出租的写字楼

应税分析：选项CD应缴纳房产税。独立于房屋之外的建筑物，如围墙、室外游泳池等，不属于房产，不纳房产税；房地产开发企业建造的商品房，在出售前，不征收房产税，但对出售前房地产开发企业已使用或出租、出借的商品房应按规定征收房产税。

（二）房产税的征税范围

房产税的征税范围为城市、县城、建制镇和工矿区，不包括农村。

城市是指经国务院批准设立的市；县城是指未设立建制镇的县人民政府所在地；建制镇是指经省、自治区、直辖市人民政府批准设立的镇；工矿区是指工商业比较发达，人口比较集中，符合国务院规定的建制镇标准，但尚未设立建制镇的大中型工矿企业所在地。工矿区开征房产税须经省、自治区、直辖市人民政府批准。

（三）房产税的纳税人

房产税以在征税范围内的房屋产权所有人为纳税人。具体规定如下：

1. 产权属国家所有的，经营管理的单位为纳税人；
2. 产权属集体和个人所有的，集体单位和个人为纳税人；
3. 产权出典的，承典人为纳税人；
4. 产权所有人、承典人不在房屋所在地的，房产代管人或者使用人为纳税人。
5. 产权未确定及租典纠纷未解决的，房产代管人或者使用人为纳税人。
6. 无租使用其他单位房产的，由使用人代为缴纳房产税。

［**知识拓展**］产权出典，请扫描二维码。

（四）房产税的税率

我国现行房产税采用比例税率，根据房产税的计税依据分为两种：

（1）从价计征的房产，税率为 1.2%；

（2）从租计征的房产，税率为 12%。

特别说明的是，对个人出租住房，不区分用途，按 4% 的税率征收房产税；对企事业单位、社会团体以及其他组织按市场价格向个人出租用于居住的住房，减按 4% 的税率征收房产税。

（五）房产税的税收优惠

目前房产税的减免税优惠主要有：

1. 国家机关、人民团体、军队自用的房产免征房产税。但上述免税单位的出租房产以及非自身业务使用的生产、营业用房，不属于免税范围。自用的房产，是指这些单位本身的办公用房和公务用房。

2. 由国家财政部门拨付事业经费的单位，如学校、医疗卫生单位、托儿所、幼儿园、敬老院、文化、体育、艺术这些实行全额或差额预算管理的事业单位所有的，本身业务范围内使用的房产免征房产税。但上述单位所属的附属工厂、商店、招待所等不属于单位公务、业务的用房，应照章纳税。

3. 宗教寺庙、公园、名胜古迹自用的房产免征房产税。宗教寺庙自用的房产，是指举行宗教仪式等的房屋和宗教人员使用的生活用房屋。公园、名胜古迹自用的房产，是指供公共参观游览的房屋及其管理单位的办公用房屋。

宗教寺庙、公园、名胜古迹中附设的营业单位，如影剧院、饮食部、茶社、照相馆等使用的房产及出租的房产应征收房产税。

4. 对个人所有非营业用的房产免征房产税。个人所有的非营业用房，主要是指居民住房，不分面积多少，一律免征房产税。但个人拥有的营业用房或者出租的房产，应照章纳税。

5. 经财政部批准免税的其他房产，请扫描二维码。

二、房产税应纳税额的计算

（一）房产税的计税依据

房产税的计税依据是房产的计税价值或房产的租金收入。按照房产计税价值征税的，称为从价计征；按照房产租金收入征税的，称为从租计征。

1. 对经营自用的房屋，以房产的计税余值作为计税依据。所谓计税余值，是指依据税收制度的规定按房产原值一次减除 10% ~30% 的损耗价值以后的余额。

（1）房产原值是指纳税人按照会计制度规定，在账簿“固定资产”科目中记载的房屋原价。凡按会计制度规定在账簿中记载有房屋原价的，应以房屋原价按规定减除一定比例后作为房产余值计征房产税；对纳税人未按国家会计制度规定核算并记载的，应按规定予以调整或重新评估。

（2）房产原值应包括与房屋不可分割的各种附属设备或一般不单独计算价值的配套设施。主要有：暖气、卫生、通风、照明、煤气等设备；各种管线，如蒸气、压缩空气、石油、给水排水等管道及电力、电信、电缆导线；电梯、升降机、过道、晒台等。属于房屋附属设备的水管、下水道、暖气管、煤气管等从最近的探视井或三通管算起。电灯网、照明线从进线盒连接管算起。

（3）凡以房屋为载体，不可随意移动的附属设备和配套设施，如给排水、采暖、消防、中央空调、电气及智能化楼宇设备等，无论在会计核算中是否单独记账与核算，都应计入房产原值，计征房产税。

（4）对于更换房屋附属设备和配套设施的，在将其价值计入房产原值时，可扣减原来相应设备和设施的价值；对附属设备和配套设施中易损坏、需要经常更换的零配件，更新后不再计入房产原值。

（5）对按照房产原值计税的房产，无论会计上如何核算，房产原值均应包含地价，包括为取得土地使用权支付的价款、开发土地发生的成本费用等。容积率低于 0.5 的，按房产建筑面积的 2 倍计算土地面积并据此确定计入房产原值的地价。

（6）纳税人对原有房屋进行改扩建的，要相应增加房屋的原值。

（7）具备房屋功能的地下建筑房产原值的确定。其中，单独建造的地下建筑折算确定：工业用房产以房屋原价的 50% ~60% 作为应税房产原值，商业和其他用房产以房屋原价的 70% ~80% 作为应税房产原值；与地上房屋相连的地下建筑，应将地下部分与地上房屋视为一个整体确定应税房产原值。

【案例·计算题】

某企业 2020 年 2 月用 2 800 万元购得一宗 1 500 平方米的土地，投入 200 万元作土地开发，并在这宗土地上建立一座建筑面积600平方米的车间，计算计征房产税的房产原值的地价。

容积率 =600 ÷1 500 =0.4，应按土地面积的2倍计入房产原值。

计征房产税的房产原值的地价 =600 ×2 ×（2 800 +200）÷1 500 =2 400（万元）。

2. 对于出租的房屋，以租金收入为计税依据。房产的租金收入，是房屋产权所有人出租房产使用权所取得的报酬，包括货币收入和实物收入。房产出租的，计征房产税的租金收入不含增值税。以劳务或其他形式抵租的，按当地同类房产的租金标准计税；租金收入申报不实或明显不合理的，由税务机关核定应纳税额。

3. 房产税计税依据的特殊规定。

（1）对投资联营的房产，在计征房产税时应予以区别对待。对于以房产投资联营，投资者参与投资利润分红、共担风险的情况，按房产的计税余值作为计税依据计征房产税；对以房产投资，收取固定收入，不承担联营风险的，实际是以联营名义取得房产租金，应由出租方按租金收入计算缴纳房产税。

（2）融资租赁的房产，由承租人自融资租赁合同约定开始日的次月起，依照房产余值缴纳房产税。合同未约定开始日的，由承租人自合同签订的次月起，依照房产余值缴纳房产税。

（3）对无租使用其他单位的房产，由使用人依照房产余值代缴纳房产税。

（4）对免收租金期间的房产，免收租金期间由产权所有人按照房产余值缴纳房产税。

（5）对产权出典的房产，由承典人依照房产余值缴纳房产税。

（6）对居民住宅区内业主共有的经营性房产，由实际经营（包括自营和出租）的代管人或使用人缴纳房产税。其中自营的，依照房产原值减除10% ~30%后的余值计征，没有房产原值或不能将业主共有房产与其他房产的原值准确划分开的，由房产所在地税务机关参照同类房产核定房产原值；出租的，依照租金收入计征。

（二）房产税应纳税额的计算

房产税应纳税额的计算方法有以下两种：

1. 从价计征的计算。从价计征是按房产的原值减除一定比例后的余值计征，其计算公式为：

$$应纳房产税 = 房产原值 \times (1 - 扣除比例) \times 1.2\%$$

2. 从租计征的计算。从租计征是按房产的租金收入计征，其计算公式为：

$$应纳房产税 = 租金收入 \times 12\%（或 4\%）$$

【案例·计算题】

某厂2020年自有房屋10栋，其中8栋用于生产，房产原值800万元，不包括冷暖通风设备30万元；2栋房屋租给某公司作经营用房，年租金收入10万元（不含增值税）。该厂所在省规定的扣除比例为30%，计算该厂2020年应纳房产税。

应税计算：

（1）自用房产应纳税额 =［(800 +30) ×(1 −30%)］×1.2% =6.972（万元）；

（2）租金收入应纳税额 =10 ×12% =1.2（万元）；

（3）应纳税额合计 =6.972 +1.2 =8.172（万元）。

【案例·计算题】

某企业2021年1月1日的房产原值为3 000万元，3月31日将其中原值为1 000万元的临街房出租给某连锁商店，月租金5万元。当地政府规定允许按房产原值减除20%后的余值计税。计算该企业2021年应缴纳的房产税。

（1）从价部分应纳房产税 = 2 000 ×（1 - 20%）×1.2% + 1 000 ×（1 - 20%）×1.2% × 3/12 = 21.6（万元）；

（2）从租部分应纳房产税 = 5 × 9 × 12% = 5.4（万元）；

（3）当年应纳房产税合计 = 21.6 + 5.4 = 27（万元）。

三、房产税申报缴纳

（一）纳税义务发生时间

1. 将原有房屋用于生产经营：从生产经营之月起；
2. 自建房屋用于生产经营：自建成之日的次月起；
3. 委托施工企业建设的房屋：从办理验收手续之次月起；
4. 购置新建商品房：自房屋交付使用次月起；
5. 购置存量房：自办理房屋权属转移、变更登记手续，房地产权属登记机关签发房屋权属证书次月起；
6. 出租、出借房产：自交付出租、出借房产次月起；
7. 房地产开发企业自用、出租、出借本企业建造的商品房：自房屋使用或交付次月起。

（二）纳税期限

房产税实行按年征收，分期缴纳。具体纳税期限由省、自治区、直辖市人民政府规定。

（三）纳税地点

房产税在房产所在地缴纳。房产不在同一地方的纳税人，应按房产的坐落地点分别向房产所在地的税务机关缴纳。

任务六　印花税计算与缴纳

印花税认知

印花税是以经济活动和经济交往中，书立应税凭证或者进行证券交易的行为为征税对象征收的一种税。印花税因其采用在应税凭证上粘贴印花税票的方法缴纳税款而得名。印花税具有以下特点：

（1）征税范围广；

（2）税率低，税负轻。

一、印花税基本要素

（一）印花税的征税范围

现行印花税采取正列举形式，只对列举的凭证征税，没有列举的凭证不征税。列举的凭证分为四类：书面形式的合同、产权转移书据、营业账簿、证券交易。具体征税范围如下：

1. 书面形式的合同。书面形式的合同包括11大类合同：买卖合同、借款合同、融资租赁合同、租赁合同、承揽合同、建设工程合同、运输合同、技术合同、保管合同、仓储合同、财产保险合同。

应用提示

确定合同印花税范围需注意五个问题

（1）具有合同性质的凭证应视同合同征税。所谓具有合同性质的凭证，是指具有合同效力的协议、契约、合约、单据、确认书及其他各种名称的凭证。这类凭证虽未采用规范的合同名称，但对当事人各方仍具有特定的民事法律约束力。

（2）未按期兑现合同亦应贴花。印花税既是凭证税，又具有行为税性质。纳税人签订应税合同，就发生了应税经济行为，必须依法缴纳印花税。所以，不论合同是否兑现或能否按期兑现，都应当缴纳印花税。

（3）同时书立合同和开立单据的缴税方法。办理一项业务（如运输、仓储、保管、财产保险、银行借款等），如果既书立合同，又开立单据，只就合同缴税；凡不书立合同，只开立单据，以单据作为合同适用的，其使用的单据应按规定缴税。

（4）对纳税人以电子形式签订的各类应税凭证按规定征收印花税。

（5）下列合同不征印花税。电网与用户之间签订的供用电合同；企业与主管部门签订的租赁承包合同；银行同业拆借合同；法律、会计、审计等方面的咨询合同。

2. 产权转移书据。产权转移书据包括土地使用权出让书据，土地使用权、房屋等建筑物、构筑物所有权转让书据、股权转让书据（不包括应缴纳证券交易印花税）、商标专用权、著作权、专利权、专用技术使用权转让书据。

3. 营业账簿。应税营业账簿是指记载资金的账簿，是反映生产经营单位“实收资本（股本）”和“资本公积”金额增减变化的账簿。

4. 证券交易。证券交易是指转让在依法设立的证券交易所、国务院批准的其他全国性证券交易场所交易股票和以股票为基础发行的存托凭证。

【案例·分析题】

根据印花税法律制度的规定，请分析下列各项中，属于印花税征税范围的有（　　）？

A. 土地使用权出让合同　　B. 企业单位承包合同

C. 商品房销售合同　　D. 房屋产权证

应税分析：ACD属于印花税征税范围，书面形式的合同就税法列举的11类合同征税，列举合同中不包括企事业单位承包合同。

（二）印花税的纳税人

印花税的纳税人，是指书证在中华人民共和国境内具有法律效力的应税凭证，或者在中华人民共和国境内进行证券交易的单位和个人。

这里所说的单位和个人，是指国内各类企业、事业、机关、团体、部队以及中外合资企业、合作企业、外资企业、外国公司和其他经济组织及其在华机构等单位和个人，以及在境外书立境内使用的应税凭证的单位和个人。

根据书立、使用应税凭证的不同，印花税纳税人可分为立合同人、立据人、立账簿人和使用人等。

1. 立合同人。指合同的当事人，具体是指对合同有直接权利义务关系的单位和个人，但不包括合同的担保人、证人、鉴定人。

2. 立据人。产权转移书据的纳税人是立据人，具体是指书立产权转移书据的单位和个人。

3. 立账簿人。营业账簿的纳税人是立账簿人，具体是指设立并使用营业账簿的单位和个人。

4. 使用人。在国外书立但在国内使用应税凭证的单位和个人。

5. 各类电子应税凭证的签订人。即以电子形式签订的各类应税凭证的当事人。

值得注意的是，对应税凭证，凡由两方或两方以上当事人共同书立的，其当事人各方都是印花税的纳税人，应就其所持凭证的计税金额各自履行纳税义务。

（三）印花税的税目、税率

在印花税的15个税目中，书面形式的合同、产权转移书据、营业账簿、证券交易适用比例税率，分5档，分别是：0.05‰、0.25‰、0.3‰、0.5‰、1‰（见表6－4）。

表6－4　印花税税目、税率

税目		税率	备注
合同	买卖合同	支付价款的万分之三	指动产买卖合同（不包括个人书签的动产买卖合同）
	借款合同	借款金额的万分之零点五	指银行业金融机构和借款人（不包括银行同业拆借）订立的借款合同
	融资租赁合同	租金的万分之零点五	
	租赁合同	租金的千分之一	
	承揽合同	支付报酬的万分之三	
	建设工程合同	支付价款的万分之三	
	运输合同	运输费用的万分之三	指货运合同和多式联运合同（不包括管道运输合同）

续表

<table>
<tr><th colspan="2">税目</th><th>税率</th><th>备注</th></tr>
<tr><td rowspan="4">合同（指书面合同）</td><td>技术合同</td><td>支付价款、报酬或使用费的万分之三</td><td>不包括专利权、专有技术使用权转让书据</td></tr>
<tr><td>保管合同</td><td>保管费的千分之一</td><td></td></tr>
<tr><td>仓储合同</td><td>仓储费的千分之一</td><td></td></tr>
<tr><td>财产保险合同</td><td>保险费的千分之一</td><td>不包括再保险合同</td></tr>
<tr><td rowspan="2">产权转移书据</td><td>土地使用权出让和转让书据；房屋等建筑物、构筑物所有权、股权（不包括上市和挂牌公司股票）</td><td>支付价款的万分之五</td><td></td></tr>
<tr><td>商标专用权、著作权、专利权、专用技术使用权转移书据</td><td>支付价款的万分之三</td><td></td></tr>
<tr><td colspan="2">营业账簿</td><td>实收资本（股本）、资本公积合计金额的万分之二点五</td><td></td></tr>
<tr><td colspan="2">证券交易</td><td>成交金额的千分之一</td><td>对证券交易的出让方征收，不对证券交易的受让方征收</td></tr>
</table>

（四）印花税的税收优惠

下列情形，免征或者减征印花税：

1. 应税凭证的副本或者抄本，免征印花税；

2. 农民、家庭农场、农民专业合作社、农村集体经济组织、村民委员会购买农业生产资料或者销售自产农产品订立的买卖合同和农业保险合同，免征印花税；

3. 无息或者贴息借款合同、国际金融组织向我国提供优惠贷款订立的借款合同，免征印花税；

4. 财产所有权人将财产赠与政府、学校、社会福利机构、慈善组织订立的产权转移书据，免征印花税；

5. 中国人民解放军、中国人民武装警察部队书立的应税凭证，免征印花税。

二、印花税应纳税额的计算

（一）印花税的计税依据

印花税的计税依据，按照下列方法确定：

1. 应税合同的计税依据，为合同列明的金额，不包括增值税税款。

2. 应税产权转移书据的计税依据，为产权转移书据列明的金额，不包括增值税税款。

3. 应税营业账簿的计税依据，为营业账簿记载的实收资本（股本）、资本公积合计金额。

4. 证券交易的计税依据，为成交金额。以非集中交易方式转让证券时无转让价格的，按照办理过户登记手续前一个交易日收盘价计算确定计税依据；办理过户登记手续前一个交易日无收盘价的，按照证券面值计算确定计税依据。

（二）印花税应纳税额的计算

印花税应纳税额的计算，根据应税凭证的计税依据和适用税率的不同，分别采用从价计税和从量计税两种方法，具体计算公式为：

1. 从价计税。

应税合同应纳印花税＝价款或者报酬×比例税率

应税产权转移书据应纳印花税＝价款×比例税率

应税营业账簿应纳印花税＝实收资本(股本)、资本公积合计金额×比例税率

证券交易应纳印花税

＝成交金额或者办理过户登记手续前一个交易日收盘价或者证券面值×比例税率

想一想：我国从价计税与从量计税并用的税种有哪些？

2. 从量计税。

应税权利、许可证照应纳印花税＝证照件数×定额税率(5元)

应用提示

计算印花税需注意的问题：

（1）同一应税凭证载有两个或者两个以上经济事项并分别列明价款或者报酬的，按照各自适用税目税率计算应纳税额；未分别列明价款或者报酬的，按税率高的计算应纳税额。

（2）同一应税凭证由两方或者两方以上当事人订立的，应当按照各自涉及的价款或者报酬分别计算应纳税额。

（3）签订合同协议及产权转移书据时，一定要注意应分别列明价款与增值税税款，避免因未分别列明导致企业多缴印花税。

【例题·计算题】

甲乙公司签订一笔含税金额3 480万元的购销合同，合同中价格与增值税未分别列明，购销合同印花税税率为万分之三。请问应纳印花税是多少？

应税计算：应纳印花税＝34 800 000×0.3‰＝10 440（元）。

依上例，如果签订合同中分别列明价款3 000万元、增值税480万元，则只按价款计算印花税。应纳增值税为：30 000 000×0.3‰＝9 000（元）。

【例题·计算题】

某企业2020年1月开业，领受工商营业执照、不动产权证，商标注册证各一件；开业当年签订财产保险合同一份，投保金额120万元，保险费2.4万元；签订银行借款合同一份，借款金额50万元（利率8%）；签订买卖合同一份，所载金额200万元；与其他企业订立技术转让合同一份，金额30万元；与运输公司签订运输合同一份，支付运输费5万元，装卸费0.4万元；企业“实收资本”“资本公积”账簿合计金额800万元。计算该企业2020年应纳印花税。

应税计算：

（1）权利许可证照应纳印花税 =3×5=15（元）；

（2）财产保险合同应纳印花税 =24 000×1‰=24（元）；

（3）借款合同应纳印花税 =500 000×0.05‰=25（元）；

（4）买卖合同应纳印花税 =2 000 000×0.3‰=600（元）；

（5）技术转让合同应纳印花税 =300 000×0.3‰=90（元）；

（6）运输合同应纳印花税 =50 000×0.3‰=15（元）；

（7）资金账簿应纳印花税 =8 000 000×0.25‰=2 000（元）；

2020年该企业应纳印花税合计：15+24+25+600+90+15+2 000=2 769（元）。

三、印花税申报与缴纳

（一）印花税申报方式

印花税实行按期和按次申报纳税方式。证券交易印花税采取由证券登记结算机构代扣代缴方式。

（二）印花税纳税地点

1. 单位应当向其机构所在地的主管税务机关申报缴纳印花税。

2. 个人应当向应税凭证订立地、领受地或者居住地的税务机关申报缴纳印花税。

3. 纳税人出让或者转让不动产产权的，应当向不动产所在地的税务机关申报缴纳印花税。

4. 证券交易印花税的扣缴义务人应当向其机构所在地的主管税务机关申报缴纳扣缴的税款。

（三）印花税纳税义务发生时间

1. 印花税纳税义务发生时间为纳税人订立地、领受应税凭证或者完成证券交易的当日。

2. 证券交易印花税扣缴义务发生时间为证券交易完成的当日。

（四）印花税纳税期限

1. 印花税按季、按年或者按次计征。实行按季、按年计征的，纳税人应当于季度、年度终了之日起15日内申报并缴纳税款。实行按次计征的，纳税人应当于纳税义务发生之日起15日内申报并缴纳税款。

2. 证券交易印花税按周解缴。扣缴义务人应当于每周终了之日起5日内申报解缴税款及孳息。

（五）印花税的补缴和退还

已缴纳印花税的凭证所载价款或者报酬增加的，纳税人应当补缴印花税；已缴纳印花税的凭证所载价款或者报酬减少的，纳税人可以向主管税务机关申请退还印花税税款。

任务七　契税计算与缴纳

契税认知

契税是以在中国境内转移土地、房屋权属为征税对象，向产权承受人征收的一种财产税。契税是一个古老的税种，最早起源于东晋时期的“估税”，至今已有1 600多年的历史。

契税具有以下特点：

（1）属于财产转移税；

（2）由财产承受人缴纳。

一、契税基本要素

（一）契税的征税范围

契税的征税对象是境内转移的土地、房屋权属。具体包括以下六项内容：

1. 国有土地使用权出让。国有土地使用权出让是指土地使用者向国家交付土地使用权出让费用，国家将国有土地使用权在一定年限内让与土地使用者的行为。

2. 土地使用权的转让。土地使用权的转让是指土地使用者以出售、赠与、交换或者其他方式将土地使用权转移给其他单位和个人的行为。土地使用权的转让不包括农村集体土地承包经营权的转移。

3. 房屋买卖。房屋买卖是指房屋所有者将其房屋出售，由承受者交付货币、实物、无形资产或其他经济利益的行为。

4. 房屋赠与。房屋的赠与是指房屋产权所有人将房屋无偿转让给他人所有的行为。

5. 房屋交换。房屋交换是指房屋所有者之间互相交换房屋的行为。

6. 视同土地使用权转让、房屋买卖或者房屋赠与。随着经济形势的发展，有些特殊方式转移土地、房屋权属的，也将视同土地使用权转让、房屋买卖或者房屋赠与。具体包括：

（1）以土地、房屋权属作价投资、入股；

（2）以土地、房屋权属抵债；

（3）以获奖方式承受土地、房屋权属；

（4）以预购方式或者预付集资建房款方式承受土地、房屋权属；

（5）土地使用权受让人通过完成土地使用权转让方约定的投资额度或投资特定项目，以此获取低价转让或无偿赠与的土地使用权的；

（6）企业破产清算期间，非债权人承受破产企业土地、房屋权属。

应该说明的是，土地、房屋权属变动还有其他一些不同的形式，如典当、继承（法定继承）、分拆（分割）、出租或者抵押等，不属于契税的征税范围。

（二）契税的纳税人

契税的纳税人是指在中国境内承受土地、房屋权属的单位和个人。所谓承受，是指以受让、购买、受赠、交换等方式取得土地、房屋权属的行为。所谓土地、房屋权属是指土地使用权、房屋所有权。单位，是指企业单位、事业单位、国家机关、军事单位和社会团体以及其他组织。个人，是指个体经营者及其他个人，包括中国公民和外籍人员。

（三）契税的税率

契税实行3%～5%的幅度税率。实行幅度税率是考虑到我国经济发展的不平衡，各地经济差别较大的实际情况。因此，各省、自治区、直辖市人民政府可以在3%～5%的幅度税率规定范围内，按照本地区的实际情况决定。

（四）契税的税收优惠

1. 契税减免的基本规定。

（1）国家机关、事业单位、社会团体、军事单位承受土地、房屋用于办公、教学、医疗、科研和军事设施的，免征契税。

（2）城镇职工按规定第一次购买公有住房，免征契税。

（3）因不可抗力灭失住房而重新购买住房的，酌情减征或免征契税。

（4）土地、房屋被县级以上人民政府征用、占用后，重新承受土地、房屋权属的，由省级人民政府确定是否减免。

（5）承受荒山、荒沟、荒丘、荒滩土地使用权，并用于农、林、牧、渔业生产的，免征契税。

（6）依照我国有关法律规定以及我国缔结或参加的双边和多边条约或协定的规定，应当予以免税的外国驻华使馆、领事馆、联合国驻华机构及其外交代表、领事官员和其他外交人员承受土地、房屋权属的，经外交部确认，可以免征契税。

经批准减征、免征契税的纳税人，改变有关土地、房屋的用途的，就不再属于减征、免征契税范围，并且应当补缴已经减征、免征的税款。

2. 契税减免的其他规定。

（1）经济适用住房减半征收契税。个人购买经济适用住房减半征收契税。经济适用住房是指已经列入国家计划，由城市政府组织房地产开发企业或者集资建房单位建造，以微利价向城镇中低收入家庭出售的住房。

（2）公租房免征契税。公租房经营管理单位购买住房作为公租房免征契税。公租房又称公共租赁住房，是指由政府出资或提供政策支持建造的低租金公共住房。

（3）普通住房减征契税。对个人购买普通住房，且该住房属于家庭（成员范围包括购房人、配偶以及未成年子女，下同）唯一住房的，减半征收契税；对个人购买90平方米及以下普通住房，且该住房属于家庭唯一住房的，减按1%税率征收契税。

普通住房应同时满足以下条件：住宅小区建筑容积率在1.0以上；单套建筑面积在120平方米以下；实际成交价格低于同级别土地上住房平均交易价格1.2倍以下。各省、自治区、直辖市要根据实际情况，制定本地区享受优惠政策普通住房的具体标准。允许单套建筑面积和价格标准适当浮动，但向上浮动的比例不得超过上述标准的20%。

（4）夫妻间房地产权属“加名”“减名”“换名”等均免契税。在婚姻关系存续期间，房屋、土地权属原归夫妻一方所有，变更为夫妻双方共有或另一方所有的，或者房屋、土地权属原归夫妻双方共有，变更为其中一方所有的，或者房屋、土地权属原归夫妻双方共有，双方约定、变更共有份额的，免征契税。

纳税人符合减免税条件的，应当在签订土地、房屋权属转移合同后10日内，向土地、房屋所在地的契税征收机关办理减免契税手续。

经批准减征、免征契税的纳税人，改变有关土地、房屋的用途的，就不属于减征、免征契税范围，并且应当补缴已经减征、免征的税款。

二、契税应纳税额的计算

（一）契税的计税价格

按照土地、房屋权属转移的形式、定价方法的不同，契税的计税价格确定如下：

1. 国有土地使用权出让、土地使用权出售、房屋买卖，以成交价格为计税价格。成交价格是指土地、房屋权属转移合同确定的价格，包括承受者应交付的货币、实物、无形资产或者其他经济利益。成交价格不含增值税。

2. 土地使用权赠与、房屋赠与，由征收机关参照土地使用权出售、房屋买卖的市场价格核定。

3. 土地使用权交换、房屋交换，以交换的土地使用权、房屋的价格差额为计税价格。计税价格只考虑价格的差额，交换价格不相等的，由多交付的货币、实物、无形资产或者其他经济利益的一方缴纳契税；交换价格相等的，免征契税。土地使用权与房屋所有权相互交换，也应按照上述办法确定计税价格。

4. 以划拨方式取得土地使用权，经批准转让房地产时，由房地产转让者补交契税。以补交的土地使用权出让费用或者土地收益为计税价格。

（二）契税应纳税额的计算

契税应纳税额的计算公式为：

$$应纳契税 = 计税价格 \times 税率$$

【案例·计算题】

甲企业将闲置的一处房屋卖给乙企业作仓库使用，协议成交价格为100 000元，另外甲企业还将一门面与丙企业的一车库进行交换，甲的门面价值为300 000元，丙的车库价值为400 000元。当地政府规定的契税税率为5%。计算甲企业、乙企业、丙企业应纳的契税。

（1）乙企业应纳契税＝100 000×5%＝5 000（元）；

（2）甲企业应纳契税＝100 000×5%＝5 000（元）；

（3）丙企业不缴纳契税。

【案例·计算题】

2021年，王某获得单位奖励房屋一套。王某得到该房屋后又将其与李某拥有的一套房屋进行交换。经房地产评估机构评估奖励王某的房屋价值30万元，李某房屋价值35万元。两人协商后，王某实际向李某支付房屋交换价格差额款5万元。税务机关核定奖励王某的房屋价值28万元。已知当地规定的契税税率为4%。计算王某应缴纳的契税税额。

（1）王某获奖房屋应纳契税＝280 000×4%＝11 200（元）；

（2）王某交换房屋应纳契税＝50 000×4%＝2 000（元）；

（3）王某实际应纳契税＝11 200＋2 000＝13 200（元）。

三、契税申报缴纳

（一）纳税义务发生时间

契税的纳税义务发生时间是纳税人签订土地、房屋权属转移合同的当天，或者纳税人取得其他具有土地、房屋权属转移合同性质凭证的当天。

（二）纳税期限

纳税人应当自纳税义务发生之日起10日内，向土地、房屋所在地的契税征收机关办理纳税申报，并在契税征收机关核定的期限内缴纳税款。

（三）退税管理

已缴纳契税的购房单位和个人，在未办理房屋权属变更登记前退房的，退还已纳契税；在办理房屋权属变更登记后退房的，不予退还已纳契税。

想一想：我国与房地产相关的税种有哪些？它们之间有什么不同？

（四）纳税地点

契税在土地、房屋所在地的契税征收机关缴纳。

任务八　耕地占用税计算与缴纳

耕地占用税认知

耕地占用税是对占用耕地建房或者从事非农业建设的单位和个人，按其实际占用的耕地面积征收的一种税。

耕地占用税具有以下特点：

（1）税收负担的一次性；

（2）征收对象的特定性；

（3）税收用途的补偿性；

（4）征收标准的灵活性。

一、耕地占用税基本要素

（一）耕地占用税的征税范围

占用耕地、园地、林地、草地、农田水利用地、养殖水面、渔业水域滩涂以及其他农用地建设建筑物、构筑物或者从事非农业建设。

因挖损、采矿塌陷、压占、污染等损毁耕地属于税法所称的非农业建设。

应用提示

不缴纳耕地占用税的情形：

（1）占用耕地建设农田水利设施的；

（2）占用园地、林地、草地、农田水利用地、养殖水面、渔业水域滩涂以及其他农用地建设直接为农业生产服务的生产设施的。

（二）耕地占用税的纳税人

耕地占用税的纳税人为在中华人民共和国境内占用耕地建设建筑物、构筑物或者从事非农业建设的单位和个人。

（三）耕地占用税的税率

耕地占用税实行地区差别幅度定额税率，即根据人均耕地面积多少划分四类地区，分别按占用耕地的平方米规定有幅度的税额。耕地占用税税额见表6－5。

表 6-5 耕地占用税税额

地区（以县级区域为单位）	每平方米幅度税额
人均耕地≤1 亩的地区	10~50 元
1 亩<人均耕地≤2 亩的地区	8~40 元
2 亩<人均耕地≤3 亩的地区	6~30 元
人均耕地>3 亩的地区	5~25 元

注：(1) 在人均耕地低于 0.5 亩的地区，省、自治区、直辖市可以根据当地经济发展情况，适当提高耕地占用税的适用税额，但提高的部分不得超过当地适用税额的 50%。

(2) 占用基本农田的，应按当地适用税额，加按 150% 征收。加按 150% 征收耕地占用税的计算公式为：应纳税额=应税土地面积×适用税额×150%。

(3) 占用农用地的，适用税额可以适当降低，但降低的部分不得超过 50%。

(四) 耕地占用税的税收优惠

1. 免征耕地占用税。

(1) 军事设施占用耕地；

(2) 学校、幼儿园、社会福利机构、医疗机构占用耕地。

2. 减征耕地占用税。

(1) 铁路线路、公路线路、飞机场跑道、停机坪、港口、航道、水利工程占用耕地，减按每平方米 2 元的税额征收耕地占用税。

(2) 农村居民在规定用地标准以内占用耕地新建自用住宅，按照当地适用税额减半征收耕地占用税；其中农村居民经批准搬迁，新建自用住宅占用耕地不超过原宅基地面积的部分，免征耕地占用税。

(3) 农村烈士遗属、因公牺牲军人遗属、残疾军人以及符合农村最低生活保障条件的农村居民，在规定用地标准以内新建自用住宅，免征耕地占用税。

(4) 省、自治区、直辖市人民政府对增值税小规模纳税人可以在 50% 的税额幅度内减征耕地占用税。

依照上述规定免征或者减征耕地占用税后，纳税人改变原占地用途，不再属于免征或者减征耕地占用税情形的，应当按照当地适用税额补缴耕地占用税。

纳税人改变原占地用途，不再属于免征或减征情形的，应自改变用途之日起 30 日内申报补缴税款，补缴税款按改变用途的实际占用耕地面积和改变用途时当地适用税额计算。

[**知识链接**] 免征、减征耕地占用税的部分项目执行口径，请扫描二维码。

二、耕地占用税应纳税额的计算

（一）耕地占用税的计税依据

耕地占用税的计税依据为纳税人实际占用的应税耕地面积（平方米）。实际占用的耕地面积，包括经批准占用的耕地面积和未经批准占用的耕地面积；实际占地面积与批准占地面积不一致的，从高确定计税依据。

（二）耕地占用税应纳税额的计算

耕地占用税以纳税人实际占用的应税土地面积为计税依据，按应税土地当地适用税额计税，实行一次性征收。耕地占用税计算公式为：

应纳税额 = 应税土地面积 × 适用税额

当地适用税额是指省、自治区、直辖市人民代表大会常务委员会决定的应税土地所在地县级行政区的现行适用税额。

【案例·计算题】

某商业企业经批准占用 2 000 平方米耕地用于建造仓库，本地区耕地占用税的单位税额为每平方米 30 元。计算该企业应纳的耕地占用税。

应纳耕地占用税 = 2 000 × 30 = 60 000（元）。

三、耕地占用税申报缴纳

（一）纳税义务发生时间

1. 耕地占用税的纳税义务发生时间为纳税人收到自然资源主管部门办理占用耕地手续的书面通知的当日。

2. 未经批准占用应税土地的纳税人，其纳税义务发生时间为自然资源主管部门认定其实际占地的当日。

3. 因挖损、采矿塌陷、压占、污染等损毁耕地的纳税义务发生时间为自然资源、农业农村等相关部门认定损毁耕地的当日。

4. 改变原占地用途补缴耕地占用税的纳税义务发生时间为改变用途当日。经批准改变用途的，纳税义务发生时间为纳税人收到批准文件的当日；未经批准改变用途的，纳税义务发生时间为自然资源主管部门认定纳税人改变原占地用途的当日。

（二）纳税期限

纳税人应当自纳税义务发生之日起 30 日内申报缴纳耕地占用税。

自然资源主管部门凭耕地占用税完税凭证或者免税凭证和其他有关文件发放建设用地批准书。

（三）纳税地点

纳税人占用耕地，应当在耕地所在地申报纳税。

（四）耕地占用税的退还

耕地占用税的退还包括两种情形：

1. 临时占用耕地复垦退税。临时占用耕地，是指经自然资源主管部门批准，在一般不超过2年内临时使用耕地并且没有修建永久性建筑物的行为。纳税人因建设项目施工或者地质勘查临时占用耕地，应当依法缴纳耕地占用税。纳税人在批准临时占用耕地期满之日起一年内依法复垦，恢复种植条件的，全额退还已经缴纳的耕地占用税。

2. 损毁耕地复垦退税。因挖损、采矿塌陷、压占、污染等损毁耕地属于税法所称的非农业建设，应依照税法规定缴纳耕地占用税；自自然资源、农业农村等相关部门认定损毁耕地之日起3年内依法复垦或修复，恢复种植条件的，全额退还已经缴纳的耕地占用税。

（五）部门协同管理

税务机关应当与相关部门建立耕地占用税涉税信息共享机制和工作配合机制。县级以上地方人民政府自然资源、农业农村、水利等相关部门应当定期向税务机关提供农用地转用、临时占地等信息，协助税务机关加强耕地占用税征收管理。

税务机关发现纳税人的纳税申报数据资料异常或者纳税人未按照规定期限申报纳税的，可以提请相关部门进行复核，相关部门应当自收到税务机关复核申请之日起30日内向税务机关出具复核意见。

任务九　车辆购置税计算与缴纳

车辆购置税认知

车辆购置税是对中华人民共和国境内购置应税车辆的单位和个人征收的一种税。车辆购置税为中央税，专用于国道、省道干线公路建设和支持地方道路建设。车辆购置税具有以下特点：

（1）征收范围单一，以特定车辆为课税对象；

（2）征收环节单一，只在购置环节一次征收；

（3）税率单一，只规定一个比例税率；

（4）征收方法单一，从价计征；

（5）负税主体单一，税款由车辆购置者负担。

一、车辆购置税基本要素

（一）车辆购置税的征税范围

车辆购置税以列举的车辆为征税对象，未列举的车辆不征税。征收范围包括汽车、有轨电车、汽车挂车、排气量超过150毫升的摩托车。

地铁、轻轨等城市轨道交通车辆，装载机、平地机、挖掘机、推土机等轮式专用机械车，以及起重机（吊车）、叉车、电动摩托车，不属于应税车辆。

（二）车辆购置税的纳税人

在中华人民共和国境内购置汽车、有轨电车、汽车挂车、排气量超过150毫升的摩托车的单位和个人，为车辆购置税的纳税人，应当依照《中华人民共和国车辆购置税法》的规定缴纳车辆购置税。

《中华人民共和国车辆购置税法》所称购置，是指以购买、进口、自产、受赠、获奖或者其他方式取得并自用应税车辆的行为。

单位，包括国有企业、集体企业、私营企业、股份制企业、外商投资企业、外国企业及其他企业、事业单位、社会团体、国家机关、部队和其他单位。

个人，包括个体工商业户以及其他个人。

（三）车辆购置税的税率

车辆购置税实行单一比例税率，税率为10%。

（四）车辆购置税的税收优惠

1. 法定免税车辆。

（1）依照法律规定应当予以免税的外国驻华使馆、领事馆和国际组织驻华机构及其有关人员自用的车辆；

（2）中国人民解放军和中国人民武装警察部队列入装备订货计划的车辆；

（3）悬挂应急救援专用号牌的国家综合性消防救援车辆；

（4）设有固定装置的非运输专用作业车辆；

（5）城市公交企业购置的公共汽电车辆。

城市公交企业购置的公共汽电车辆免征车辆购置税中的城市公交企业，是指由县级以上（含县级）人民政府交通运输主管部门认定的，依法取得城市公交经营资格，为公众提供公交出行服务，并纳入《城市公共交通管理部门与城市公交企业名录》的企业；公共汽电车辆是指按规定的线路、站点票价营运，用于公共交通服务，为运输乘客设计和制造的车辆，包括公共汽车、无轨电车和有轨电车。

2. 其他免税车辆。根据国民经济和社会发展的需要，国务院规定并报全国人民代表大会常务委员会备案的其他免征车辆购置税的车辆：

（1）回国服务的在外留学人员用现汇购买1辆个人自用国产小汽车；

（2）长期来华定居专家进口1辆自用小汽车；

（3）防汛部门和森林消防部门用于指挥、检查、调度、报汛（警）、联络的由指定厂家生产的设有固定装置的指定型号的车辆；

（4）“母亲健康快车”项目专用车辆；

（5）北京冬奥组委新购车辆；

（6）新能源汽车；

（7）原公安现役部队和原武警黄金、森林、水电部队改制后换发地方机动车牌证的车辆（公安消防、武警森林部队执行灭火救援任务的车辆除外）。

二、车辆购置税应纳税额的计算

（一）车辆购置税的计税价格

1. 纳税人购买自用应税车辆的计税价格，为纳税人实际支付给销售者的全部价款，不包括增值税税款；实际支付给销售者的全部价款，依据纳税人购买应税车辆时相关凭证载明的价格确定。

2. 纳税人进口自用应税车辆的计税价格，为关税完税价格加上关税和消费税；纳税人进口自用应税车辆，是指纳税人直接从境外进口或者委托代理进口自用的应税车辆，不包括在境内购买的进口车辆。

3. 纳税人自产自用应税车辆的计税价格，按照同类应税车辆（即车辆配置序列号相同的车辆）的销售价格确定，不包括增值税税款；没有同类应税车辆销售价格的，按照组成计税价格确定。组成计税价格计算公式为：

$$组成计税价格 = 成本 \times (1 + 成本利润率)$$

属于应征消费税的应税车辆，其组成计税价格中应加计消费税税额。

上述公式中的成本利润率，由国家税务总局各省、自治区、直辖市和计划单列市税务局确定。

4. 纳税人以受赠、获奖或者其他方式取得自用应税车辆的计税价格，按照购置应税车辆时相关凭证载明的价格确定，不包括增值税税款。

纳税人申报的应税车辆计税价格明显偏低，又无正当理由的，由税务机关依照《中华人民共和国税收征收管理法》的规定核定其应纳税额。

（二）车辆购置税应纳税额的计算

车辆购置税实行从价定率的方法计算应纳税额，计算公式为：

$$应纳税额 = 计税价格 \times 税率$$

【案例·计算题】

张三4月份购买一辆小轿车（排气量3.0升），支付含增值税的车价款226 000元。计算张三应纳的车辆购置税。

（1）计税价格 = 226 000 ÷ (1 + 13%) = 200 000（元）；

（2）应纳车辆购置税 = 200 000 × 10% = 20 000（元）。

【案例·计算题】

某企业进口2辆自用的小轿车，《海关进口关税专用缴款书》注明的关税完税价格为25万元/辆，计算该公司应纳的车辆购置税。（小轿车关税税率28%，消费税税率9%）

（1）车辆购置税计税价格 = 2 ×（25 + 25 × 28%）÷（1 − 9%）= 70.33（万元）；

（2）应纳车辆购置税 = 70.33 × 10% = 7.03（万元）。

［**知识链接**］减免税车辆改变用途的税务处理，请扫描二维码。

【案例·计算题】

乙城市公交企业2019年7月1日购进一辆营运公共汽车，不含增值税市场价为20万元，预计可使用年限为10年。2021年8月1日，由于车辆更新，乙企业将已使用2年1个月的车辆卖给丙个体户。计算丙个体户应缴纳的车辆购置税。

丙个体户应缴纳的车辆购置税 = 20 ×（1 − 2 × 10%）× 10% = 1.6（万元）。

三、车辆购置税申报缴纳

（一）纳税义务发生时间

车辆购置税的纳税义务发生时间为纳税人购置应税车辆的当日，以纳税人购置应税车辆所取得的车辆相关凭证上注明的时间为准。按不同的购置方式，纳税义务发生时间，按照下列情形确定：

1. 购买自用应税车辆的为购买之日，即车辆相关价格凭证的开具日期；

2. 进口自用应税车辆的为进口之日，即《海关进口增值税专用缴款书》或者其他有效凭证的开具日期；

3. 自产、受赠、获奖或者以其他方式取得并自用应税车辆的为取得之日，即合同、法律文书或者其他有效凭证的生效或者开具日期。

（二）纳税期限

纳税人应当自纳税义务发生之日起60日内申报缴纳车辆购置税。纳税人应当在向公安机关交通管理部门办理车辆注册登记前，缴纳车辆购置税。公安机关交通管理部门办理车辆注册登记，应当根据税务机关提供的应税车辆完税或者免税电子信息对纳税人申请登记的车辆信息进行核对，核对无误后依法办理车辆注册登记。

（三）纳税地点

购置应税车辆的纳税人，应当到下列地点申报纳税：

1. 需要办理车辆登记的，向车辆登记地的主管税务机关申报纳税。

2. 不需要办理车辆登记的，单位纳税人向其机构所在地的主管税务机关申报纳税，个人纳税人向其户籍所在地或者经常居住地的主管税务机关申报纳税。

（四）退税管理

纳税人将已征车辆购置税的车辆退回车辆生产企业或者销售企业的，可以向主管税务机关申请退还车辆购置税。应退税额的计算公式为：

$$应退税额 = 已纳税额 \times (1 - 使用年限 \times 10\%)$$

应退税额不得为负数。

使用年限的计算方法是，自纳税人缴纳税款之日起至申请退税之日止。

任务十　车船税计算与缴纳

车船税认知

车船税是指以中华人民共和国境内的车辆、船舶为征税对象，向车辆、船舶的所有人或者管理人征收的一种税。

车船税具有以下特点：

（1）涉及面广、税源流动性强；

（2）属于个别财产税；

（3）实行从量定额征收；

（4）由保险机构代收代缴。

一、车船税基本要素

（一）车船税的征税范围

车船税的征收范围是指《车船税税目税额表》规定的车辆和船舶。车辆、船舶是指：

1. 依法应当在车船登记管理部门登记的机动车辆和船舶；

2. 依法不需要在车船登记管理部门登记的在单位内部场所行驶或者作业的机动车辆和船舶。

静心思考：车船税与车辆购置税有哪些区别！

（二）车船税的纳税人

车船税的纳税人为车船的所有人或者管理人。车船的所有人是指在我国境内拥有车船的单位和个人，车船的管理人是指对车船具有管理权或者使用权，不具有所有权的单位。单位是指行政单位、事业单位、社会团体以及各类企业；个人是指我国境内的居民和外籍个人。

（三）车船税的扣缴义务人

1. 从事机动车第三者责任强制保险业务的保险机构为机动车车船税的扣缴义务人，应当在收取保险费时依法代收车船税，并出具代收税款凭证。

2. 在交通运输部门海事管理机构登记的应税船舶，其车船税由船籍港所在地的税务机关委托当地海事管理机构代征，海事管理机构在代征税款时，应向纳税人开具税务机关提供的完税凭证。

（四）车船税的税目与税率

车船税实行幅度定额税率，即对征税的车船规定单位幅度税额。车船税税目税额表见表6－6。车辆的具体适用税额由省、自治区、直辖市人民政府依照《车船税税目税额表》规定的税额幅度和国务院的规定确定。船舶的具体适用税额由国务院在《车船税税目税额表》规定的税额幅度内确定。

表6－6　车船税税目税额表

税目		计税单位	年基准税额	备注
乘用车［按发动机气缸容量（排气量）分档］	1.0升（含）以下的	每辆	60～360元	核定载客人数9人（含）以下
	1.0～1.6升（含）的		300～540元	
	1.6～2.0升（含）的		360～660元	
	2.0～2.5升（含）的		660～1 200元	
	2.5～.0升（含）的		1 200～2 400元	
	3.0～4.0升（含）的		2 400～3 600元	
	4.0升以上的		3 600～5 400元	
商用车	客车	每辆	480～1 440元	核定载客人数9人以上，包括电车
	货车	整备质量每吨	16～120元	包括半挂牵引车、三轮汽车和低速载货汽车等
挂车		整备质量每吨	按照货车税额的50%计算	
其他车辆	专用作业车	整备质量每吨	16～120元	不包括拖拉机
	轮式专用机械车		16～120元	
摩托车		每辆	36～180元	

续表

税目		计税单位	年基准税额	备注
船舶	机动船舶	净吨位每吨	3~6元	拖船、非机动驳船分别按照机动船舶税额的50%计算
	游艇	艇身长度每米	600~2 000元	

备注：

1. 机动船舶具体适用税额为：

（1）净吨位不超过200吨的，每吨3元；

（2）净吨位超过200吨但不超过2 000吨的，每吨4元；

（3）净吨位超过2 000吨但不超过10 000吨的，每吨5元；

（4）净吨位超过10 000吨的，每吨6元。

拖船按照发动机功率每1千瓦折合净吨位0.67吨计算征收车船税。

2. 游艇具体适用税额为：

（1）艇身长度不超过10米的，每米600元；

（2）艇身长度超过10米但不超过18米的，每米900元；

（3）艇身长度超过18米但不超过30米的，每米1 300元；

（4）艇身长度超过30米的，每米2 000元；

（5）辅助动力帆艇，每米600元。

（五）车船税的税收优惠

1. 法定免税车船。下列车船免征车船税：

（1）捕捞、养殖渔船，是指在渔业船舶登记管理部门登记为捕捞船或者养殖船的船舶。

（2）军队、武装警察部队专用的车船，是指按照规定在军队、武装警察部队车船登记管理部门登记，并领取军队、武警牌照的车船。

（3）警用车船，是指公安机关、国家安全机关、监狱、劳动教养管理机关和人民法院、人民检察院领取警用牌照的车辆和执行警务的专用船舶。

（4）依照法律规定应当予以免税的外国驻华使领馆、国际组织驻华代表机构及其有关人员的车船。

2. 其他减免税车船。

（1）对节能汽车，减半征收车船税。

（2）对新能源车船，免征车船税。

（3）缴纳船舶吨税的机动船舶，自车船税法实施之日起5年内免征车船税。

（4）依法不需要在车船登记管理部门登记的机场、港口、铁路站场内部行驶或者作业的车船，自车船税法实施之日起5年内免征车船税。

（5）省、自治区、直辖市人民政府根据当地实际情况，可以对公共交通车船，农村居民拥有并主要在农村地区使用的摩托车、三轮汽车和低速载货汽车定期减征或者免征车船税。

(6) 对受地震、洪涝等严重自然灾害影响纳税困难以及其他特殊原因确需减免税的车船，可以在一定期限内减征或者免征车船税。具体减免期限和数额由省、自治区、直辖市人民政府确定，报国务院备案。

二、车船税应纳税额的计算

(一) 车船税的计税价格

车船税的计税价格，按车船的种类和性能，分别确定为辆、整备质量吨、净吨位和挺身长度米四种：

1. 乘用车、商用车客车、摩托车，以“辆”为计税价格。
2. 商用车、货车、挂车、其他车辆，以“整备质量吨”为计税价格。
3. 机动船舶、非机动驳船、拖船，以“净吨位”为计税价格。
4. 游艇以“艇身长度米”为计税价格。

(二) 车船税应纳税额的计算

车船税实行从量定额计税方法。其应纳税额根据不同类型的车船及其适用的计税标准分别计算。具体的计算方法为：

乘用车、商用车客车、摩托车应纳税额 = 车辆数 × 适用单位税额

商用车、货车、挂车、其他车辆应纳税额 = 整备质量吨数 × 适用单位税额

机动船舶应纳税额 = 净吨位数 × 适用单位税额

游艇应纳税额 = 艇身长度米数 × 适用单位税额

应当说明的是，购置的新车船，购置当年的应纳税额自纳税义务发生的当月起按月计算。应纳税额为年应纳税额除以 12 再乘以应纳税月份数。计算公式为：

应纳税额 =（年应纳税额 ÷ 12）× 应纳税月份数

【案例·计算题】

某公司 2021 年拥有乘用车 3 辆（气缸容量为 2.0 升）；另有货车 12 辆，其中整备质量吨数为 10 吨有 9 辆，整备质量吨数为 8 吨的有 3 辆；当地政府规定：乘用车每辆年税额为 400 元；货车整备质量每吨年税额为 80 元。计算该公司 2021 年应纳车船税。

(1) 乘用车应纳税额 = 3 × 400 = 1 200（元）；

(2) 货车应纳税额 =（10 × 9 + 8 × 3）× 80 = 9 120（元）；

(3) 当年应纳车船税额合计 = 1 200 + 9 120 = 10 320（元）。

三、车船税申报缴纳

(一) 纳税义务发生时间

车船税纳税义务发生时间为取得车船所有权或者管理权的当月，即以购买车船的发票或者其他证明文件所载日期的当月为准。

（二）纳税期限

车船税按年申报，分月计算，一次性缴纳。

（三）纳税地点

1. 扣缴义务人代收代缴车船税的，纳税地点为扣缴义务人所在地。
2. 纳税人自行申报缴纳车船税的，纳税地点为车船登记地的主管税务机关所在地。
3. 依法不需要办理登记的车船，纳税地点为车船的所有人或者管理人所在地。

（四）退税管理

1. 在一个纳税年度内，已完税的车船被盗抢、报废、灭失的，纳税人可以凭有关管理机关出具的证明和完税凭证，向纳税所在地的主管税务机关申请退还自被盗抢、报废、灭失月份起至该纳税年度终了期间的税款。

2. 已办理退税的被盗抢车船失而复得的，纳税人应当从公安机关出具相关证明的当月起计算缴纳车船税。

任务十一　环境保护税计算与缴纳

环境保护税认知

环保税是对在中华人民共和国领域和中华人民共和国管辖的其他海域，直接向环境排放应税污染物的企业事业单位和其他生产经营者征收的一种税。环境保护税具有以下特点：

（1）征税项目为四种重点污染源：大气污染物、水污染物、固体废物、噪声；

（2）纳税人主要是企事业单位和其他生产经营者；

（3）直接排放应税污染物是必要条件；

（4）税率为全国统一定额税和浮动定额税结合；

（5）税收收入全部归地方。

一、环境保护税基本要素

（一）环境保护税的纳税人

在中华人民共和国领域和中华人民共和国管辖的其他海域，直接向环境排放应税污染物的企业事业单位和其他生产经营者为环境保护税的纳税人。

（二）环境保护税的征税对象

直接向环境排放应税污染物的行为。应税污染物，包括大气污染物、水污染物、固体废物和噪声四类。

有下列情形之一的，不属于直接向环境排放污染物，不缴纳相应污染物的环境保护税：

1. 企业事业单位和其他生产经营者向依法设立的污水集中处理、生活垃圾集中处理场所排放应税污染物的；

2. 企业事业单位和其他生产经营者在符合国家和地方环境保护标准的设施、场所贮存或者处置固体废物的。

依法设立的城乡污水集中处理、生活垃圾集中处理场所超过国家和地方规定的排放标准向环境排放应税污染物的，应当缴纳环境保护税。

企业事业单位和其他生产经营者贮存或者处置固体废物不符合国家和地方环境保护标准的，应当缴纳环境保护税。

（三）环境保护税的税目和税率

环境保护税的税目、税额，依照本法所附《环境保护税税目税额表》（见表6－7）执行。

应税大气污染物和水污染物的具体适用税额的确定和调整，由省、自治区、直辖市人民政府统筹考虑本地区环境承载能力、污染物排放现状和经济社会生态发展目标要求，在本法所附《环境保护税税目税额表》规定的税额幅度内提出，报同级人民代表大会常务委员会决定，并报全国人民代表大会常务委员会和国务院备案。

表6－7　环境保护税税目税额表

税目		计税单位	税额	备注
大气污染物		每污染当量	1.2～12元	
水污染物		每污染当量	1.4～14元	
固体废物	煤矸石	每吨	5元	
	尾矿	每吨	15元	
	危险废物	每吨	1 000元	
	冶炼渣、粉煤灰、炉渣、其他固体废物（含半固态、液态废物）	每吨	25元	
噪声	工业噪声	超标1～3分贝	每月350元	1. 一个单位边界上有多处噪声超标，根据最高一处超标升级计算应纳税额；当沿边界长度超过100米有两处以上噪声超标，按照两个单位计算应纳税额 2. 一个单位有不同地点作业场所的，应当分别计算应纳税额，合并计征 3. 昼、夜均超标的环境噪声，昼、夜分别计算应纳税额，累计计征 4. 声源1个月内超标不足15天的，减半计算应纳税额 5. 夜间频繁突发和夜间偶然突发厂界超标噪声，按等效声级和峰值噪声两种指标中超标分贝值高的一项计算应纳税额

（四）环境保护税的税收优惠

1. 暂免环境保护税。

（1）农业生产（不包括规模化养殖）排放应税污染物的；

（2）机动车、铁路机车、非道路移动机械、船舶和航空器等流动污染源排放应税污染物的；

（3）依法设立的城乡污水集中处理、生活垃圾集中处理场所排放相应应税污染物，不超过国家和地方规定的排放标准的；

（4）纳税人综合利用的固体废物，符合国家和地方环境保护标准的；

（5）国务院批准免税的其他情形。

2. 减征环境保护税。

（1）纳税人排放应税大气污染物或者水污染物的浓度值低于国家和地方规定的污染物排放标准30%的，减按75%征收环境保护税。

（2）纳税人排放应税大气污染物或者水污染物的浓度值低于国家和地方规定的污染物排放标准50%的，减按50%征收环境保护税。

二、环境保护税的计算

（一）环境保护税的计税依据

应税污染物的计税依据，按照下列方法确定：

1. 应税大气污染物按照污染物排放量折合的污染当量数确定。每一排放口或者没有排放口的应税大气污染物，按照污染当量数从大到小排序，对前三项污染物征收环境保护税。

2. 应税水污染物按照污染物排放量折合的污染当量数确定。每一排放口的应税水污染物，区分第一类水污染物和其他类水污染物。第一类水污染物按前五项征税，其他类水污染物按前三项征税。

3. 应税固体废物按照固体废物的排放量确定：

$$\begin{aligned}\text{固体废物的排放量} = {} & \text{当期应税固体废物的产生量} - \text{当期应税固体废物的贮存量} \\ & - \text{处置量} - \text{综合利用量}\end{aligned}$$

4. 应税噪声按照超过国家规定标准的分贝数确定。

（二）环境保护税应纳税额的计算

环境保护税应纳税额按照下列方法计算：

1. 应税大气污染物：

$$\text{应纳税额} = \text{污染当量数} \times \text{适用税额}$$

2. 应税水污染物：

$$\text{应纳税额} = \text{污染当量数} \times \text{适用税额}$$

3. 应税固体废物：

应纳税额 = 固体废物排放量 × 适用税额

4. 应税噪声：

应纳税额 = 超标的分贝数 × 适用税额

应用提示

计算环境保护税应注意的问题

1. 应税大气污染物、水污染物计算环境保护税应注意的问题。

（1）应税大气污染物、水污染物的污染当量数 = 该污染物的排放量 ÷ 该污染物的污染当量值。

（2）纳税人有下列情形之一的，以其当期应税大气污染物、水污染物的产生量作为污染物的排放量：一是未依法安装使用污染物自动监测设备或者未将污染物自动监测设备与环境保护主管部门的监控设备联网；二是损毁或者擅自移动、改变污染物自动监测设备；三是篡改、伪造污染物监测数据；四是通过暗管、渗井、渗坑、灌注或者稀释排放以及不正常运行防治污染设施等方式违法排放应税污染物；五是进行虚假纳税申报。

2. 应税固体废物计算环境保护税应注意的问题。

（1）固体废物的排放量为当期应税固体废物的产生量减去当期应税固体废物的贮存量、处置量、综合利用量的余额。固体废物的贮存量、处置量，是指在符合国家和地方环境保护标准的设施、场所贮存或者处置的固体废物数量；固体废物的综合利用量，是指按照国务院发展改革、工业和信息化主管部门关于资源综合利用要求以及国家和地方环境保护标准进行综合利用的固体废物数量。

（2）纳税人有下列情形之一的，以其当期应税固体废物的产生量作为固体废物的排放量：一是非法倾倒应税固体废物；二是进行虚假纳税申报。

3. 应税噪声计算环境保护税应注意的问题。

（1）应税噪声的应纳税额为超过国家规定标准分贝数对应的具体适用税额。

（2）噪声超标分贝数不是整数值的，按四舍五入取整。

（3）声源一个月内累计昼间超标不足 15 昼或者累计夜间超标不足 15 夜的，分别减半计算应纳税额。

4. 应税大气污染物、水污染物、固体废物的排放量和噪声的分贝数，按照下列方法和顺序计算：

（1）纳税人安装使用符合国家规定和监测规范的污染物自动监测设备的，按照污染物自动监测数据计算；

（2）纳税人未安装使用污染物自动监测设备的，按照监测机构出具的符合国家有关规定和监测规范的监测数据计算；

（3）因排放污染物种类多等原因不具备监测条件的，按照国务院环境保护主管部门规定的排污系数、物料衡算方法计算；

（4）不能按照第 1 项至第 3 项规定的方法计算的，按照省、自治区、直辖市人民政府环境保护主管部门规定的抽样测算的方法核定计算。

【案例 · 计算题】

水污染物环保税计算案例：

某企业 8 月向水体直接排放第一类水污染物总汞、总镉、总铬、总砷、总铅、总银各 10 千克。排放第二类水污染物悬浮物（SS）、总有机碳（TOC）、挥发酚、氨氮各 10 千克。假设水污染物每污染当量税额按《环境保护税税目税额表》最低标准 1.4 元计算，计算企业8月水污染物应缴纳的环境保护税。[注：相应污染物的污染当量值分别为：0.0005、0.005、0.04、0.02、0.025、0.02（单位：千克）。]

第一步，计算第一类水污染物的污染当量数

总汞：10 ÷ 0.0005 = 20 000；

总镉：10 ÷ 0.005 = 2 000；

总铬：10 ÷ 0.04 = 250；

总砷：10 ÷ 0.02 = 500；

总铅：10 ÷ 0.025 = 400；

总银：10 ÷ 0.02 = 500。

第二步，对第一类水污染物污染当量数排序（每一排放口的应税水污染物按照污染当量数从大到小排序，对第一类水污染物按照前五项征收环境保护税）：

总汞（20 000）> 总镉（2 000）> 总砷（500）= 总银（500）> 总铅（400）> 总铬（250）。

选取前五项污染物。

第三步，计算第一类水污染物应纳税额：

总汞：20 000 × 1.4 = 28 000（元）；

总镉：2 000 × 1.4 = 2 800（元）；

总砷：500 × 1.4 = 700（元）；

总银：500 × 1.4 = 700（元）；

总铅：400 × 1.4 = 560（元）。

第四步，计算第二类水污染物的污染当量数：

悬浮物（SS）：10 ÷ 4 = 2.5；

总有机碳（TOC）：10 ÷ 0.49 = 20.41（《应税污染物和当量值表》中，对同一排放口中的化学需氧量、生化需氧量和总有机碳，只征收一项。按三者中污染当量数最高的一项收取）；

挥发酚：10 ÷ 0.08 = 125；

氨氮：10 ÷ 0.8 = 12.5。

第五步，对第二类水污染物污染当量数排序（每一排放口的应税水污染物按照污染当量数从大到小排序，对其他类水污染物按照前三项征收环境保护税）

挥发酚（125）> 总有机碳（20.41）> 氨氮（12.5）> 悬浮物（2.5）

第六步，计算第二类水污染物应纳税额：

挥发酚：125 × 1.4 = 175（元）；

总有机碳：20.41 × 1.4 = 28.57（元）；

氨氮：12.5 × 1.4 = 17.5（元）。

【案例·计算题】

大气污染物环保税计算案例：

某企业8月向大气直接排放二氧化硫、氟化物各10千克，一氧化碳、氯化氢各100千克，假设大气污染物每污染当量税额按《环境保护税税目税额表》最低标准1.2元计算，这家企业只有一个排放口，计算企业8月大气污染物应缴纳的环境保护税。[注：相应污染物的污染当量值分别为0.95、0.87、16.7、10.75（单位：千克）。]

第一步，计算各污染物的污染当量数：

二氧化硫：10÷0.95=10.53；

氟化物：10÷0.87=11.49；

一氧化碳：100÷16.7=5.99；

氯化氢：100÷10.75=9.3。

第二步，按污染物的污染当量数排序（每一排放口或者没有排放口的应税大气污染物，对前三项污染物征收环境保护税）：

氟化物（11.49）>二氧化硫（10.53）>氯化氢（9.3）>一氧化碳（5.99）

选取前三项污染物。

第三步，计算应纳税额：

氟化物：11.49×1.2=13.79（元）；

二氧化硫：10.53×1.2=12.63（元）；

氯化氢：9.3×1.2=11.16（元）。

【案例·计算题】

固体废物环保税计算案例：

假设某企业8月产生尾矿1 000吨，其中综合利用的尾矿300吨（符合国家和地方环境保护标准），在符合国家和地方环境保护标准的设施贮存200吨，计算这家企业8月尾矿应缴纳的环境保护税。

应纳环境保护税=(1 000－300－200)×15=7 500（元）。

三、环境保护税申报缴纳

（一）纳税义务发生时间

纳税义务发生时间为纳税人排放应税污染物的当日。

（二）申报期限

环境保护税按月计算，按季申报缴纳。不能按固定期限计算缴纳的，可以按次申报缴纳。纳税人按季申报缴纳的，应当自季度终了之日起15日内，向税务机关办理纳税申报并缴纳税款。纳税人按次申报缴纳的，应当自纳税义务发生之日起15日内，向税务机关办理纳税申报并缴纳税款。

纳税人申报缴纳时，应当向税务机关报送所排放应税污染物的种类、数量，大气污染物、水污染物的浓度值，以及税务机关根据实际需要要求纳税人报送的其他纳税资料。

（三）纳税地点

纳税人应当向应税污染物排放地的税务机关申报缴纳环境保护税。应税污染物排放地是指：应税大气污染物、水污染物排放口所在地；应税固体废物产生地；应税噪声产生地。

（四）数据传递和比对

1. 数据传递。

（1）环保部门信息传递。环境保护主管部门应当将排污单位的排污许可、污染物排放数据、环境违法和受行政处罚情况等环境保护相关信息，定期交送税务机关。

（2）税务机关信息传递。税务机关应当将纳税人的纳税申报、税款入库、减免税额、欠缴税款以及风险疑点等环境保护税涉税信息，定期交送环境保护主管部门。

2. 数据比对。税务机关应当将纳税人的纳税申报数据资料与环境保护主管部门交送的相关数据资料进行比对。

（五）复核

税务机关发现纳税人的纳税申报数据资料异常或者纳税人未按照规定期限办理纳税申报的，可以提请环境保护主管部门进行复核，环境保护主管部门应当自收到税务机关的数据资料之日起15日内向税务机关出具复核意见。税务机关应当按照环境保护主管部门复核的数据资料调整纳税人的应纳税额。

[**知识链接**]《环境保护税法》专业术语含义及环保税纳税申报表，请扫描二维码。

任务十二 烟叶税计算与缴纳

> **烟叶税认知**
>
> 烟叶税是对在我国境内收购烟叶的单位，就其收购金额和规定的税率计算征收的一种税。烟叶税具有以下特点：
>
> （1）税制简明；
>
> （2）征管简便；
>
> （3）收入稳定。

一、烟叶税基本要素

（一）烟叶税的征税范围

烟叶税的征税范围是烤烟叶和晾晒烟叶。

（二）烟叶税的纳税人

在中华人民共和国境内，依照《中华人民共和国烟草专卖法》的规定收购烟叶的单位为烟叶税的纳税人。

（三）烟叶税的税率

烟叶税实行比例税率，税率为20%。

二、烟叶税应纳税额的计算

（一）烟叶税的计税依据

烟叶税的计税依据为纳税人收购烟叶实际支付的价款总额。

纳税人收购烟叶实际支付的价款总额包括纳税人支付给烟叶生产销售单位和个人的烟叶收购价款和价外补贴。其中，价外补贴统一按烟叶收购价款的10%计算。

（二）烟叶税应纳税额的计算

烟叶税应纳税额的计算公式为：

应纳税额＝收购烟叶实际支付的价款总额×税率

【案例·计算题】

某卷烟厂10月份收购烟叶生产卷烟，收购凭证上注明价款60万元。计算烟厂应缴纳的烟叶税。

应纳烟叶税＝60×20%＝12（万元）。

三、烟叶税申报缴纳

（一）纳税义务发生时间

烟叶税的纳税义务发生时间为纳税人收购烟叶的当日。

（二）纳税期限

烟叶税按月计征，纳税人应当于纳税义务发生月终了之日起15日内申报并缴纳税款。

（三）纳税地点

纳税人应当向烟叶收购地的主管税务机关申报缴纳烟叶税。

任务十三 其他税费综合计税报税实务

一、公司基本情况

1. 公司注册名称：成都来青花服饰有限公司，注册地址、电话：成都市武侯区濯锦路12号、028-84642044，纳税人识别号：330100165586134，开户银行：中国工商银行成都分行，账号：33222012040333028，公司注册资本：300万元，公司法定代表人：萧景琰，总经理：林殊。

2. 公司经营范围：主要从事服装的生产和销售。

3. 纳税登记资料：成都市税务局武侯区分局，纳税登记号330100165586134，缴款账户：国家金库成都市武侯区支库（代理），账号：33002999129607。

4. 其他信息：公司需申报缴纳和代扣代缴的地方税种包括：个人所得税、车船税、房产税、土地使用税、印花税等。公司各税种均按税法规定计算，按时足额申报纳税。

二、实训目的

通过该项目实训，使学生了解企业在实际工作过程中的其他税费的相关涉税事宜，掌握其他税费的税法依据及税务处理方法和技巧，熟悉其他税费应纳税额的计算方法及纳税申报表的填制方法。

三、实训要求

1. 根据资料计算编制并填写《财产税计算表》《代扣代缴个人所得税计算表》《印花税计算表》，并进行相关会计核算。

2. 填写2020年度车船税、房产税、土地使用税纳税申报表。

四、具体业务

成都来青花服饰有限公司2020年有关财产数据资料见表6-8~表6-10。

（一）公司房产及土地情况

公司年初拥有房产原值总额34 906 000元，其中出租房产原值12 000 000元，本年1~11月无增减变动，房产余值扣除比例为30%；1~12月房屋租金收入792 000元；以房产原值计税的房产的地产原值为9 216 000元，土地使用面积3 200平方米，地价2 880元/平方米，土地使用税10元/平方米。

表 6－8　　　　公司房地产情况一览

2020 年 12 月 31 日　　　　单位：元

序号	房地产项目	坐落地点	占用土地面积（平方米）	地产原值	房产原值
1	办公楼	成都市武侯区濯锦路 12 号	460	1 396 000	4 500 000
2	综合楼	成都市武侯区濯锦路 12 号	540	2 120 000	5 406 000
3	生产车间	成都市武侯区濯锦路 12 号	850	2 300 000	7 000 000
4	仓库	成都市武侯区濯锦路 12 号	150	1 100 000	6 000 000
5	厂区道路	成都市武侯区濯锦路 12 号	350	—	—
6	出租房产	成都市武侯区濯锦路 12 号	850	2 300 000	12 000 000
合　计			3 200	9 216 000	34 906 000

注：1～12 月房屋租金收入 792 000 元。

（二）公司车船税税目税额及车辆情况

表 6－9　　　　公司车船税 2020 年税目税额及企业车辆情况一览

2020 年 12 月 31 日

税目		计量单位	单位税额（元）	数量
乘用车	1.0 升以上至 1.6 升（含）	辆	360	3
商用车	货车	吨	96	10

（三）公司书立领受经济凭证印花税计算表

表 6－10　　　　应交印花税计算表

2020 年 12 月 31 日　　　　单位：元

应税凭证	凭证件数	计税金额	适用税率	本期应纳税额
买卖合同	1 份	320 000	0. 3‰	
财产租赁合同	1 份	50 000	1‰	
借款合同	1 份	3 000 000	0. 05‰	
产权转移书据	1 份	10 000 000	0. 5‰	
资金账簿	2 本	1 000 000	0. 25‰	
其他营业账簿	7 本		5 元/本	
合计	—		—	

自 2018 年 5 月 1 日起，对按万分之五税率贴花的资金账簿减半征收印花税，对按件贴花 5 元的其他账簿免征印花税。

要求：

（1）计算并填写应交财产税计算表、应交印花税计算表，并填制3张记账凭证。

（2）填写房产税、车船税、土地使用税、印花税纳税申报表，申报表，请扫描二维码。

五、计税实务处理

（一）计算应纳房产税、应纳车船税、应纳土地使用税

房产税的计算方法分为从价计征和从租计征两种，从价计征的计税依据为房产余值，房产余值＝房产原值×（1－扣除率30%）。房产原值应包括以房产原值计税的房产的地产原值，再扣除出租房产原值；出租房产直接以租金收入为依据计算房产税。

土地使用税的计税依据为实际占地面积，包括厂区道路和未使用的土地面积。

应纳房产税＝(34 906 000－12 000 000＋9 216 000)×（1－30%）×1.2%＋792 000×12%
＝364 864.8（元）；

应纳车船税＝360×3＋96×10＝2 040（元）；

应纳土地使用税＝3 200×10＝32 000（元）。

应交财产税见表6－11。

表6－11　　应交财产税计算表

2020年12月31日　　单位：元

<table>
<tr><td>税种</td><td colspan="9">应纳税额计算</td></tr>
<tr><td rowspan="3">房产税</td><td>征收方式</td><td colspan="4">从价计征</td><td colspan="3">从租计征</td><td rowspan="2">房产税合计</td></tr>
<tr><td>项目</td><td>房产原值</td><td>房产余值</td><td>税率</td><td>应纳税额</td><td>租金收入</td><td>税率</td><td>应纳税额</td></tr>
<tr><td>金额</td><td>32 122 000.00</td><td>22 485 400.00</td><td>1.2%</td><td>269 824.80</td><td>792 000</td><td>12%</td><td>95 040.00</td><td>364 864.80</td></tr>
<tr><td rowspan="3">车船税</td><td colspan="4">税目</td><td>计税单位</td><td>单位税额</td><td>数量</td><td>税额</td><td>车船税合计</td></tr>
<tr><td>乘用车</td><td colspan="3">1.0升以上至1.6升（含）</td><td>辆</td><td>360</td><td>3</td><td>1 080.00</td><td rowspan="2">2 040.00</td></tr>
<tr><td>商用车</td><td colspan="3">货车</td><td>吨</td><td>96</td><td>10</td><td>960.00</td></tr>
<tr><td rowspan="2">土地使用税</td><td colspan="4">应税面积（平方米）</td><td colspan="4">税率（元/平方米）</td><td>土地使用税合计</td></tr>
<tr><td colspan="4">3 200</td><td colspan="4">10</td><td>32 000.00</td></tr>
<tr><td colspan="9">应交财产税总额</td><td>398 904.80</td></tr>
</table>

审核：张征宇　　制单：林火夕

借：税金及附加　　398 904.8
　　贷：应交税费——应交房产税　　364 864.8
　　　　　　　　——应交车船税　　2 040
　　　　　　　　——应交城镇土地使用税　　32 000

（二）计算本月应缴纳印花税

本月应缴印花税见表 6－12。

表 6－12　　应交印花税计算表

2020 年 12 月 31 日　　单位：元

应税凭证	凭证件数	计税金额	适用税率	本期应纳税额
购销合同	1 份	320 000	0.3‰	96
财产租赁合同	1 份	50 000	1‰	50
借款合同	1 份	3 000 000	0.05‰	150
产权转移书据	1 份	10 000 000	0.5‰	5 000
资金账簿	2 本	1 000 000	0.5‰减半	250
其他营业账簿	7 本		5 元/本	免税
合计	—		—	5 546

借：税金及附加　　5 546
　　贷：应交税费——应交印花税　　5 546

（三）填写房产税、车船税、土地使用税、印花税纳税申报表以及扣缴个人所得税报告表。申报表请扫描二维码

其他税费技能训练题

一、应税选择（单选题）

1. 某生产企业为增值税一般纳税人（位于市区），主要经营内销和出口业务，2020 年 4 月实际缴纳增值税 40 万元，出口货物免抵税额 4 万元。另外，进口货物缴纳增值税 17 万元，缴纳消费税 30 万元。该企业 2020 年 4 月应纳城市维护建设税及教育费附加（　　）万元。

A. 3.00　　B. 4.40　　C. 3.62　　D. 7.01

2. 地处市区的某公司 2020 年 6 月境内销售货物实际缴纳增值税 10 万元和消费税 15 万元，进口货物缴纳增值税 20 万元，另外本地税务机关查补增值税 5 万元、加收滞纳金 1 万元、罚款 5 万元。则该公司当月

应纳城市维护建设税（　　）万元。

A. 2.1　　B. 3.5　　C. 2.17　　D. 2.52

3. 以下征收资源税的是（　　）。

A. 柴油　　B. 卤水　　C. 汽油　　D. 煤制品

4. 下列关于资源税的表述中，不正确的是（　　）。

A. 资源税是价内税

B. 所有矿产品的资源税与增值税计税依据一致

C. 凡缴纳资源税的产品，也是缴纳增值税的货物

D. 除开采的原油、天然气之外，资源税实行从量定额征收

5. 根据土地增值税法律制度的规定，下列各项中，属于土地增值税征税范围的是（　　）。

A. 某市房产所有人将房屋产权无偿赠送给其女儿

B. 某市房产所有人将房屋产权有偿转让给他人

C. 某市土地使用权人通过希望工程基金会将土地使用权赠与某学校

D. 某市土地使用权人将土地使用权出租给某养老院

6. 根据土地增值税法律制度的规定，下列各项中，应当缴纳土地增值税的是（　　）。

A. 因城市实施规划、国家建设的需要而搬迁，由纳税人自行转让原房地产

B. 纳税人建造高级公寓出售，增值额未超过扣除项目金额20%

C. 企事业单位转让旧房作为经济适用住房房源，且增值额未超过扣除项目金额20%

D. 因国家建设需要依法征用、收回的房地产

7. 下列有关城镇土地使用税的表述中，正确的是（　　）。

A. 土地使用权未确定或权属纠纷未解决的，由争议方分别纳税

B. 纳税人购置新建商品房，自房屋交付使用之月起，缴纳城镇土地使用税

C. 公园、名胜古迹内的营业单位使用的土地，应缴纳城镇土地使用税

D. 出租、出借房产，自交付出租、出借房产之月起计征城镇土地使用税

8. 下列选项中，符合城镇土地使用税规定的是（　　）。

A. 购置新建商品房，自房地产权属登记机关签发房屋权属证书之次月起，计征城镇土地使用税

B. 按年计算、分期缴纳，缴纳期限由省、自治区、直辖市税务机关确定

C. 纳税人新征用的土地，必须于批准新征用之日起30日内申报登记

D. 纳税人在全国范围内跨省、自治区、直辖市使用的土地，其城镇土地使用税的纳税地点由国家税务总局确定

9. 下列各项中，属于耕地占用税征税范围的是（　　）。

A. 占用菜地开发花圃　　B. 飞机场跑道占用耕地

C. 占用耕地开发经济林　　D. 占用耕地开发茶园

10. 下列关于耕地占用税征收管理的说法中，不正确的是（　　）。

A. 耕地占用税由税务机关负责征收

B. 占用基本农田的，应当按照确定的当地适用税额，加按150%征收

C. 纳税人因建设项目施工临时占用耕地，应当依照规定缴纳耕地占用税

D. 纳税人在批准临时占用耕地期满之日起一年内依法复垦，恢复种植条件的，退还50%已缴纳的耕地占用税

11. 下列关于车辆购置税的政策表述，错误的是（　　）。

A. 国际组织驻华机构及其外交人员自用车辆免征车辆购置税

B. 购置列入《新能源汽车车型目录》的新能源汽车免征车辆购置税

C. 自卸式垃圾车免征车辆购置税

D. 城市公交企业购置的公共汽电车辆免征车辆购置税

12. 2021 年 2 月，某汽车制造公司将自产小汽车 3 辆奖励给职工个人、2 辆移送业务部门使用。小汽车生产成本为 53 500 元/辆，同类应税小汽车的销售价格为 68 000 元/辆。该公司应纳车辆购置税（　　）元。

A. 10 700　　B. 26 750　　C. 34 000　　D. 13 600

13. 根据车船税法律制度的规定，下列各项中，免于缴纳车船税的是（　　）。

A. 载客汽车　　B. 银行运钞车　　C. 机关公务车　　D. 养殖渔船

14. 下列关于车船税的说法中，不正确的是（　　）。

A. 境内单位租入外国籍的船舶，不缴纳车船税

B. 境内单位将船舶出租到境外，照章缴纳车船税

C. 插电式混合动力汽车免征车船税

D. 车船税按年申报，分月计算，分期缴纳

15. 以下有关环境保护税的说法，正确的是（　　）。

A. 凡是排放应税污染物的企业事业单位，均应缴纳环境保护税

B. 机动车辆排放应税污染物的，不需要缴纳环境保护税

C. 纳税人排放应税大气污染物的浓度值低于国家和地方规定的污染物排放标准的 30% 的，减按 50% 征收环境保护税

D. 应税水污染物的应纳税额为水污染物排放量乘以适用税额

16. 下列关于环境保护税计税依据的说法，错误的是（　　）。

A. 应税大气污染物的污染当量数，以该污染物的排放量除以该污染物的污染当量值计算

B. 每一排放口或者没有排放口的应税大气污染物，按照污染当量数从大到小排序，对前五项污染物征收环境保护税

C. 固体废物的排放量为当期应税固体废物的产生量减去当期应税固体废物的贮存量、处置量、综合利用量的余额

D. 应税噪声按照超过国家规定标准的分贝数确定

17. 根据房产税法律制度的规定，下列各项中，不属于房产税征税范围的是（　　）。

A. 建制镇工业企业的厂房　　B. 农村的村民住宅

C. 市区商场的地下车库　　D. 县城商业企业的办公楼

18. 某企业有原值为 3 000 万元的房产，2020 年 1 月 1 日将其中的 20% 用于对外投资联营，投资期限为 10 年，承担投资风险。已知，当地省政府规定的房产原值扣除比例为 20%。根据房产税法律制度的规定，该企业 2019 年度应缴纳房产税（　　）万元。

A. 5.76　　B. 24　　C. 22.80　　D. 23.04

19. 根据房产税法律制度的有关规定，下列说法错误的是（　　）。

A. 纳税人将原有房产用于生产经营，从生产经营之月起，缴纳房产税

B. 纳税人购置新建商品房，自房地产权属登记机关签发房屋权属证书之次月起，缴纳房产税

C. 纳税人出租、出借房产，自交付出租、出借本企业房产之次月起，缴纳房产税

D. 纳税人自行新建房屋用于生产经营，从建成之次月起，缴纳房产税

20. 根据契税法律制度的规定，下列各项中，应当征收契税的是（　　）。

A. 企业房产不等价交换　　B. 房屋继承

C. 房屋典当　　D. 土地使用权抵押

21. 王某将其一套价值 60 万元的住房与李某的一套价值 80 万元的住房交换，王某以现金方式补偿给李某差价；另将一套价值 100 万元的门面房与王某的门面房等价交换。已知当地契税适用税率为 3%，则下列关于上述房产应纳契税的计算中，正确的是（　　）。（上述金额均不含增值税）

A. 王某应纳契税 = (80 - 60) × 3% = 0.6（万元）

B. 王某应纳契税 = (80 - 60) × 3% + 100 × 3% = 3.6（万元）

C. 李某应纳契税 = (80 - 60) × 3% = 0.6（万元）

D. 李某应纳契税 = 100 × 3% = 3（万元）

22. 根据印花税法律制度的规定，下列表述中，不正确的是（　　）。

A. 专利申请权转让合同应按技术合同贴花

B. 对发电厂与电网之间签订的购售电合同，按购销合同征收印花税

C. 证券交易的计税依据，为成交金额

D. 纳税人出让或者转让不动产产权的，应当向纳税人居住地的税务机关申报缴纳印花税

23. 2021 年 12 月，甲公司与乙公司签订一份承揽合同，合同载明由甲公司提供原材料 200 万元，支付乙公司加工费报酬 30 万元；又与丙公司签订了一份财产保险合同，保险金额 1 000 万元，支付保险费 1 万元。已知承揽合同印花税税率为 0.3‰，财产保险合同印花税税率为 1‰，则甲公司应缴纳的印花税为（　　）元。

A. 11 000　　B. 11 050　　C. 1 010　　D. 100

24. 某烟草公司 2020 年 10 月向烟叶生产者收购烟叶一批，支付不含价外补贴的收购价款 50 000 元，已知价外补贴为烟叶收购价款的 10%，烟叶税税率为 20%，则该烟草公司应缴纳烟叶税（　　）元。

A. 10 000　　B. 1 000　　C. 55 000　　D. 11 000

二、应税选择（多选题）

1. 企业下列行为中，需要缴纳城建税的有（　　）。

A. 事业单位出租房屋行为　　B. 企业购买房屋行为

C. 油田开采天然原油并销售行为　　D. 外商投资企业销售货物行为

2. 关于城建税和教育费附加减免税优惠政策的说法，正确的有（　　）。

A. 某企业出口服装已退增值税后，应退还城建税和教育费附加

B. 某人下岗失业后从事个体餐饮服务，当年可免征城建税和教育费附加

C. 某企业进口小汽车，海关征收了增值税和消费税，应同时征收城建税和教育费附加

D. 某企业享受增值税先征后返的税收优惠政策，城建税和教育费附加同时先征后返

3. 下列各项中，属于资源税应税产品的有（　　）。

A. 进口原油　　B. 固体盐　　C. 蜂窝煤　　D. 有色金属矿原矿

4. 根据资源税法律制度的规定，下列各项中，应计入资源税销售额的有（　　）。

A. 收取的价款　　B. 收取的包装费

C. 收取的增值税销项税额　　D. 收取的优质费

5. 根据土地增值税法律制度的规定，下列各项中，应当征收土地增值税的有（　　）。

A. 公司与公司之间互换房产　　B. 房地产开发公司为客户代建房产

C. 兼并企业从被兼并企业取得房产　　D. 双方合作建房按照比例分配房产后转让

6. 根据土地增值税法律制度的规定，某房地产开发公司的下列行为中，不缴纳土地增值税的有（　　）。

A. 以其建造的商品房进行投资和联营的　　B. 将其开发的部分房地产转为公司自用

C. 将其开发的部分房地产用于出租　　D. 代建房，开发完成后向客户收取代建收入

7. 下列各项中，可以免征城镇土地使用税的有（　　）。

A. 财政拨付事业经费的单位自用的食堂用地

B. 公园内的照相馆用地

C. 纳税单位无偿使用纳税单位的土地

D. 宗教寺庙人员的生活用地

8. 下列属于城镇土地使用税纳税人的有（　　）。

A. 位于市区拥有土地使用权的外商投资企业
B. 位于郊区的内资企业
C. 城市、县城、建制镇和工矿区外的工矿企业
D. 城市共有土地的企业

9. 下列关于耕地占用税申报缴纳的表述中，正确的有（　　）。
A. 建设直接为农业生产服务的生产设施占用农用地，不征收耕地占用税
B. 税务机关发现纳税人的纳税申报数据资料异常或者纳税人未按照规定期限申报纳税的，可以提请相关部门进行复核
C. 耕地占用税的纳税义务发生时间为纳税人收到自然资源主管部门办理占用耕地手续的书面通知的当日
D. 纳税人因地质勘查临时占用耕地，应当依照规定缴纳耕地占用税

10. 下列关于耕地占用税的税收优惠表述正确的有（　　）。
A. 军事设施占用耕地免征耕地占用税
B. 养老院占用耕地减半征收耕地占用税
C. 农村居民占用耕地新建住宅，按照当地适用税额减半征收耕地占用税
D. 免征或者减征耕地占用税后，纳税人改变原占地用途，不再属于免征或者减征耕地占用税情形的，应当按照当地适用税额补缴耕地占用税

11. 车辆购置税纳税义务人的范围包括“单位和个人”，具体包括（　　）。
A. 在境内购买并自用应税车辆的国有企业
B. 在境内进口并自用应税车辆的外商投资企业
C. 在境内受赠并自用应税车辆的自然人
D. 在境内自产并自用应税车辆的私营企业

12. 关于车辆购置税的申报与缴纳，下列说法正确的有（　　）。
A. 纳税人购买自用的应税车辆，自购买之日起 30 日内申报纳税
B. 车辆购置税是在应税车辆上牌登记注册前的使用环节征收
C. 车辆购置税的纳税地点为应税车辆登记注册地或纳税人所在地
D. 进口自用的应税车辆，应当自进口之日起 60 日内申报纳税

13. 下列纳税主体中，属于车船税纳税人的有（　　）。
A. 在中国境内拥有并使用船舶的国有企业
B. 在中国境内拥有并使用车船的外籍个人
C. 在中国境内拥有并使用船舶的内地居民
D. 在中国境内拥有并使用车辆的外国企业

14. 以下关于我国车船税税目税率的表述中正确的有（　　）。
A. 车船税实行定额税率
B. 客货两用汽车按照货车征税
C. 货车包括半挂牵引车和挂车
D. 拖船和非机动驳船分别按机动船舶税额的 70% 计算

15. 下列关于环境保护税税收优惠的表述，正确的有（　　）。
A. 农业生产（不包括规模化养殖）排放应税污染物的，暂予免征环境保护税
B. 纳税人综合利用的固体废物，符合国家和地方环境保护标准的，暂予免征环境保护税
C. 机动车、铁路机车等流动污染源排放应税污染物的，暂予免征环境保护税
D. 纳税人排放应税大气污染物或者水污染物的浓度值低于国家和地方规定的污染物排放标准 30% 的，减按 50% 征收环境保护税

16. 下列各项中，属于环境保护税征税范围，应缴纳环境保护税的有（　　）。

A. 噪声　　B. 大气污染物　　C. 水污染物　　D. 固体废物

17. 根据房产税法律制度的规定，下列有关房产税计税依据的表述中，正确的有（　　）。

A. 纳税人对原有房屋进行改建、扩建的，要相应增加房屋的原值

B. 以房屋为载体，不可随意移动的附属设备和配套设施，在会计上单独记账与核算的，可不计入房产原值

C. 对附属设备和配套设施中易损坏、需要经常更换的零配件，更新后不再计入房产原值

D. 房屋出租的，以房屋出租取得的租金收入为计税依据，计缴房产税

18. 根据房产税法律制度的规定，下列表述中，正确的有（　　）。

A. 公园内开设的照相馆免征房产税

B. 居民委员会用于体育活动的房产，免征房产税

C. 纳税人因房屋大修导致连续停用半年以上的，在房屋大修期间免征房产税

D. 在基建工地为基建工地服务的各种工棚，在施工期间一律免征房产税

19. 2021 年 10 月甲企业用自产的价值 80 万元的原材料换取乙企业的厂房，并因此用现金补给乙企业 40 万元差价；当月甲企业又将一套价值 100 万元的厂房与丙企业的办公楼交换，并用自产的价值 50 万元的商品补给丙企业差价。已知当地契税税率为 3%，则关于甲企业应缴纳契税的下列计算中，正确的有（　　）。（上述金额均不含增值税）

A. 甲企业用原材料换取乙企业厂房应纳契税 $=40\times3\%=1.2$（万元）

B. 甲企业用原材料换取乙企业厂房应纳契税 $=(80+40)\times3\%=3.6$（万元）

C. 甲企业用厂房换取丙企业办公楼应纳契税 $=50\times3\%=1.5$（万元）

D. 甲企业用厂房换取丙企业办公楼应纳契税 $=(100+50)\times3\%=4.5$（万元）

20. 根据契税法律制度的有关规定，下列说法中，正确的有（　　）。

A. 国家机关购买房产用于办公的，免征契税

B. 城镇职工按规定第一次购买公有住房的，免征契税

C. 企业承受荒山土地使用权，用于农业生产的，免征契税

D. 因不可抗力灭失住房而重新购买住房的，一律免征契税

21. 根据印花税法律制度的相关规定，下列各项中，按定额 5 元征收印花税的有（　　）。

A. 安全许可证　　B. 营业执照　　C. 专利证书　　D. 不动产权证书

22. 根据印花税法律制度的规定，下列各项中，免征印花税的有（　　）。

A. 军队、武警部队订立、领受的应税凭证

B. 无息或者贴息借款合同

C. 应税凭证的副本

D. 外国企业向中国企业提供优惠贷款所书立的合同

23. 根据烟叶税法律制度的有关规定，下列说法正确的有（　　）。

A. 在境外收购晾晒烟叶的单位为烟叶税的纳税人

B. 在境内收购晾晒烟叶的单位为烟叶税的纳税人

C. 烟叶税实行定额税率

D. 纳税人应当于纳税义务发生月终了之日起 15 日内申报并缴纳税款

三、判断题

1. 教育费附加的计征依据为纳税人实际缴纳的增值税、消费税税额。（　　）

2. 海关对进口产品代征增值税和消费税的，应同时按海关所在地适用城建税税率代征城建税。（　　）

3. 纳税人开采或生产资源税应税产品，自用于连续生产应税产品的，视同销售，应缴纳资源税。（ ）

4. 资源税纳税人销售应税产品采取分期收款结算方式的，其纳税义务发生时间为发出应税产品的当天。（ ）

5. 土地增值税采用四级超率累进税率，累进的依据为土地增值额与转让收入之比。（ ）

6. 房产所有人将房屋赠与对其承担直接赡养义务的人，不征收土地增值税。（ ）

7. 城镇土地使用税的纳税人，在尚未取得土地使用证书之前，不缴纳城镇土地使用税。（ ）

8. 甲企业办的学校、医院、托儿所、幼儿园，其用地能与企业其他用地明确区分，免征土地使用税。（ ）

9. 耕地占用税税额标准实行的是地区差别定额税额。（ ）

10. 耕地占用税以纳税人实际占用的耕地面积为计税依据，包括批准占用耕地面积和未经批准占用耕地面积。（ ）

11. 车辆购置税实行从价和从量相结合的计税方法。（ ）

12. 购置已征收车辆购置税的车辆，不再征收车辆购置税。（ ）

13. 车船税的纳税义务发生时间，为取得车船所有权或者管理权的当月。（ ）

14. 根据车船税法律制度的规定，商用货车计税依据是整备质量每吨。（ ）

15. 纳税人排放应税大气污染物或者水污染物的浓度值低于国家和地方规定的污染物排放标准50%的，减按75%征收环境保护税。（ ）

16. 环境保护税纳税人不包括家庭和个人。（ ）

17. 房地产开发企业建造的商品房，在出售前未自用、出租的，不征收房产税。（ ）

18. 个人出租住房，房产税税率为4%。（ ）

19. 契税的纳税义务发生时间为纳税人签订土地、房屋权属转移合同的当天，或者纳税人取得其他具有土地、房屋权属转移合同性质凭证的当天。（ ）

20. 已缴纳印花税的凭证所载价款或者报酬增加的，纳税人应当补缴印花税；已缴纳印花税的凭证所载价款或者报酬减少的，主管税务机关不予退还印花税税款。（ ）

21. 一般的法律、会计、审计等方面的咨询，不属于技术咨询，其所立合同不贴印花。（ ）

22. 建设直接为农业生产服务的生产设施占用税法规定的农用地的，减半征收耕地占用税。（ ）

四、计算题

1. 某煤矿为增值税一般纳税人，8月份发生下列业务：

（1）对外销售原煤60 000吨，每吨售价500元（不含税）；

（2）本月矿区生活用煤90吨；

（3）使用本矿生产的原煤2 000吨生产洗煤，洗煤销售量1 000吨，每吨售价800元（不含税）；

（4）使用本矿生产的原煤6 000吨生产其他煤制品。其他煤制品销售量3 000吨，每吨售价1 100元（不含税）。

已知该地区煤炭资源税税率5%，洗煤的折算率90%。

要求：计算该煤矿8月份应纳的资源税税额。

2. 某盐场3月份生产液体盐500吨，其中对外销售100吨。当月生产固体盐800吨（本月已全部对外销售），共耗用液体盐1 200吨，其中500吨是本企业自产的液体盐，另700吨液体盐全部从另一盐场购进，已知液体盐单位税额为每吨3元，固体盐单位税额为每吨25元。计算该盐场应纳资源税。

3. 某市房地产开发公司为增值税一般纳税人，2021年开发一个项目，有关经营情况如下：

（1）该项目商品房全部销售，开具增值税专用发票，价款4 000万元，增值税360万元，并签订了销售合同。

（2）签订土地购买合同，支付与该项目相关的土地使用权价款600万元，相关税费50万元。

（3）发生土地拆迁补偿费200万元，前期工程费100万元，支付工程价款750万元，基础设施及公共配套设施费150万元，开发间接费用60万元。

（4）发生销售费用100万元，财务费用60万元，管理费用80万元。

（5）该房地产开发公司不能按转让项目计算分摊利息，当地政府规定的开发费用扣除比例为10%。

要求：计算该公司应纳的土地增值税。

4. 某公司2021年5月转让一栋2016年建造的公寓楼，当时的造价为3 600万元。经房地产评估机构评定，该公寓楼重置成本价为5 000万元，该楼房为七成新。转让前为取得土地使用权支付的地价款及有关费用为1 500万元（可以提供支付凭证），另支付房地产评估费用4.5万元。转让时取得转让收入6 600万元，已缴纳了转让环节的有关税金。计算该公司应纳土地增值税。

5. 某公司，2021年1月1日，各项房产原值合计3 000万元，4月1日，公司将其中原值为500万元的临街门面出租给某连锁商店，每月收取租金5万元。为解决公司职工住宿问题，于5月2日，购入附近商品房20套，支付购房款600万元，5月15日办理房屋交付手续，8月2日办理产权移交手续。当地政府规定的房产原值减除比例为20%。计算该公司2021年度应缴纳的房产税。

6. 某公司2021年初拥有A、B两栋自用写字楼，A栋房产原值5 000万元，B栋房产原值6 000万元。该公司于2021年3月31日将B栋出租给某企业用于办公，租期为1年，每月租金10万元。当地政府规定的房产原值减除比例为30%。计算该公司2021年度应缴纳的房产税。

7. 某企业2021年8月开业，领受工商营业执照、房产证，商标注册证各一件；开业当年签订财产保险合同一份，投保金额120万元，保险费2.4万元；签订银行借款合同一份，借款金额50万元（利率8%）；签订购货合同一份，所载金额200万元；与其他企业订立技术转让合同一份，金额30万元；与运输公司签订运输合同一份，支付运输费5万元，装卸费0.4万元；企业“实收资本”“资本公积”账簿新增资金800万元；其他营业账簿5本。计算该企业2021年应纳印花税。

8. 甲企业2021年7月发生如下业务：

（1）与其他企业订立转移专用技术使用权书据一件，所载金额80万元。

（2）与A公司签订一项易货合同，约定用120万元市场价格的库存商品换取市场价格为140万元的原材料，支付A公司差价20万元。

（3）与银行签订一年期借款合同，借款金额200万元；与甲公司签订技术开发合同，合同总金额为200万元，其中研究开发费80万元。

（4）向B公司出租闲置仓库，租赁合同中注明每月租金4万元，租期未定。

（5）接受C公司委托加工一批产品，签订的加工承揽合同中注明原材料由甲企业提供，金额为200万元，另外收取加工费30万元。

（6）与D公司签订货物运输合同，记载运费9万元、装卸费1万元、仓储保管费8万元、货物保价100万元。

要求：计算该企业2021年应纳印花税。

9. 某企业2021年3月向大气直接排放二氧化硫、氟化物各100千克，一氧化碳200千克、氯化氢80千克，假设当地大气污染物每污染当量税额1.2元，该企业只有一个排放口。计算该企业应纳的环境保护税。

10. 某餐饮公司，通过安装水流量计测得2021年2月排放污水量为80吨，已知饮食娱乐服务业污染当量值为0.5吨。假设当地水污染物适用税额为每污染当量2.8元，计算该公司当月应纳环境保护税。

参考文献

1. 全国注册税务师执业资格考试教材编写组：《税法（Ⅰ）》，中国税务出版社 2021 年版。

2. 全国注册税务师执业资格考试教材编写组：《税法（Ⅱ）》，中国税务出版社 2021 年版。

3. 中国注册会计师协会：《税法》，经济科学出版社 2021 年版。

4. 徐双泉：《中国税制》，中国财经出版社 2017 年版。

5. 熊瑛：《税费计算与缴纳》，经济科学出版社 2019 年版。

6. 财政部会计资格评价中心：《经济法基础》，经济科学出版社 2021 年版。

7. 国家税务总局网站最新文件。

8. 国家税务总局、中国税务报、中国会计报等微信公众号发布的最新信息。

9. 赖昆鹏：《纳税实务》，北京邮电大学出版社 2012 年版。

10. 刘秀荣、赵咏梅：《税费核算与申报》，大连理工大学出版社 2013 年版。

11. 陈青：《企业纳税实务》，上海交通大学出版社 2014 年版。